扎实推进粮食主产区"保粮""共富"有机统一

——农民农村共同富裕论文集

阮金泉
王承哲　主编

经济管理出版社
ECONOMY & MANAGEMENT PUBLISHING HOUSE

图书在版编目（CIP）数据

扎实推进粮食主产区"保粮""共富"有机统一：农民农村共同富裕论文集/阮金泉，王承哲主编．—北京：经济管理出版社，2023.6
ISBN 978-7-5096-9066-6

Ⅰ.①扎… Ⅱ.①阮… ②王… Ⅲ.①粮食产区—关系—农村经济发展—中国—文集 Ⅳ.①F32-53

中国国家版本馆 CIP 数据核字（2023）第 105627 号

组稿编辑：申桂萍
责任编辑：申桂萍
助理编辑：张　艺
责任印制：黄章平
责任校对：张晓燕

出版发行：经济管理出版社
　　　　　（北京市海淀区北蜂窝 8 号中雅大厦 A 座 11 层　100038）
网　　址：www. E-mp. com. cn
电　　话：（010）51915602
印　　刷：唐山昊达印刷有限公司
经　　销：新华书店
开　　本：720mm×1000mm/16
印　　张：19.5
字　　数：383 千字
版　　次：2023 年 6 月第 1 版　　2023 年 6 月第 1 次印刷
书　　号：ISBN 978-7-5096-9066-6
定　　价：98.00 元

编委会名单

主　编：阮金泉　王承哲

副主编：李同新　王玲杰

委　员（按姓氏笔画排序）

万银锋　王宏源　王建国　邓小云　包世琦

冯玺玲　刘朝阳　闫德亮　李　娟　李立新

杨东风　杨兰桥　完世伟　张进才　张富禄

陈东辉　陈明星　陈建魁　赵西三　郜永军

唐金培　曹　明　潘世杰

目 录

I 农民农村共同富裕

Ⅱ 新形势下的粮食安全

Ⅲ 深化农村改革和乡村振兴实践

Ⅰ 农民农村共同富裕

新型农村集体经济发展的理论阐释、实践模式与思考建议*

一、问题的提出与文献综述

发展新型农村集体经济是党中央提出的一项重要战略任务，是推动实施乡村振兴战略、推进农业农村现代化、促进集体资产保值增值和农民实现共同富裕目标的重要途径（高强，2020）。近年来，新型农村集体经济的发展受到党中央的高度重视。2021年中央一号文件明确提出"2021年基本完成农村集体产权制度改革阶段性任务，发展壮大新型农村集体经济"；2022年中央一号文件再次提出"巩固提升农村集体产权制度改革成果，探索建立农村集体资产监督管理服务体系，探索新型农村集体经济发展路径"。与传统的农村集体经济相比，新型农村集体经济的发展是在坚持家庭联产承包责任制的基础上，更加注重"统一经营权"、实行多种有效的实现形式，具有更大的普惠性和开放性。近年来在实施乡村振兴战略背景下，我国各地新型农村集体经济迅速发展，形式多种多样，对盘活农村集体资源资产、促进乡村多重价值开发、助推农民增收和乡村有效治理等起到了重要作用。那么，新型农村集体经济的内涵是什么？到底呈现出一种什么样的新特征？有哪些重要的实践模式？为适应农业农村现代化的新要求，未来新型农村集体经济发展应处理好哪些重要关系？需要什么样的政策支持？显然，这些问题已成为当前值得研究的重要问题。

自中华人民共和国成立以来，我国就确立了农村集体经济所有制，农村集体

* 作者简介：张克俊，四川省社会科学院农村发展研究所研究员、博士生导师；付宗平，四川省社会科学院农村发展研究所副研究员、硕士生导师。

经济也经历了从"传统"到"新型"的时代转换。我国自 2016 年启动农村集体产权制度改革以来，学者们对新型农村集体经济的研究取得了一系列丰硕的成果，主要集中在：一是关于新型农村集体经济内涵界定及特征分析。苑鹏和刘同山（2016）认为，与传统的集体经济相比，新型农村集体经济的所有权更加明晰、成员主体更加清晰、组织治理更加民主、分配制度更加灵活以及组织制度已经出现"去行政化"的色彩；集体所有和股份合作是新型农村集体经济的主要特征（李天姿和王宏波，2019）。张应良和徐亚东（2019）分别从产权清晰、产权激励、市场拓展、链条延长和特色发展五个方面归纳了新型农村集体经济的特征。二是关于新型农村集体经济的实践路径（张弛，2020）。许泉等（2016）提出了以物业租赁、项目扶持和政府补助、产业合作等为主的新型农村集体经济发展路径；继续加强闲置资产盘活等发展路径，并进一步加大集体资产的风险管控（高鸣等，2021）。温铁军等（2018）从生态经济学视角提出要促进集体生态资源转化为经济价值并实现增值，充分发挥财政投入的杠杆作用，带动新型农村集体经济形成可自由支配的资产。郭晓鸣等（2019）、高强和孔祥智（2020）认为集体资源资产薄弱的村庄可以走跨村联合发展或者村企抱团发展的路子。三是关于新型农村集体经济发展问题、困境和制约。梁昊（2016）认为，当前农村集体经济发展路径不宽、管理机制不完善、政策支持不足等问题较为明显；当前相关法律法规缺失是制约新型农村集体经济的主要原因（韩俊等，2014）；集体经济发展过程中大量信息不对称是主要制约，同时生态空间资源具有的"非标性"和"公共性"让市场的定价机制失灵（温铁军等，2018；杨帅等，2020）。高鸣等（2021）指出当前新型农村集体经济发展规模小、增长速度缓慢、发展不平衡等问题。四是关于新型农村集体经济发展的对策与建议。李韬等（2021）提出要推进产业多元化发展、加快盘活土地资源、破解集体产权抵押融资困境、聘任职业经理人等方面的政策；为激活集体资源提供响应平台，加强完善土地等资源的产权交易市场（温铁军等，2018；杨帅等，2020）。朱婷和夏英（2021）从深化农村改革、优化制度供给、健全支持体系三个方面构建壮大我国新型农村集体经济的战略框架。

总之，学术界对新型农村集体经济的内涵特征、实践路径、现实困境及发展对策进行了详细的论述，极大丰富了新型农村集体经济的研究视角和内容，但仍存在以下三个方面的不足：一是准确认识、科学归纳新型农村集体经济的内涵和特征仍不足；二是缺乏深入解构新型农村集体经济发展的内在驱动机理；三是对于日益丰富的新型农村集体经济实践，科学总结提炼其多样的发展模式不足。鉴于此，本文系统阐释了新时代新型集体经济的新内涵和新特征，并深入剖析其发展的内在驱动机理，通过实践观察总结提炼出新型农村集体经济发展的六大实践模式，并进一步思考新型农村集体经济发展要厘清政府干预与市场主导、长期利益与短期利益分配等四大关系，提出相应的对策和建议。

二、新型农村集体经济发展的理论阐释

自我国实施农村产权制度改革以来，新型农村集体经济的发展被逐步提上日程。既然是"新型"农村集体经济，其必然和"传统"农村集体经济有所区别，并且应是顺应时代发展要求而不断改进完善的。在新发展阶段下，深刻认识新型农村集体经济的内涵特征、功能作用及其驱动机理，有助于我们深层次地厘清新型农村集体经济发展的逻辑关系。

（一）新型农村集体经济的内涵特征

新型农村集体经济是在社会主义市场经济体制下，以充分尊重农民意愿为前提，形成的产权清晰、成员明晰、收益分配制度化、参与主体多元化、发展环境开放化的社区性公有制经济。具体来说，与传统农村集体经济相比，新型农村集体经济的内涵特征具有以下六个方面的"新"内容：

一是"新"在产权清晰。在我国产权制度改革试点工作开展以前，由于农村集体产权虚置，各地集体资源资产被侵占、挪用现象时有发生，集体经营效益不高、分配不公等问题比较普遍。新型农村集体经济通过及时将发展资源确权到户，极大地降低了集体资产资源流失或被侵占的风险，在很大程度上明晰了传统集体经济中模糊的委托代理关系，解决由分配利益不明确导致的集体经济发展参与积极性不高的问题。进一步地，在集体经济发展过程中基于产权清晰建立的股份合作行为，打开了农村集体经济发展中农民资本联合的通道，一改传统集体经济"重劳动联合，轻资本联合"的模式，帮助农民产权变股权，资源变资本，拓宽了成员资源收益化的渠道。

二是"新"在成员身份明晰。集体经济组织成员身份的准确界定一直是个复杂问题，特别在传统集体经济发展时期，由于集体经济发展滞后甚至式微，成员对集体经济发展关心程度弱化，成员身份界定表现更为模糊。顺应时代背景要求，农村集体经济组织成员的界定十分明晰，一般以某一时间节点为标准参照户籍、当地乡规民约、传统观念和历史习惯等因素固化成员，真正做到资源确权到户、成员明确到人、收益公开分配。

三是"新"在收益分配透明。伴随着新型农村集体经济产权清晰、成员明晰、股权量化等一系列制度形成，收益分配也实现股份化、制度化、透明化。农民成股民，根据集体股权量化和个人自愿投股的情况，按照事先规定好的集体收益分配原则享有应得的物质收益和公共服务权益，有效避免了传统集体经济收益分配的"平均主义""投机主义"现象带来的利益流失与权益外溢，实现了传统集体经济所不具有的集体收益股份化形式分配。

四是"新"在参与主体多元。不同于传统集体经济发展中只有少数人甚至没有人参与的局面，新型农村集体经济发展呈现出以农民参与为主、其他多元主体积极参与的态势，并且严格遵循农民自愿参与、决策严格民主原则。这是顺应乡村振兴背景下农村集体经济发展的客观需要，也是以人为中心的根本原则在农村集体经济发展中的重要体现。

五是"新"在发展环境开放。现在大力提倡发展壮大的新型农村集体经济，是指积极融入社会主义市场经济体制的集体经济。不同于传统的严格以村组为界的封闭性农村集体经济，新型农村集体经济组织正在被赋予"特殊法人"这一市场主体地位，这意味着集体经济组织参与发展的行为将更具开放性和市场性，将外来资本和要素吸纳到集体经济发展过程的路径更为灵活，农村集体经济的发展环境将向外界开放。

六是"新"在发展经营方式多样。不同于传统集体经济多以兴办乡镇、村级集体企业带来集体收益的形式，新型农村集体经济发展形式更加多样，包括特色产业发展、提供统一社会化服务、物业租赁等；经营方式更加多元，如村集体自主经营、村社合作、龙头引领等。在多样发展和多元经营过程中，农村集体经济的发展收益得到全方位的扩充而不断壮大，不仅包括经济收益，还包括有效治理、生态、组织、社会等多方面的收益，不断壮大的集体经济组织与乡村治理有机结合，推动农村生态和社会环境改善，农村组织建设和人才队伍逐步兴旺，这些发展收益进一步沿着良性循环轨道运行，又推动了农村集体经济持续向前发展。

（二）新型农村集体经济的功能作用

随着时代的变迁，我国农村集体经济发展的内容日益丰富，在新型农村集体经济的内涵得到新扩展的同时，新型农村集体经济的功能作用也日益丰富，主要有：

1. 新型农村集体经济能有效促进家庭联产承包责任制的巩固和完善

与合作化时期形成的农村集体经济相比，新型农村集体经济赋予农民等经济主体自由进入与退出的权利，是以群众自愿参与履约从而达到集体行动一致性的新产物。新型农村集体经济组织通过运用制度优势，对内把农民自愿联合起来，对外把农业农村发展所需的资金、信息、技术等诸多要素聚集起来，以多种形式盘活资源发展集体经济，为农民统一提供生产性生活性服务，凸显规模经济效应并提高农民的组织化程度，从而稳定和完善了家庭联产承包责任制。

2. 新型农村集体经济能通过多种形式的分工与联合实现专业化和协同效应的统一

首先，新型农村集体经济通过允许土地联合、劳动联合、资本联合、技术联合等多种方式联合，一定程度上做到了各生产要素的分工合作，使集体收益更加明确清晰，发展效率明显提升。其次，在市场经济体制运行的大环境下，参与新型农村集体经济发展的主体逐渐多元化，如何平衡这之间的发展利益？新型农村集体经济通过对内利用产权清晰、成员明晰、分配明确等一系列现代农村产权制度，对外谈判并建立有利于各主体之间合理公平发展的合作机制，能很好地实现各种联合形式下村集体、集体成员与各外来主体的有序合作与专业分工，进而实现分工的专业化效率和联合的协同效应。

3. 新型农村集体经济是协调农民与集体关系并提供公共服务的重要角色

由于历史原因和受发展阶段、制度不完善等制约，在之前的农村家庭联产承包经营体制改革历程中，出现了村级集体组织能力削弱、集体经济弱化和空心化的现象。在这种情况下，农民从集体经济组织获得的利益越来越少，以致许多农户感觉不到集体经济组织的存在，当两者利益不一致时还可能导致农民和集体关系的对立失衡。新型农村集体经济通过股份合作制等构建成员利益分享机制，让农户在直接分享股份红利感受到集体的存在，提高了农户的集体意识。此外，由于新型农村集体经济具有地域属性和社区特征，在集体经济不断壮大的基础上必然带来干部与群众关系改善、社区公共服务加强、乡村治理更有效等社会功能的提升。由此可见，新型农村集体经济具有维护农户与集体利益、协调农户与集体关系的作用，并成为政府调节收入分配、提供公共服务的重要依托力量。

4. 新型农村集体经济是市场经济体制下优化利用乡村资源的有效平台

在市场经济体制和城乡二元结构下，乡村发展面临要素大量流失、部分资源闲置低效利用等问题。新型农村集体经济组织具有对区域内地域性资源进行整合的优势，能够把农村闲置、低效使用的资源资产通过多种形式的盘活而有效利用并获得收益。同时，新型农村集体经济组织在很大程度上拥有对接下乡资源和要素的组织优势，可以成为对内对外整合、优化、合理配置资源的平台，通过股份制把集体内部的资源与外部的政府资源、社会资本有效融合，形成紧密的利益合作关系，从而更有效率地推动乡村产业发展。此外，新型农村集体经济组织拥有作为法人主体参与市场行为、维护乡村市场秩序的权利，成为了真正激发农村资源内在活力的有效平台。

（三）新型农村集体经济发展的驱动机理

1. "统"与"分"双层经营体制的矛盾运动驱动新型农村集体经济发展

20世纪80年代初家庭联产承包责任制的普遍实施，使我国经营体制发生了由集体统一经营向家庭和集体统分结合的双层经营转变。家庭联产承包责任制极大地激发了广大农民的生产热情，农业生产效率大幅提高，生活水平大大改善。但与此同时，农村集体公共服务供给能力弱化、主体地位虚化、发展日益边缘化凸显，农村双层经营体制出现"统"的层次弱化、"分"的层次有余的弊端。历史经验告诉我们，在农村经营体制中"只统不分"容易导致"大锅饭"、抑制个人积极性，形成普遍贫穷的局面，而"只分不统"又会导致一家一户干不了、干不好、干起来不经济的事情没人干以及产生贫富差距大的问题，只有"统分"有机结合才会使两个层次的优势都得到充分发挥进而促进农村共同富裕实现。近年来，我国农村地区出现了劳动力短缺和部分地区的空心化、农民老龄化现象，加之现代农业发展的规模化、专业化、社会化要求，必然对农村双层经营体制中"统"的功能提出日益迫切的需求，而新型农村集体经济正是适应这一要求，在通过为农户提供专业化社会化服务、改善"统的层次不足，分的层次有余"过程中自主发展起来的，这就进一步巩固和完善了以家庭经营为基础、统分结合的农村双层经营基本制度。

2. 城乡要素自由流动和平等交换驱动新型集体经济发展

乡村振兴目标肯定不能在农村内部封闭的条件下实现，必须在城乡开放环境中通过打通要素自由流动的渠道，吸引更多先进要素参与才可能实现。但是，长期以来城乡要素流动还存在农村要素大量向城市流失，留用于农村发展的要素生产率不高，城市要素下乡路径不畅通，找不到有效承接城市要素的平台和载体等问题。随着乡村振兴战略的全面推进，越来越多的城市资源要素具有流向乡村的趋势，而新型农村集体经济组织与其他组织相比，不仅具有掌控本地化集体资源的所有权优势，还具有对外承接、整合优化资源要素的组织优势、信用优势、信息优势，因而成为城市资源要素下乡的最佳合作对象。新型农村集体经济组织在与城市外来资源要素的合作过程中，通过建立健全有效的嫁接和融合机制，使其本身也得到发展壮大。

3. 农村资源规模化开发与多功能价值实现驱动新型集体经济发展

进入乡村振兴阶段后，发掘乡村多元价值，推进农业农村多功能性价值实现成为乡村建设的重要抓手。不同于传统多偏重于农业生产功能实现及土地资源的利用，新发展阶段的时代需求，给农村指出了一条乡村荒山、林地、荒滩、水面等各类资源多形式开发，乡村生态、文化、治理等功能多样实现的发展道路。村集体经济组织是农村资源资产的所有者、农村集体活动的主要组织者、农村建设的主要行动者，也是农村发展最直接的利益相关者，具有比其他农村组织更显著的组织能力优势、规模发展优势、文化底蕴优势，以村级集体经济组织为主导能够更有组织化地整合村集体的发展资源，并通过资源资产的入股分红、出租发包、建厂租赁等适宜方式实现规模化开发。在此过程中，乡村人文资源、历史资源、生态资源得到有效融合，乡村历史文化、生态美学等功能得以展现，集体经济水平得到提高，发展实力增强，进而在不断推动农村资源整合、利用、创收的循环过程中，持续驱动着新型集体经济的发展。

4. 农民农村共同富裕的美好生活需要驱动新型农村集体经济发展

习近平总书记指出，共同富裕是社会主义的本质要求，是人民群众的共同期盼。要实现共同富裕，重点难点在农村，重点关注对象是广大的农民群体，核心在于解决农民收入低且持续增收困难问题。新型农村集体经济发展是提高农民收入、提供农民公共服务、有效促进物质和精神富裕水平提高的方式。新型农村集体经济组织注重发挥农村公有制度优势，利用农村集体产权制度改革的重要成果，有效盘活农村闲置、低效利用的集体资源资产，以入股分红、福利共享等方式实现农民财产性收入、经营性收入等多种收入的增加；以建设公益事业、提供公共服务等实现全体村民福利均衡，促进农民物质与精神文化水平的提高。在不断解决城乡发展不平衡、不充分的矛盾，不断满足农民美好生活需要，不断促进农民共同富裕实现的过程中，新型农村集体经济本身也得以不断壮大。

三、新型农村集体经济的实践模式分析：来自四川的考察

当前农村集体经济发展中，各地积极开展明晰产权归属、完善各项权能、探索赋予农民更多财产权利、激活农村各类生产要素潜能的实践，已形成多种多样的新型农村集体经济实践模式。以下基于对四川的考察，总结出六种模式。

（一）盘活资源资产模式

这种模式主要是指村集体经济组织全面盘活可利用的闲置和低效使用的办公用房、学校、闲置房屋、仓库、机器设备等资产，或整合盘活荒山、荒滩、撂荒地、闲置宅基地等村级资源，通过承包、租赁、投资入股等方式参与经营，实现资产资本化、资源收益化。近年来，各地充分利用农村集体产权制度改革成果，

以新兴发展形式盘活再利用闲置低效资源，极大地助力了农村集体经济发展壮大。例如，四川省自贡市沿滩区通过盘活利用撂荒地等闲置资源发展特色产业、打造红色教育基地，调研数据显示，2021年实现收入134万元；四川名山区45个村通过盘活闲置房屋、厂房、老旧学校等获得集体经济收入总计124.4万元。盘活资源资产模式是适用面最广、适用性最强、最基础但最灵活的一种模式，其实现的前提基础是村级集体资源资产全面清查及权属清晰。由于这种模式涉及资源资产种类多样，盘活发展形式也相对较多，在选择该模式时切忌盲目借鉴复制或搞"一刀切"，应充分发掘自身特色内涵，因地制宜、分类施策、逐个盘活。

（二）多元产业融合发展模式

这种模式主要是指根据区域发展条件和资源潜力，依托集体资源性资产、经营性资产，合理规划布局新的产业项目，发展商贸物流、乡村旅游、特色农业、农旅融合等乡村新经济新业态，实现第一产业为第二产业提供优质原料，第二产业为第三产业提供优质产品，第三产业为第一二产业开拓发展市场的产业联动发展机制，带动新型集体经济发展。例如，调研数据显示，四川广汉市三水镇友谊村充分利用集体1500亩水面资源，打造乡村旅游景区；统一流转村民土地，开展水产、水果等产业统筹经营，2021年实现集体经济收入107万元，已累计分红101万元，走出了一条农民有效参与、集体经济蓬勃发展的好路子。多元产业融合发展模式多出现在区位空间相对较好，有一定特色产业基础或乡村环境优越的村庄。该模式能有效带动农户参与集体经济发展，也充分将小农户纳入现代农业轨道，但发展中要注意农民劳动力、土地资本等要素收益的公开公平享有，及时给予收益分红和福利供给，构建利益激励机制。

（三）提供社会化服务模式

这种模式主要是针对农村劳动力缺乏、单家独户分散经营不足而提出的，能充分发挥村集体经济组织具有提供生产性、经营性、公益性服务的"统"的功能，通过为分散农户或专业大户提供各种服务，获得集体经济组织服务收入。根据村集体经济组织提供服务性质的不同，又有三种具体形式：一是提供生产性服务型。村集体经济组织领办社会化服务组织，为小农户、家庭农场等提供生产托管、农资供应、农机耕种收、技术推广等农业生产经营性服务。相对而言，这种模式更适用于粮油、经济作物生产的农业大县，如位于四川丘陵地区的农业大县——资中县，县辖公民镇联合13个村组建村联村惠民农事综合服务中心，对内对外提供农业机械化生产服务，2022年预计集体经济年收益110余万元，这为有基础发展生产性服务、促进集体经济发展的村庄提供了借鉴经验。二是适度规模经营型。主要是指集体组建土地股份合作社、农场经营公司等或者集体统一流转农户承包的耕地、山林等资源，进行土地集中整理、自主统一经营，发展农业适度规模经营。与提供生产性服务模式相比，这类模式更适用于农村人口严重流失的地区，如丘陵和山区的部分边远地带。三是提供公益性服务型。主要是集体经济组织通过组建道路、水利等基础设施管护服务队，森林防火、河道巡查服务队等，为政府提供公共服务，实现由政府向社会企业购买公共服务转为向集体经济组织购买公共服务，既保障了基础设施、公共服务的高效提供和管护，又促进了村集体经济组织获得收入。

（四）劳务经济发展模式

这种模式主要指集体经济组织通过组织开展技能培训、劳务输出等劳动力转移服务，组建村级劳务服务公司，依托特有区位优势发展面向城市、第二三产业的物业管理、园林绿化、住宿餐饮等配套服务经济，吸引村集体经济组织成员从第一产业转移到第二三产业就业，实现"集体经济+劳务经济"的资源开发利用，有效优化配置农村劳动力资源，拓宽村级集体经济增收渠道。如四川西充县双凤镇跳蹬河村，地处四川省丘陵地区，村集体利用地理、自然条件优越的优势，成立专业化的餐饮旅游服务队、建筑施工服务队等多支服务队，调研数据显示，2021年村集体经营收入达到152万元，当年向成员分红100万元，展示了以发展服务经济为主、低风险且可持续的集体经济发展模式。总体而言，该模式要关注的问题在于，劳动者劳务质量的提升、劳务者权益的保障以及劳务输出市场的稳定，因而在发展中要高度重视劳务者相关技能的培训、合法权益的保护以及劳务输出平台的搭建。

（五）跨村组联合抱团发展模式

这种模式主要是指打破传统集体经济单村发展模式，以股权为纽带建立多村抱团的集体经济区域联合体，通过村村合作、村组合作的方式构建集体经济联合社，或通过突破本村范围发展飞地经济，形成"强强联合""弱弱抱团""强弱互补"等模式，让分散于不同村集体的各种资源实现有效整合，使相同或不同类型的资源通过多村合作实现数量扩增或组合度优化，达到"1+1>2"的协同效应。例如，四川简阳市平武镇、禾丰镇等13个集体经济联合社试点推进成立跨区域合作的集体经济联盟公司，整合土地及其他集体资源资产，大力发展粮经、粮菜、粮油复合生产模式，创新"总公司+子公司"两次分红模式，鼓励村民以"三资"方式参股，共享集体经济发展红利。跨村组联合抱团发展模式能够有效解决单个村发展所面临的资源禀赋、市场限制问题，通过更大规模地聚集、整合资源，形成更好的规模效应。在这类发展模式中，要注意的最大问题在于参与村集体及农户成员发展利益的公平分配，无论是统一均分还是按股区分，都要严格秉持成员自愿参与、民主决策的原则。由于该模式具有更高的组织化程度及权益分配的难确定性，多由上级政府牵头组织以此节约组织成本。

（六）承接外来要素参与发展模式

这类模式在现实发展中形式多样，包括但不限于"村企、村资、村社"等形式，属于外来资本介入村集体发展的类型，主要是指村集体通过探索集体联营、资源联动、企业联带等发展模式，以集体、农户土地经营权入股，资金入股等方式组建合作组织，采取共同出资、资源入股、技术合作等多种合作方式，引导村集体与农业龙头企业、外来资本等开展合作，实现集体经济向多层次多领域延伸和扩张。例如，调研数据显示，四川崇州市隆兴镇青桥村以农民土地折股入社，与成都蜀禾彩农业发展有限公司按照 6∶4 的股份比例开展合作经营，发展粮油全产业链，2020 年青桥村实现集体经济收入 60 万元，农村居民人均可支配收入 2.96 万元。客观上分析，面对农村发展要素大量流失现象，外来要素的引入和参与极大地增加了农村发展的动力与活力，并且和外来多元主体的合作也提高了村集体经济组织抵抗市场风险、参与市场竞争的能力，但在此过程中，构建完整的利益分配和风险规避机制十分关键，切记不能在对外合作发展中挤出、损害村集体经济组织及成员的利益，同时在这种模式中应力求做到稳定保底、增加收益的低风险性，村集体经济组织不能盲目参与高风险的市场行为。

四、新型农村集体经济发展的进一步思考：基于"四大"逻辑关系分析

各地实践中呈现出的新型农村集体经济发展日益丰富的多种多样模式，给其发展带来了生机和活力。无论采取哪种模式，站在更高层面进行思考，新型农村集体经济要有效平衡好政府强势干预与发挥基层积极性的关系、封闭运行与开放合作的关系、短期利益与长期利益分配的关系、特殊法人地位和市场主体地位的关系，才能更好地推动新型农村集体经济高质量发展。

（一）在政府主导与基层组织运作下如何有效平衡政府强势干预与发挥基层积极性的关系

在进入全面建设社会主义现代化的新发展阶段下，党中央要求共同富裕在新阶段取得实质性进展，由于发展集体经济被普遍认为是推动广大农民群众走向共同富裕的重要道路，这就使集体经济发展的重要性在各级政府工作中更加凸显出来，并纷纷站在政治高度提出明确要求、出台政策对其进行强势干预和扶持。然而，发展集体经济又主要依靠广大基层干部和群众的积极性，如果他们的积极性没有被调动起来，依靠政府的强力推动可能效果欠佳，由此就带来了如何有效处理政府强势干预与调动基层积极性的关系问题。

回顾集体经济的发展过程，概括而言，存在自上而下和自下而上两种发展逻辑。自上而下的发展主要遵循"政府为主、基层响应"的发展逻辑，先是依靠政府的力量介入强势推动，选取一定小范围的试点地区先行先试，待条件成熟后再在更大范围内推广；自下而上的发展主要遵循"基层为主、政府支持"的发展逻辑，一些地方在基层党组织强力带动下，面向市场使集体经济逐步得以发展壮大。以政府主导为主的集体经济发展模式，在政府的强势干预下，对集体经济发展的短板"对症下药、精准补缺"，使集体经济在短时间内获得大量无偿的资源要素，避免了依靠集体自身积累自主投入、市场运行的经营风险。但是，这种自上而下、以政府主导为主的方式发展集体经济，不仅会增加政府的财政负担，更有可能导致集体经济组织的"政策依赖"和发展缺乏效率。自下而上、以基层干部和群众推动为主、市场运作、政府扶持的集体经济的模式，由于尊重基层创造、尊重市场经济规律，其结果可能是集体经济组织发展得越来越好、实力越来越强大，但这可能只是在少数集体经济带头人能力强的村发生。对大多数村而言，由于不具备村集体经济组织带头人应有的能力条件和市场运作水平，很难把集体经济搞起来。

进一步地，如果基层干部和群众缺乏发展集体经济的动力，即使上级严格要求也只是被动性应对，其效果也不太好。当前，在发展集体经济问题上许多地方明显存在"上热下冷"的现象，就是上级政府和部门对发展集体经济有很高的积极性，而到了基层的干部和群众却表现出漠然的态度。据调研访谈，有的村干部因以前村办企业经营不善而破产、倒闭、负债等情况而存在畏难情绪和"怕"的心理；有的村（社区）干部特别是党组织书记担心集体资产情况跟农户说不清楚，而引发不信任，认为多一事不如少一事，不愿带头发展集体经济。有部分村民对"集体"无感，认为发展集体经济是干部的事，村民得不到（什么）好处，还不如守着"一亩三分地"实在，参与积极性不高。

因此，如何有效平衡政府强势干预与发挥基层干部和群众的积极性问题，是当前发展集体经济的重要问题，可行的办法就是在明确各自角色边界的基础上，坚持政府干预与基层干部群众创造有机结合，在结合点上掌握好时机和分寸，关键是政府的干预也要尊重基层干部群众的诉求，更多地采用激励措施调动其积极性。

（二）在内部自主经营与外部要素介入下如何有效平衡封闭运行与开放合作的关系

从当前农村集体经济的主要发展方式看，许多采取的是自主开发经营、封闭运行模式发展集体经济，利用村庄自身资源扬长抑短，一二三产业联动，有效发展乡村新经济新业态，但这种方式大多对村集体经济组织带头人的要求很高。随着城乡人才、资金、技术等资源要素的双向自由流动，农村发展的封闭性逐渐被打破，农村集体经济组织开始整合荒山、荒滩、空闲地、边角地、闲置房屋和机器设备等集体资源资产，与城市资本通过承包、租赁、股份合作、村社共建、村企合作等方式全面整合盘活可利用的闲置资源资产，同时吸纳外部资金、人才、技术等要素大力发展"乡脉经济"，实现优势互补、合作共赢，促进集体资产保值增值。

在外部要素介入下却面临集体经济组织封闭运行与开放合作需求的矛盾。一方面，新型农村集体经济组织自身的内部发展普遍面临缺资金、缺技术、缺人才等困境，需要引入外部资源要素才能打破原有依靠自身资源发展受限的局限性，通过合作经营或入股的方式开展合作"借力发展"。然而，农村集体经济组织的成员封闭性是显著特征，只有本村本组的村民才可能成为集体经济组织成员，如果外来的要素尤其是经营者和各种人才不能加入到集体经济组织中，尽管有股份合作等方式，也很难真正融入集体经济发展，可能导致外来资本的短期行为。另一方面，如果放开农村集体经济组织的成员封闭性，让外来先进要素和人才加入到集体经济组织中，虽然更有利于吸引外来先进要素进入乡村，但可能引发外来力量因要素优势占据话语权和支配权而对集体经济组织产生控制、集体资产被侵占等风险。

因此，新型农村集体经济组织的发展如何正确处理好封闭运行与外部要素介入的关系、有效平衡封闭运行与开放合作带来的新需求是突出问题。应在严格有关制度、规范有关程序的前提下，有条件地对外来先进要素和人才适度放开，留下一点"窗口"。

（三）在兼顾成员利益分配与集体资产积累下如何有效平衡短期利益与长期利益分配的关系

集体成员的收益分配与集体资产的积累本质是短期利益与长期利益的选择。集体收益是农村集体经济组织赖以生存和发展的重要物质基础，是提升农村公共服务供给能力的重要基石，是壮大新型农村集体经济组织的重要经济来源。但是，当前集体收益的分配面临两难的困境：一方面，从短期来看，农村集体经济组织面临集体收益分还是不分的决策。若选择分配，应当怎么分？是将集体收益全部分配给集体成员还是部分分配？是用于集体成员当年分红还是农村公共事务、公益事业的支出？另一方面，从长期来看，集体积累部分最终也会面临如何分配的选择。集体经济收益分配的关键是制定合理的分配比例。根据《农村集体经济组织示范章程（试行）》规定，集体收入优先用于公益事业、集体福利和扶贫济困，可分配收益按成员持有的集体经营性资产份额（股份）分红。那么集体经济组织可分配收益是在提取公积公益金和集体福利费之后才能进行成员分红，焦点在于如何确定集体成员分红和公积公益金的提取比例。对于公积公益金和福利费的提取比例，中央并没有提出明确的参考标准，各地根据实际情况而定。2018～2021年，我国农村集体经济组织提取的公积公益金、应付福利费和年度股金分红均呈现出不断增长趋势，年均增长率分别达到25.8%、5.3%、21.6%。可见，平衡好短期与长期利益关系是处理好成员个人收益分配与集体长期积累的关键。

集体收益分红能够提升集体成员的安全感、幸福感和获得感，当然通过当年分红能够激发集体成员主动积极参与集体经济发展、关心集体经济利益，从而构筑利益共同体，千万不能因为集体收益少而不分红，更不能举债分红或为分红而分红。同时，农村集体经济组织提取的公积公益金可用于弥补农村公共服务设施供给和集体福利支出等方面的短板，同样也是服务集体成员的一种方式。在分配机制的构建方面，新型农村集体经济实行按生产要素贡献分配，对外与其他社会市场主体建立紧密的利益联结和收益共享机制，对内统筹收益分配与集体积累、兼顾集体福利与集体成员增收，既能调动其他市场主体积极参与农村集体经济发展，又能保护集体和集体成员的既得利益和合法权益。

（四）对内互助公益性与对外受限营利性的双重属性下如何有效平衡特殊法人地位与市场主体地位的关系

经过农村集体产权制度的系列探索和改革，农村集体经济组织的特别法人地位得以确立和巩固，在特别法人地位得到法律认可的情况下获得依法参与市场经济活动的"通行证"。农村集体经济组织特别法人之所以"特别"，具有对内互助公益性和对外受限营利性的双重属性。一方面,从对内互助公益性来看,农村集体经济组织承担着为农村提供公益服务和公共服务的职能,不仅要为集体成员服务,同时还要求集体收益分配充分体现出公平性和均等性。另一方面,从对外受限营利性来看,农村集体经济组织法人虽然是营利法人,但是其营利活动是受到一定限制的。集体经济组织承担着"管理集体资产、开发集体资源、发展集体经济"的经济职能,其独立的市场主体地位得到政策的认可。但是,农村集体经济组织的市场主体地位与一般的市场主体有所不同。由于农村集体经济组织代表着具有广泛性和根本性的广大农民集体的利益,农民对经济利益的诉求表现出一种特有的现实性,既关注当前既得利益,又对投资收益周期长、营利风险高的经营活动存在天然的抵触情绪,这就决定了集体经济组织只能采取保守经营决策。

新型农村集体经济组织作为"特殊法人",所牵涉的利益具有特殊性,不仅是农民集体成员的社会保障,同时也是获得农民心理认同的象征。从农民的角度出发,其所从事的经营活动最好"稳赚不赔"。但是从市场经济角度来看,市场是有一定风险的,这种"包赚不亏"的保险经营很难实现预期目标。既然要让农村集体经济组织成为公平参与市场竞争的法人主体,就要与其他市场主体同等享有市场准入机制和市场退出机制,那么农村集体经济组织就可能面临破产的风险,然而农村集体经济组织的特殊地位又决定了不能破产。因此,农村集体经济组织在对内互助公益性与对外受限营利性的双重属性下,既需要政策上的大力扶持,更好地体现互助公益性,又需要经营上的适度放活打破对外受限营利性,需要平衡好特殊法人地位与市场主体地位的关系。

五、主要结论和政策建议

自推进农村集体产权制度改革以来,我国农村集体经济被赋予新角色、新定位、新内涵,并取得了很大的发展成效。新型农村集体经济"新"在产权清晰、成员身份明晰、收益分配透明、参与主体多元、发展环境开放、经营方式多样化。新型农村集体经济的功能作用是能有效促进家庭联产承包责任制的巩固和完善、通过多种形式专业分工和联合实现专业化和协同效应的统一,是优化农民与集体关系和为农民提供公共服务的重要角色,是市场经济体制下优化利用农村资源的有效平台。新型农村集体经济在实践中形成了盘活资源资产、多元产业融合发展、提供社会化服务、劳务经济、跨村组联合抱团发展、承接外来要素参与等多种多样的模式,无论采用哪种模式,新型农村集体经济在发展过程中必须要处理好政府干预与发挥基层积极性、封闭运行与开放合作需求、短期利益与长期利益分配、特殊法人地位和市场主体地位等逻辑关系，才能促进其持续发展、高质量发展。新型农村集体经济的发展还离不开从上而下多方面政策的支持及基层自主形成的制度安排。进入新发展阶段，依然需要秉持制度是保障的发展原则，需要做好以下几方面的政策支持：

一是继续深化农村集体产权制度改革。要严格做好农村集体资源确权。积极探索集体成员退出与进入机制，适当给予回乡人口、外来人口参与集体经济决策、分享利益的权利，并对于长期流出人口应按章程进行成员身份适时退出。要抓紧放宽农村集体经济组织参与市场行为的政策，放宽集体经济组织的市场地位。

二是完善集体成员利益分享机制。提高农民参与集体自主性的前提是能让其真正获得收益。当前很多农村集体经济已经蓬勃发展起来的案例，都面临二次投资时成员动力缺乏的问题，关键问题在于没有建立起相应的利益分享机制。要进一步完善集体经济收益分配机制，明确村级公积金、公益金、管理费的提取比例和按股分红的条件及程序。鼓励集体经济组织将集体收益用于农村养老协会、文化协会、公益公共服务组织等乡村自组织建设，在完善乡村治理、提供更多公共服务、提升乡村文化品质等方面做出更大贡献。

三是健全农村集体资产监督管理体系。村级集体经济产权主体虚位、主体权利残缺可能导致部分干部以权代管、以权定事，农民和其他合作组织很难参与决策、管理和监督。应加强农村集体经济发展中的监督管理工作，高度重视建立农村集体经济数字化监管体系，以数字乡村建设赋能农村集体经济发展；建立健全资产资源清查登记备案、评估、处置、内部管理等制度，加强村集体资产财务管理，完善农村集体"三资"管理制度，积极推动农村集体资产财务管理制度化、规范化、信息化建设。

四是创新农村集体经济金融支持政策。当前全国许多地方虽已完成集体产权制度改革阶段性任务，但集体产改成果还不稳固，运用仍受到多方面制约，集体资源资产的金融赋能不足，仍面临难抵押的问题。要进一步完善农村集体资产抵押融资的支持政策，鼓励金融机构扩大农村抵质押物范围，打通农村股权和产权的抵押融资渠道；支持新型农村集体经济承建财政投资的农村中小型项目，对财政投入到农业农村用于生产、加工、经营、服务设施建设的项目，建成后统一移交村集体经济组织持有和管护。

五是创新农村集体经济人才支持政策。当前新型农村集体经济发展面临的一大关键问题就是现有人才不足尤其是经营管理人才匮乏。要鼓励和支持有条件的村探索建立集体经济独立理事制度和职业经理人引进机制，探索建立集体经济专员制度。要选配各领域专业人才组成"智囊团"提供技能培训、产业发展等指导服务。

六是建立健全农村集体经济发展激励考核机制。将集体经济发展纳入年度目标责任考核评价范畴,作为对乡村干部选拔、表彰、评优的重要依据。支持村干部创办、领办集体企业,允许村干部按照集体经济新增效益和本人贡献大小领取相应报酬。

参考文献

[1] 高强. 农村集体经济发展的历史方位、典型模式与路径辨析 [J]. 经济纵横, 2020 (7): 42-51.

[2] 苑鹏, 刘同山. 发展农村新型集体经济的路径和政策建议——基于我国部分村庄的调查 [J]. 毛泽东邓小平理论研究, 2016 (10): 23-28+91.

[3] 李天姿, 王宏波. 农村新型集体经济:现实旨趣、核心特征与实践模式 [J]. 马克思主义与现实, 2019 (2): 166-171.

[4] 张应良, 徐亚东. 农村"三变"改革与集体经济增长:理论逻辑与实践启示 [J]. 农业经济问题, 2019 (5): 8-18.

[5] 张弛. 中国特色农村新型集体经济的理论基础、新特征及发展策略 [J]. 经济纵横, 2020 (12): 44-53.

[6] 许泉, 万学远, 张龙耀. 新型农村集体经济发展路径创新 [J]. 西北农林科技大学学报(社会科学版), 2016 (5): 101-106.

[7] 高鸣, 魏佳朔, 宋洪远. 新型农村集体经济创新发展的战略构想与政策优化 [J]. 改革, 2021 (9): 121-133.

[8] 温铁军, 罗士轩, 董筱丹, 刘亚慧. 乡村振兴背景下生态资源价值实现形式的创新 [J]. 中国软科学, 2018 (12): 1-7.

[9] 郭晓鸣, 张耀文, 马少春. 农村集体经济联营制:创新集体经济发展路径的新探索——基于四川省彭州市的试验分析 [J]. 农村经济, 2019 (4): 1-9.

[10] 高强, 孔祥智. 拓宽农村集体经济发展路径的探索与实践——基于四川彭州小鱼洞镇"联营联建"模式的案例分析 [J]. 东岳论丛, 2020 (9): 162-171+192.

[11] 梁昊. 中国农村集体经济发展:问题及对策 [J]. 财政研究, 2016 (3): 68-76.

[12] 韩俊, 张云华, 王宾. 以还权于民为根本出发点推进农村集体产权制度改革——上海市闵行区调查报告 [J]. 农村经营管理, 2014 (10): 20-23.

［13］杨帅，罗士轩，温铁军．空间资源再定价与重构新型集体经济［J］．中共中央党校（国家行政学院）学报，2020（3）：110-118.

［14］李韬，陈丽红，杜晨玮，杜茜谊．农村集体经济壮大的障碍、成因与建议——以陕西省为例［J］．农业经济问题，2021（2）：54-64.

［15］朱婷，夏英．新型农村集体经济的理论逻辑及框架［J］．农业经济，2021（7）：32-34.

完善农村基本经营制度　夯实乡村振兴发展根基[*]

改革开放以来，我国农村实行以家庭承包经营为基础，统分结合的双层经营体制，这是适应生产力发展需要的一项重大制度变革，乡村经济社会发展的实践证明了这一基本制度的正确性。但是，随着时间的推移，这一体制在实施过程中出现了"统弱分强"的现实问题，也产生了相应的弊端。如何在社会主义市场经济条件下，适应新时代社会生产力变化的实际需要，持续完善农村基本经营制度，夯实乡村全面振兴制度根基，成为深度推进乡村振兴战略的一项十分重要的任务。

一、充分认识完善农村基本经营制度的重要意义

改革开放以来，我国农村以土地为主要生产资料的经营制度，规定了农村土地产权的集体所有、家庭承包的经营基础和集体统一经营与农户分散经营相结合的经营方式，是以农村土地集体所有为根本、以集体统一经营为先导、家庭承包经营为基础的统分结合的双层经营制度。这一制度极大地激发了农民的劳动热情和农户家庭的经营活力，农户家庭逐渐成为农村经济的基本单元、充满活力的市场主体。

但是，随着我国社会生产力的快速发展和市场竞争的日益激烈，这一双层经营制度的基本内涵发生了一些变化，并逐渐显露出一定的缺陷。一方面，以家庭承包经营为主要形式的传统农业生产和分散经营，导致农户家庭市场竞争能力日渐衰弱、经营收入相对下降，迫使大部分农村劳动力从"专事农业"走向"兼顾农业"直至"放弃农业"，从而出现了自发的"土地流转"现象，家庭承包经

---

　　* 作者简介：张锟，河南农业大学乡村振兴研究院副院长、经济管理学院教授，河南省高校智库联盟副理事长。

营逐渐转化为小规模的合作经营，家庭经营基础受到了冲击，以致出现了所谓的种粮大户、家庭农场及合作社等新型经营组织。另一方面，集体的统一经营因农村人口及社会结构的变化及家庭承包关系的固化而日渐式微，集体所有权的体现和经济组织功能日益弱化。随着"农业税"（含村集体提留）的取消，农村土地的集体所有权被实质性虚置，统分结合的双层经营制度在大部分农村经历着严峻的挑战。尽管为了适应生产力的变化，国家赋予了种粮大户、家庭农场、农民合作社等新型经营组织相应的合法地位，然而在农村土地集体所有、统分结合的双层经营制度框架下，如何妥善处理农村集体和新型经营组织的关系，成为生产关系调整的难题。这一难题的持续存在，制约和影响了农业生产的规模化、集约化，先进的生产技术难以推广，现代化的经营方式也难以实现。因此，新型经营组织难以实现真正意义上的自主经营和合法经营，其市场主体地位依然难以真正确立，其经营行为的稳定性和持续性就难以保障，从而也就难以确保乡村经济的持续、稳定、健康发展，难以有效促进乡村振兴目标的实现。

因此，必须充分认识坚持和完善农村基本经营制度的重大意义，在正确理解农村基本经营制度内涵及性质的规定性的基础上，系统把握坚持和完善农村基本经营制度的现实挑战，深入研究并逐一破解农业生产和乡村经营中的突出问题，在解决问题的过程中实现坚持与完善的相互促进和共同发展，推动农业现代化进程，解决农村发展问题，促进农民持续增收。

二、以农村集体经济组织为依托重塑乡村经济市场主体

习近平总书记指出："走中国特色社会主义乡村振兴道路，必须巩固和完善农村基本经营制度，走共同富裕之路。要坚持农村土地集体所有，坚持家庭经营基础性地位，坚持稳定土地承包关系，壮大集体经济，建立符合市场经济要求的集体经济运行机制，确保集体资产保值增值，确保农民受益。"在中国特色社会主义市场经济条件下，巩固和完善农村基本经营制度，必须在坚持农村土地集体所有的前提下，在双层经营的制度框架下，妥善调整农村经营中"统"与"分"的关系，以经济关系的市场化、经营行为的自主化和经济运行的法制化，重塑乡村市场经济的主体，通过体制机制的完善发展壮大集体的力量，使"双层经营"实至名归。

当前，为适应新时代健全社会主义市场经济体制新要求，中央提出要不断深化以农村集体产权制度为主要内容的农村改革，这也为完善农村基本经营制度提

供了基本遵循，农村集体作为生产资料的主要所有者，具有充分利用自身资源开展经营活动的能力；有成为具备独立经营能力、不断发展集体经济的市场主体的条件。为此，农村集体经济组织已被《中华人民共和国民法典》确定为特殊法人，明确了农村集体经济组织的市场主体地位。但是，由于其资产边界和产权归属不清晰、组织体系不完整、治理结构不完善、经营管理人员能力有限等原因，农村集体经济组织在市场经济活动中的主体意识、行为能力、经营预期普遍较弱，农村集体经济组织市场信誉整体不高，其市场主体地位仍然没有被市场完全认可，从而严重制约了农村经济的高质量发展和农业农村现代化进程。大量金融机构涉农信贷资金因缺乏合格的信贷主体而无处投放就是明显例证。

因此，必须以农村集体经济组织为依托，从构建独立完善的法人治理结构出发，加快创新农村经济发展模式，重塑乡村经济发展的市场主体。这既有利于巩固农村土地集体所有的基础地位，又有利于适应农村生产力发展的现实需要，更好地调动农户家庭、合作组织、社会企业、金融机构等方面的积极性，聚合各种力量共同推动乡村经济发展和全面振兴。

三、以系统完善三权分置制度为路径释放农村土地资源活力

习近平总书记强调："全面推进乡村振兴，必须用好改革这一法宝。要加快推进农村重点领域和关键环节改革，激发农村资源要素活力。第二轮承包即将陆续到期，要落实第二轮土地承包到期后再延长30年政策，保持农村土地承包关系稳定并保持长久不变。农村宅基地改革要稳慎推进。"土地作为乡村经济发展的主要资源和基本要素，在乡村经济发展中的作用具有基础地位，重塑乡村经济发展市场主体，就是要着重整合以农村土地为主要资源的乡村资源，重点调整农户、农民与土地之间的关系，从而适应农业农村现代化和新型城镇化的需要。

耕地是农业生产及农民赖以生存和发展的基本生产资料，是农村集体发展经济、增加集体收入进而改善乡村生活条件、提高居民福利水平的基础条件。耕地除了自身具有的自然属性外，更具有典型的生产属性和生活保障属性；而宅基地及房屋既是农民和农户生活的基础，也是农户从事家庭手工业的条件，既具有典型的生活保障属性，也具有一定的生产属性，两者都与农民和农户的切身利益密切相关。因此，深化农村土地改革，既要有利于巩固农村土地集体所有的基础地位，守牢国家粮食生产安全底线，发展壮大农村土地的自然生态屏障功能和乡土

文化传承功能，又要满足农民和农户不断增长的物质文化生活需要，尤其是妥善解决他们的劳动保障、收入保障、养老保障、居住保障等问题，确保农户及农民在改革过程中利益不受损、收入有增加、生活有改善，共享现代化建设的成果。

农村土地"三权分置"制度是我国农村改革的又一次重大创新，这一制度对巩固农村土地的所有制基础、稳定家庭联产承包责任制、创新完善经营管理方式、加快农业农村现代化步伐意义重大。但是从改革的实践来看，农村土地"三权分置"制度确立之后，农村土地的现代经营与管理机制并没有得到完整建立，无论是耕地还是宅基地都没有释放出其应有的活力，存在耕地的集约化规模化程度低、宅基地空心闲置与建设用地紧张并存等问题，改革效益并没有得到应有的显现。有关调查表明，造成这种现象的主要原因在于：一是农村土地的集体所有权没有真正落实，农村集体在改善土地经营方式上缺乏主动性，客观上制约了农户土地经营权流转的积极性，也增加了新型农业经营主体承接土地经营权、创新农村经济发展模式的交易成本；二是面对部分农户及家庭在耕地承包权和宅基地资格权的退出意愿，尚未建构和形成合适的有偿退出机制，这也影响了农村建设用地的有效利用。

因此，在农村土地新一轮承包和乡村规划建设的过程中，可以以完善农村土地"三权分置"制度为途径，在农村耕地经营上落实农村集体"统一经营"的主体责任，并建立农村集体作为土地所有者取得相应经营收益的利益机制，以充分调动农村集体加快农业经营方式转变的积极性。在耕地承包权和宅基地资格权退出方面，可以建立公共养老保障、居住保障制度与户籍农户承包地退出、农村家庭宅基地资格权退出的联动机制，以解除农村耕地承包权人和宅基地资格权人的后顾之忧，保障其转移就业、生活和居住，确保其基本权益和应得福利。同时，要以产业发展为基础，以乡村全面振兴为目标，以乡村经营为基本理念，以城乡融合、三产融合、三生融合为基本路径，全面盘活乡村资源，加快乡村经济快速发展。

四、以农村合作经济的股份化改造创新集体经济发展方式

《中华人民共和国宪法》规定，"中华人民共和国的社会主义经济制度的基础是生产资料的社会主义公有制，即全民所有制和劳动群众集体所有制"。农村集体经济是集体成员利用集体所有的资源要素，通过合作与联合实现共同发展的

一种经济形态，是社会主义公有制经济的重要形式。

中国农村集体经济来源于农村土地的集体所有制，其最早的实现形态是在农业生产互助合作组织的基础上发展起来的，经过互助组、初级社到高级社，逐步实现了土地集体所有、大宗生产工具（耕畜和大农具等）作价归公，收入按劳动分配。40多年的改革开放，使农村劳动生产力得到充分发展，农村劳动者个体的社会贡献不断加大，绝对收入水平也有了很大提高。然而，受市场经济环境剧烈变化的影响，农村集体作为资产所有者的作用始终没有得到相应发挥，农村集体经济的发展始终落后于我国市场经济发展的整体进程，绝大部分农村集体在维护农村劳动者权益、发展集体福利、促进共同富裕等方面都难以发挥积极有效的作用。当前，农村集体产权制度改革正在有序进行，如何在"三权分置"的制度框架下，对农村生产要素的投入、配置和使用的方式进行变革，是农村集体经济发展面临的主要问题。探索新型农村集体经济的发展路径和实现方式，维护和落实农村集体所有者权益，加快农村集体经济的发展速度，为农业农村现代化和共同富裕提供应有支撑，成为乡村振兴战略实施过程中一项十分重要的任务。

在社会主义市场经济条件下，加快农村集体经济增长速度，首要的是培养和提高集体经济组织适应市场的能力。这就需要区分不同情况，充分挖掘和整合利用农村闲置和低效益的集体资源、吸纳农村集体成员闲散资金及社会资本、动员拥有技术和劳动能力的人员组建新型集体经济组织，通过盘活资产、延长链条、创新业态、丰富经营项目等途径，对已有的集体经济组织进行适宜性改造，创新集体资产经营方式。从全国范围内的实践经验来看，股份制是发展新型集体经济的可行和有效模式。以集体的资产（包含土地、房屋、设备等）及其成员资金和相关权益（如土地承包权、宅基地使用权等）为资本参与经营，实现资源变资产、资金变股金、农民变股东，不仅可以巩固农村集体组织及其成员的主体地位，还可以有效吸纳其他社会资本、技术等要素注入其中，增强集体经济发展活力。同时，也有利于疏通农村集体经济组织之间进行资源资产联合的渠道，促进农村集体经济组织与农户及农民合作组织、农业企业等进行股份合作，以多种形式壮大集体资产，提升发展能力。

当然，在改制过程中要通过开展集体资产清产核资、明确集体资产所有权、强化农村集体资产财务管理等措施，防止集体资产流失和农民权利受侵害，防止把集体及其成员的财产权利改虚了、改少了、改没了，防止内部少数人控制和外部资本侵占。

参考文献

[1] 李武，钱贵霞. 农村集体经济发展助推乡村振兴的理论逻辑与实践模式

［J］．农业经济与管理，2021（1）：11-20.

　　［2］中共中央　国务院关于稳步推进农村集体产权制度改革的意见［N］．人民日报，2016-12-30（001）.

　　［3］龚云．新时代要高度重视发展农村集体经济［J］．马克思主义研究，2022（3）：18-26+155.

　　［4］胡志全，朱晓峰，辛岭，杨敬华，李超，黄德林，杨婷婷．中国特色农业农村现代化的共性和特色［J］．中国农村科技，2023（2）：19-21.

"数商兴农"背景下新型农村电商模式的产业逻辑及发展路径[*]

　　我国电商行业进入多元化竞争的新阶段，从单一垂直属性的平台向内容化、社交化、电商化的综合属性平台转型，通过低成本的交易、流通和组织等优势，形成网商聚集和集成创新，叠加物联网、大数据、区块链、人工智能和5G等新型信息基础设施加速发展，提升了实时信息连接和数据处理能力，催生出社交电商、近场电商和直播电商等新型电商模式。农村电商实质上是以互联网技术为基础的商业模式在农业农村发展中的应用，它为农村引入数据要素和现代商业模式，不仅驱动着农业产业结构调整，推动专业分工及跨区协作，也激发了社会创新和服务创新。特别是2021年以来，网络零售销售额增速整体放缓，大型互联网平台为寻找渠道落地和下沉途径，积极赋能实体经济加速数字化转型以拓展线上业务。随着应用场景的不断拓展，发展新型电商成为农产品结构性升级的重要环节和数字化转型的关键路径。

　　"数商兴农"背景下，打通"农产品上行"通道成为实施乡村振兴战略的重要抓手，是党中央、国务院为解决农产品"卖难"问题、实现优质优价进一步带动农民增收作出的重大决策部署。近年来，各地区围绕乡村振兴和数字乡村发展战略布局，以农产品出村进城为引领，以推进优质特色农业全产业链数字化转型为着力点，建立农产品质量安全追溯体系，加强对产地农产品质量安全检测和监督管理，打通信息流通节点，形成从田间地头到餐桌的信息流通闭环，提高生产智能化、经营网络化、管理数字化水平，提升优质特色农产品供给效率，推进优质特色农产品田间管理、采后处理、分等分级、包装储运等各环节标准研制，细化标准化生产和流通操作规程，不断催生出基于数字经济的新产业、新业态、新模式，为乡村振兴提供了内生动力，解决了农产品出村进城的"最先一公里"问题。

---

* 作者简介：李国英，河南省社会科学院农村发展研究所研究员。

一、新型农村电商的产业逻辑

根据 CNNIC 的统计数据，截至 2021 年 12 月底，我国网民规模为 10.32 亿人，互联网普及率达 73%，2017~2021 年，中国农产品网络零售额规模的年均复合增长率达到 46.3%。这一方面源于我国经济新动能的持续增长，另一方面民众消费升级的需求催生了直播电商等新业态，特别是年青一代在垂直领域呈现娱乐化、虚拟化、专业化和碎片化的消费升级，去中心化的社会氛围，资本的助推共同催生了粉丝经济，直播电商及社区团购等新型电商模式获得了长足发展。作为聚合了视频、社交、网购的新型业态，这些新型电商重构了传统农产品商业模式，其社交属性与媒介特征增加了用户的信息获取途径，解决了传统电商将商品数据化后的信任难题。

（一）新技术带来底层技术驱动、消费结构分化与升级持续

以大数据、人工智能、云计算为代表的新一代信息基础设施提升了实时信息连接和数据处理能力，采集硬件和系统升级、人脸识别技术应用和美颜算法优化、编码标准及芯片升级、云计算应用以及 CDN 技术快速发展，保证了直播更流畅、更美观、更即时，赋予了农业生产者直接与终端消费者面对面的机会，为用户带来了更好的购物体验，这些因素叠加在一起进一步缩短了传统零售业的时间、空间距离，让远离客源市场、没有地缘优势的地区也能搭上互联网的快车，有利于生产者从终端需求中找到产品升级的方向，让多样化、高标准的需求来引领产业升级。

目前，随着一、二线城市流量见顶，各电商平台纷纷布局下沉市场，线上线下从竞争到融合，加速构建现代快捷便利的物流网络、运用大数据进行农产品消费分析，推动农业生产朝着标准化、绿色生态的方向迈进，农村电商也进入全新发展阶段。相比于传统电商模式，新型电商是技术与需求推动的渠道迭代，通过打造产、销、研、加工一体化的现代化农业产业链系统，实现了消费端"最后一公里"和产地"最初一公里"直连，探索出农业产业新模式，自发式涌现—集群化发展—产业链形成—新工业化体系（新基础设施、新生产要素和新服务体系）的出现成为农产品电商行业发展行之有效的路径。

(二)产—供—销协同的农业数字生态链逐步形成

目前我国农村电商尚处于模式探索和高速发展期,随着各地农村电商呈现出多样化的发展形态,带来农业产业结构的转变和发展模式的升级和演化,在这一过程中,加强农业产业数字化、智能化转型,提升供应链效率成为重构农产品销售体系的底层逻辑。目前,各大电商平台通过打造产、销、研、加工协同的现代化农业产业链系统,促进了农村电商产业链多元延伸,改变了小农户的利益分配格局,让农业产业利益变得更加平衡。

新冠肺炎疫情的出现彻底改变了电商的形态,"人、货、场"的关系正在被全面重构,新型电商模式以其内容丰富、浏览碎片化的特点持续构建线上新生态,促使不同的用户场景和商业业态加速融合,在农产品上行发展过程中发挥了主力作用。目前直播电商已成为农业从业者的新型生产力工具。这种"个体—群体—生态"的产业动态演化路径,体现了类似生物种群演化的特点,模仿创新、协同演化也符合农业产业集群发展内部种群一般深化规律。

(三)从引流模式创新到系统化运营升级的演化

搜索流量红利见顶,社交流量开发近半,农村电商已经进入高成本、规模化、专业化的新阶段,存量时代迫切需要低成本的流量源。新型电商的发展逻辑是低流量成本+低匹配成本,拓宽原有消费场景中的核心元素人(消费者)、货(商品)、场(场景)的概念边界,借助(熟人、主播)在垂直领域中积累的流量优势与内容生产优势,不仅能够快速形成流量聚集,同时还可以充分发挥"人"的效应,缩短用户决策周期,高用户时长及黏性降低运营商的获客成本,在社交属性下实现传播裂变,进而形成新一轮的流量聚集和变现。电子商务在我国乡村的应用和推广过程,也是农业从业者学习仿效、多元主体参与的过程,从以微信为代表 1.0 时代的朋友圈微商到以拼多多为代表的拼团裂变 2.0 时代,再到社交电商的 3.0 时代的直播带货,新型电商也在持续演化中。

作为新型电商模式之一的社交电商本质上是一种信任经济,核心在于以社交方式引流,重构流量来源和运营转化方式,以拼多多为代表的拼团裂变完美契合了微信的社交属性,借助社交流量壁垒和长尾商家通过沟通分享形成社交理念,创造出拼多多独特的新社交电商思维。以抖音、快手等为代表的新型电商以直播等方式切入,已成为重要的新流量入口。不同于以阿里巴巴为代表的传统电商平台实施的中心化战略,新型电商平台更倾向于构建一个弱连接、弱边界的去中心化体系。在赋能商家和用户方面,通过提供强大的场景、大数据、AI 技术支持,以去中心化的方式,把平台能量开放给合作伙伴,以赋能连接起所有场景,为众多中小商家提供一个更为包容、创新和具有可持续性的商业模式。

二、"数商兴农"背景下农产品上行的多元化模式

在供给端，乡村数字经济高速发展催化下，新业态、新模式蓬勃发展，给农村产业兴旺带来契机。为解决农产品特别是生鲜农产品销售难的困境，2020年以来，农业农村部会同相关部委组织实施了"互联网+"农产品出村进城工程。在需求端，随着居民消费升级的不断加速以及受新冠肺炎疫情的影响，对网购农产品提出了更高的要求。为满足市场多元化需求，各类新型电商模式不断涌现，在赋能农产品上行的方式和深度方面也在不断升级。

（一）社交电商：以社交优势为链接聚合私域流量形成电商基础形态

社交电商的产生是零售的渠道变量趋势所导致的，其实质就是以"熟人经济"为基础，融合互联网思维，是农村新零售的基础模式。不同于电商在一、二线城市的 B2B、B2C 等商业发展模式，在农村市场以拼多多为代表的多个大型电商平台借助社交平台中的低成本流量快速扩张，积极抢占新兴市场，形成了社交拼团、内容导购、分销裂变、社交团购等多种商业模式，进而满足城乡居民多元化消费需求。

社交电商从早期的微商模式不断创新，从 2018 年起，随着流量逻辑、支付系统以及技术驱动的改变，以微商、网红直播、朋友圈等为代表的社交电商、小程序、短视频等电子商务新业态、新动能取得快速发展；拼多多等社交电商平台借助社交平台中的低成本流量快速扩张；快手、抖音等直播电商平台依靠消费与娱乐带来的流量黏性不断探索新的流量——电商导流的模式。

新一代信息技术的发展降低了农产品销售的门槛，但是消费场景的碎片化程度逐渐加深使农业经营者的获客成本不断攀升，叠加我国发展不平衡的农业生态，农产品销售更适合发展私域流量，通过精细化用户管理和实现精准营销来降低销售成本。私域流量是品牌或个人所拥有的，可以自由控制、多次利用的，免费且能够直接触达用户的流量，意味着存量竞争下流量运营思维向用户运营思维的转变。本质在于社交关系链的小范围运营和客户资产的变现，精细化运营挖掘存量用户价值。从私域流量角度来看，重质量、重个性的垂直细分行业更适合私域流量运营。私域流量相对于公域流量来说，需要通过沉淀和积累来获取更精准、转化率更高的垂直领域流量。腾讯拥有超过 10 亿的用户量，微信平台、小

程序、公众号推文、微信群、朋友圈等社群还可以形成联动效应，天然具有转化私域流量的基因，依托去中心化的流量分配模式赋能电商转化，对农产品生产和市场进行双向渗透，从而进一步解决了农产品产销对接的困境，打通了一条可持续的农产品上行通路。

（二）直播电商：凭借强体验和短流通的双重优势打通"农产品上行"新通路

直播电商作为一种"零界新业态"，正在与产业结构转型、乡村振兴等各行各业进行深度融合，逐渐演化成一种结构性力量，成为农产品网络流通的新路径。直播电商是借助互联网平台特别是社交平台发展起来的一种新型商业模式，它融合了电商与直播的形式，可以更好地实现产品展示与推广，本质上是技术驱动商品展示及体验创新。这种新业态改变了传统线下商业只提供消费结果而忽略消费过程的价值供给，让消费者体验"所见即所得"的真实感，给消费者带来更多的商品细节、更生动的商品展示方式以及实时沟通便利，为地理位置偏远但独具特色的产品开辟新渠道。

目前在技术赋能（5G、高清视频技术、VR/AR等新技术应用）、低线消费崛起、MCN（Multi-Channel Network，又称多频道网络，主要业务涉及主播孵化、内容制作、运营管理、营销服务、供应链支持）机构专业化介入等多因素叠加推动下不断迭代升级，场景向产业链上游渗透的原产地直播可以缩短产业链条、提升产业效率，成为"农产品上行"的新通道。同时，这种新型电商模式降低了小农业生产者成为商家的门槛，让生产者在没有规模化优势的背景下也有机会接触更多的消费者。目前在直播带货的风口下，很多小农户开始利用网络直播形式进行农产品销售，在拓宽农产品上行渠道的同时也打造出了新的消费场景。

（三）近场电商：重构"以客户为中心"的履约价值链

目前，交易型互联网平台商业模式迭代由前端流量延伸至后端履约，从远场电商进入近场电商时代。以阿里MMC为代表的近场社区电商，可能是中国农产品电商近年来最值得关注的创新，对生鲜农产品上行的意义尤为重大。近场电商模式的逻辑路径就是，推动农产品基地深度融入供应链（建设冷链物流仓配等基础设施），打通物流、商流、信息流、资金流，通过集中采购和配送，形成相对于传统零售和远场电商的时间和成本优势，促进产业链、价值链、供应链、利益链、区块链的"五链重构"，通过定制化生产和订单农业，推动供给侧升级改造进而降低全社会的交易成本。

近场社区电商强调"数字化网络体系"的打造。在供给端，近场社区电商更多地强调在农业物联网、农业大数据的支持下，用数字化打通农产品"研—产—供—销—服"全链路，建设和完善农产品现代流通体系，整合农产品供应链，大力开展农产品产地仓等冷链物流基础设施建设，最终实现"最前一公里"与"最后一公里"的精准对接、农产品上行链路的快速流转，以实现农产品供应链的数字化迭代。在销售端，通过多维度技术赋能600多万个城市社区小店，包括满足一站式进货、店内铺设智能货架/POS机等，多角度提振小店经济，其实质就是对社区小店进行数字化改造，帮他们拓展线上社群，聚拢社区需求，再反向去上游产业定制商品，最终实现产销一体化。长远来看，这种模式可以实现以销定产和以销优产以及线下人、货、场的精准匹配，引导农业高质量发展和数字化转型。

三、新型电商模式赋能"农产品上行"的实现路径

新型电商平台在农业领域的健康合规发展，有赖于地方政府、平台和生产者经营者三方的努力。作为新型电商的服务者，地方政府需要着力于构建农产品上行的供应链体系、运营服务体系和支撑保障体系，培育农业农村新业态、推动农村电商与数字乡村衔接、培育县域电子商务服务新载体。对于平台而言，除了通过提供强大的场景、大数据、AI技术支持赋能商家和用户外，还需要在聚合资源、电商人才培养等方面有所作为。

（一）精简农产品物流链，持续提升留存价值链的附加值

2021年7月14日，李克强主持召开的国务院常务会议强调，要大力发展农村基地物流体系，进一步便利农产品出村进城、消费品下乡进村，是推进乡村振兴、增加农民收入、释放农村内需潜力的重要举措。

物流既是衔接供、需两端的最直接的作业链条，又是联动产业、协同产业的核心基础，其支柱产业的重要性不言而喻，物流体系的建设尤为重要。无论是在农产品上行还是在农产品供应链体系中，都承担着重要的支撑作用和服务保障作用。要想完善农产品上行的物流体系，就必须从物流的保障职能出发，它包括以冷链物流为核心的基础设施、以城乡配送为核心的运输网络、以电商物流服务站为核心的服务节点三个核心重点。

在实践中，存在于流通领域中的高额流通成本映射出国内农业产业链当前的痛点，即效率低下；同时，其存在也加剧了国内农产品流通链条痛点的形成。农

产品的特征决定了产业链上的各级环节因供需发现功能及风险分担功能而存在，而各级渠道商基于风险收益的权衡又提高了产业链的流通成本。因此，农产品产业链衍变之路也非常明晰：一切都将向流通成本更低的方向变化，通过"最初一公里"直连"最后一公里"的方式缩短链条，可以实现农产品供应模式的精简有效。

拼多多针对农产品物流采用的"农货中央处理系统"+"轻仓储"模式，避免了冷链、仓储等大规模资本性支出以及储运过程中的农产品质量风险，用最低的成本实现了高效运转，前所未有地精简了供应链，重塑了整个产业链条。在这种"类信息流"的新电商模式中，拼多多的"多多农园"通过预售、拼团等方式收集订单，在极短的时间内产生消费的集聚效应，并通过大数据算法将人找货变为货找人，在已知需求数量的前提下收购农产品，再进行产地直发，从而大幅度降低了农产品滞销带来的损耗。"轻仓储"模式通过在农产品生产地的分拣、打包、装箱出库，减少了农产品在仓库的停留时间，保证了商品的品质，同时，这种模式节省了传统模式下农产品由原产地途经大宗采购、大宗批发、菜摊零售直到消费者的各个环节的流通成本，扩大了农产品的流通半径的同时也最大化了生产者剩余。

（二）加大对新型电商平台的监管力度

新型电商平台的社交属性和流量分发机制决定了其不会发生类似于传统电商平台的规模经济和网络效应，进而出现垄断。因此，消费者购买意愿和忠诚度的培养更依赖于包括产品生产者诚信、物流配送、售后服务、品牌等网络口碑，加之与工业品相比，农产品特别是特色农产品具有显著的地域特色以及异质性，为防止假冒伪劣、以次充好等现象的发生，农产品上行需要政府背书，构建完善的市场监管机制，通过农产品认证、产地溯源、国家地理标志保护等方式加强对本地农产品的保护力度，严厉打击各种网络侵权行为。

2021年3月15日，国家市场监督管理总局出台了《网络交易监督管理办法》（以下简称《办法》），明确将"社交电商"和"直播电商"等新型电商模式纳入监管范围中，除平台和平台经营者外，社交电商和直播电商经营者也应履行网络交易经营者的相关义务并应承担相关责任，加强行业自律和治理，解决供应链、品控等问题，规范主播行为，提升专业水平。《办法》的出台为新型电商规范化运营提供了法律依据。

（三）高质量培育乡村本土创新创业人才

年轻人返乡创业或政府（及专业团队）引领下的农产品上行是解决人才匮

乏问题的手段。随着新型电商平台在农村地区的逐渐崛起，农村要素市场被激活，新技术、新品种、新设备逐渐被用于农业产业升级，在国家"双创"政策的鼓励和支持下，一批懂电商运营、愿意扎根乡村的本土人才逐渐回归并从事农产品电商，"直播带货"打造的"网红经济"成为农业产业升级的重要推动力之一。源于返乡创业者经过原工作城市的历练，他们更善于利用互联网和电商等信息技术开展创业、创新，也更具有参与农产品上行事业的优势。

四、结语

农产品上行一直是关系到城乡发展的重要问题。新型电商平台发展迅猛，并与传统电商平台有机整合，日益成为农产品上行的重要途径。与传统线下零售模式相比，新型电商平台通过打造高赋能网络服务场景，赋予了农业生产者直接与终端消费者面对面的机会，有利于生产商从终端需求中找到产品升级的方向，让多样化、高标准的需求来引领农村产业升级。

我国农业具有人地比高和小农经济模式两大特征，供给信息是高度碎片化的，这极大加大了信息匹配难度，继而塑造了当下以生鲜供应链多级分销、层层加价为特点的流通体系。这也正是以直播电商为代表的新型电商呈现近乎爆炸型发展态势、迅速成为农产品销售的重要方式的深层次原因，又因新冠肺炎疫情的出现彻底改变了电商的形态，"人、货、场"的关系正在被全面重构。以直播带货为代表的新型农村电商，生态集聚效应已显现，农产品上行"全链路数字化"正在成为一种新趋势，也反映出农业数字产业化发展的巨大市场潜力。

参考文献

［1］崔凯，冯献．演化视角下农村电商"上下并行"的逻辑与趋势［J］．中国农村经济，2018（3）：29-44.

［2］郭红东，曲江．直播带货助农的可持续发展研究［J］．人民论坛，2020（20）：74-76.

［3］雷兵，王巧霞，刘小．地方特色、网络口碑与农产品上行［J］．中国软科学，2021（2）：34-45.

［4］刘灵犀，刘珊，张坤．中国农村电商的研究热点与演进脉络分析——基于2011—2020年CNKI数据的可视化研究［J］．中南林业科技大学学报（社会科学版），2021，15（3）：67-73.

［5］彭琳.拼多多推动农产品上行探索工业品下行［N］.南方日报，2021-06-23（F46）.

［6］舒辉，胡毅.农业物流生态圈协同发展机制及路径——基于江西淘鑫的单案例分析［J］.南开管理评论，2021，24（4）：16-28.

［7］曾亿武，马长江，李丽莉，郭红东.直播电商与农产品上行价值重构：机理与实现路径［J］.农业经济问题，2022（2）：108-117.

［8］张晓山."三位一体"综合合作与中国特色农业农村现代化——供销合作社综合改革的龙岩探索［J］.农村经济，2021（7）：11-24.

以增加农民经营性收入为抓手扎实推进河北农民农村共同富裕的对策与建议[*]

实现共同富裕是社会主义的本质要求，是中国式现代化的重要特征。习近平总书记在中央财经委员会第十次会议上指出，"现在已经到了扎实推动共同富裕的历史阶段""必须把促进全体人民共同富裕作为为人民谋幸福的着力点，不断夯实党长期执政基础"。同时提出，我国发展不平衡不充分问题依然突出，城乡区域发展和收入分配差距较大，促进共同富裕，最艰巨最繁重的任务仍然在农村。学术界普遍认为，在城乡、地区、收入三大差距中，收入差距最核心、最关键，影响也最为深远。因此，本文从收入视角切入，深入剖析扎实推进农民农村共同富裕的主要矛盾和关键制约因素，在此基础上提出河北扎实推进农民农村共同富裕的思路和对策。

一、河北省农民农村共同富裕现状

（一）河北省农民农村共同富裕是低水平的共同富裕

从字面意思来看，共同富裕有两方面含义，一是"共同"，二是"富裕"。从"共同"维度来看，河北城乡差距较小，远低于全国平均水平。1998~2021年，河北城乡居民人均可支配收入差倍，最高为2009年的1.79倍，最低为1998年的1.11倍，2021年为1.19倍。同期，全国城乡居民人均可支配收入差倍，最高为2007年的2.14倍，最低为1998年的1.5倍，2021年为1.5倍。1998~2021年，河北城乡居民人均可支配收入差距从2672元增加到21612元。同期，全国

* 作者简介：赵然芬，河北省社会科学院农村经济研究所副研究员。

差距从 3247 元增至 28481 元。从"富裕"维度来看，河北水平较低。2021 年，河北农村居民人均可支配收入为 18179 元，比全国平均水平低 719 元，在全国 31 个省份中排名第 13 位。①

（二）工资性和经营性收入是农村居民收入的主要构成

农村居民人均可支配收入由工资性收入、经营性收入、财产性收入和转移性收入构成。工资性收入为主要构成。2010~2021 年，河北省农村居民工资性收入持续增长，由 2653 元增加至 9497 元，在农村居民人均可支配收入中的占比由 44.52% 上升至 52.24%，均高于全国平均水平。同期，全国农村居民工资性收入由 2278 元增加至 7958 元，占比由 36.32% 上升至 42.02%。经营性收入也是农村居民可支配收入的重要构成。2010~2021 年，由 2730 元增加至 6017 元，占比由 45.8% 降至 33.1%，均低于全国平均水平。同期，全国农村居民经营性收入由 2978 元增加至 6566 元，占比由 47.48% 降至 34.68%。财产性收入，因为缺乏财产性资产及增值渠道，导致其金额和占比长期以来都较小，2021 年河北农村居民财产性收入仅有 390 元，占比 2.15%。转移性收入在农村居民收入中的重要性逐渐凸显，2010~2021 年，河北农村居民转移性收入由 392 元增加至 2275 元，占比由 6.58% 上升至 12.51%，但与全国平均水平的差距也最大；2010~2021 年，全国农村居民转移性收入由 873 元增加至 3937 元，占比由 13.92% 上升至 20.8%。

（三）经营性收入是导致农村低收入群体与其他群体收入差距不断拉大的最主要因素

河北省乡村振兴课题组调查数据显示，近年来，河北农村全体居民和农村低收入群体之间的收入差距逐年扩大，其中，工资性收入差距和经营性收入差距是其主要构成部分，2021 年，在农村总体与低收入群体收入差距构成中，工资性收入差距占比 43.85%，经营性收入差距占比 36.35%，转移性收入差距占比 14.24%。从农村全体与农村低收入群体之间收入差距变动幅度及其贡献构成来看，经营性收入差距是导致农村内部收入差距过大的最主要原因，随着多年来经营性收入差距增幅的持续扩大，2021 年其贡献率达到 48.48%，而转移性收入差距对拉大农村内部不同群体收入差距的贡献率达到 24.68%，工资性收入差距对拉大农村内部不同群体收入差距的贡献率达到 29.37%。

---

① 资料来源：《河北统计年鉴》（1988~2022）。

二、农村居民经营性收入问卷调查数据分析

当前，农民经营性收入结构已趋于多元化，影响因素也更加复杂。学术界普遍认为，家庭人口数、受教育程度、年龄、性别等是影响农民家庭经营性收入的主要因素。本文结合既往研究成果，从家庭人口规模、年龄、性别、文化程度、产业类别、经营年限、有无村干部、是否参加合作社、有无参加专业技能培训等方面，分别对农村种植产业户、养殖产业户、非农产业户和普通农户展开调查。发放并回收有效问卷种植产业户 465 份、养殖产业户 468 份、非农产业户 442 份、普通农户 475 份。

从家庭人口规模来看，种植产业户、畜牧产业户、其他产业户、普通农户四类农户家庭人口平均规模基本相当，为 4 人左右。种植产业户家庭人口规模最大，户均人口 4 人，4 人口家庭占比 35.5%，5 人及以上家庭户数占比 49.68%。畜牧产业户户均人口 4 人，4 人口家庭占比 30.3%，5 人及以上户数占比 34.9%。其他产业户户均人口 4 人，4 人口家庭占比 40.9%，5 人及以上户数占比 30%。普通农户户均人口规模最小，为 3 人，4 人口家庭占比 29.6%，5 人及以上户数占比 27.7%。

从户主年龄来看，农业类生产经营户年龄相对偏大，平均年龄都在 50 岁以上：①非农产业经营户平均年龄相对偏小，约 47 岁。种植产业户平均年龄在农业户中最小为 51 岁，其中，50 岁及以上年龄占比 57.2%，60 岁及以上年龄占比 15.1%。②畜牧产业户平均年龄略高，为 51 岁，其中 50 岁及以上人口占比 57.6%，60 岁及以上占比 18.5%。③其他产业户平均年龄最小，为 47 岁，其中 50 岁及以上年龄占比 36.6%，60 岁及以上占比 5.4%。④普通农户平均年龄最大，为 53 岁，其中 50 岁及以上年龄占比 56.2%，60 岁及以上占比 30.3%。从性别来看，四类产业户都以男性劳动力为主，男性劳动力占比都在 70% 以上，种植和畜牧产业户甚至在 85% 以上。

从文化程度来看，四类农户户主都以初高中学历为主，初高中学历占比都在 75% 以上，产业户初高中学历占比都在 80% 以上，非农产业户比重最高为 85.3%。高中及以上学历占比方面，种植产业户最高为 37.63%，其次是非农产业户，为 34.84%，畜牧产业户和普通农户占比较低，略高于 30%。

从户均经营年限来看，种植产业户最短，户均经营年限仅有 8.05 年，其次为畜牧产业户，为 10.23 年，非农产业户经营年限最长，达 17.84 年。普通农户多为兼业农户，在高机械化模式下，经营农业并不占用太多劳动时间，研究其经

营年限意义不大。在三类产业农户中，种植产业户中，32.26%（150户）种植年限不超过5年，77.2%在10年及以下。畜牧产业户中，5年及以下141户，占比30.13%，6~10年166户，占比35.47%，10年以上161户，占比34.4%。其他产业户中，5年及以下139户，占比31.45%，6~10年146户，占比33.03%，11~15年53户，占比11.99%，15年以上104户，占比23.53%。

从收入来看，不管是以户为单位的家庭年经营总收入还是以人为单位的人均年经营收入，畜牧产业户和非农产业户都远高于种植产业户。从家庭总收入来看，倍差分别达到0.81倍和0.77倍，更远高于普通农户，倍差分别达到5.61倍和5.46倍。从人均经营性收入来看，倍差分别达到0.89倍和0.81倍，对普通农户倍差分别达到5.36倍和5.1倍，种植产业户对普通农户倍差也分别达到2.65倍和2.37倍。

从组织化来看，种植产业户参加合作社比例最高，达到了33.76%，其次是非农产业户，为24.21%，畜牧产业户和普通农户比例最低，分别为19.23%和17.68%。

从技能培训来看，种植产业户参与比例最高，为50.97%，其次是畜牧产业户，也达到了40.17%，非农产业户与普通农户参加比例较低，均约为27%。这主要与当前农村技能培训内容和方式有关，当前农村技术培训以农业生产技术为主，而其培训对象以新型农业经营主体为主，非农产业技术培训很少，针对普通农户，主要是贫困户等低收入群体的培训以职业技能培训为主，如家政、专门生产技术（如服装加工技术）等。

三、农村居民经营性收入影响因素分析

如表1所示，不同产业类型农户，在年龄、性别、文化程度、经营年限、经营性收入等诸多方面都存在不小差异，那么，这些差异是否具有统计显著性，同一指标不同水平是否对经营性收入产生显著影响，这些将在本部分运用统计软件通过单因素方差法进行计量分析（见表2）。

表1　农村经营性收入问卷调查基本统计结果

	种植产业户	畜牧产业户	其他产业户	普通农户
样本数（人）	465	468	442	475

续表

		种植产业户	畜牧产业户	其他产业户	普通农户
户均人口数（人）		4	4	4	3
平均年龄（岁）		51	51	47	53
性别比例（%）	男	86.02	85.04	75.79	70.95
	女	13.98	14.96	24.21	29.05
文化程度（%）	小学	10.32	13.64	8.37	16.42
	初中	52.04	55.77	56.79	53.47
	高中（中专）	30.75	25.85	28.51	23.79
	大专及以上	6.88	4.91	6.33	6.32
户均经营年限（年）		8.05	10.23	17.84	34.53
户均年纯经营性收入（元）		86156.13	155763.75	152318.92	23576.16
人均年经营性收入（元）		20319.84	38365.46	36792.01	6029.71
是否参加合作社（%）	是	33.76	19.23	24.21	17.68
	否	66.24	80.77	75.79	82.32
是否参加农业职业技能培训（%）	是	50.97	40.17	26.92	26.95
	否	49.03	59.83	73.08	73.05

表2　农村居民人均经营性收入影响因素分析

	全体农户		种植产业户		养殖产业户		非农产业户		普通农户	
	有无差异	显著性水平	有无差异	显著性水平	有无差异	显著性水平	有无差异	显著性水平	有无差异	显著性水平
产业门类	有	0.000	有	0.014	有	0.013	有	0.003	部分有	
性别	有	0.049	无		无		有	0.023	无	
文化程度	有	0.000	部分有		有	0.045	无		部分有	
年龄	有	0.010	部分有		有	0.013	无		无	
有无村干部	无		无		有	0.045	有	0.042	无	
从业时长	有	0.001	部分有		有	0.016	无		无	
是否参加合作社	无		有	0.001	无		有	0.005	有	0.023
是否参加技能培训	有	0.000	有	0.000	有	0.000	有	0.006	无	
家庭人口规模	部分有		无		无		无		无	
种植规模	无		部分有						无	

综合运用回归、单因素方差和独立样本 T 检验等统计分析方法，得出结论如下：

（1）从农户总体来看，产业类型对人均经营性收入影响显著。畜牧产业户显著高于其他产业户，种植产业户与非农产业户无差别，且都显著高于普通农户。性别方面，男性人均经营性收入显著高于女性。文化程度方面，文化程度越高，人均经营性收入水平越高，但高中（中专）与大专及以上无显著差异。年龄方面，60 岁以上农户显著低于 60 岁以下农户，但 60 岁以下农户人均经营性收入水平无显著差别。家庭成员中有无村干部对人均经营性收入无显著影响。对职业的坚守也是影响人均经营性收入的因素，总的来说，职业时长 20~40 年的人均经营性收入显著高于 20 年以下和 40 年以上的农户。0~20 年，尤其是 0~10 年农户敢想敢干，高收益的农户显著多于其他时间段，但风险也高，低收益的农户也显著多于其他时间段农户。是否加入合作社对总体农户人均经营性收入无显著影响，但参加技能培训的农户，其经营性收入要显著高于没有参加技能培训的农户。从家庭人口规模来看，家庭人口规模在 4~7 人的家庭，其人均经营性收入水平要显著高于其他人户。农户的总体数据反映了总体的特征，但分类农户特有的特征也有可能被掩盖。挖掘不同产业类别农户人均经营性收入的影响因素，还需对不同类农户单独分析。

（2）种植产业户。从种植结构来看，小麦、玉米等大田作物的人均种植收入显著低于其他非粮作物种植，即使是小麦、玉米与其他非粮作物混合种植，其收入也远高于单纯粮食作物种植。性别、家庭人口规模、家庭成员有无村干部对种植产业户人均经营性收入无显著影响。36~50 岁的农户，其家庭人均经营性收入水平显著高于其他年龄段农户。经营年限在 3~10 年的农户，其家庭人均经营性收入水平显著高于 1~2 年农户，但随着年限的增长，其人均经营性收入水平反而呈下降趋势，11 年及以上农户的收入水平要高于 1~2 年段农户、低于 3~10 年段农户水平。合作社和技能培训对增加农户经营性收入影响明显，参加合作社的农户人均经营性收入水平显著高于不参加合作社的农户，参加技能培训的农户经营性收入水平要显著高于没有参加技能培训的农户。种植规模方面，虽然人均经营性收入水平与种植规模呈正相关关系，但在统计意义上，200 亩以上的人均经营性收入显著高于 200 亩以下。

（3）畜牧产业户。养殖种类方面，常规品种养殖户的人均经营性收入水平显著低于非常规养殖，养猪户人均经营性收入水平显著高于养羊户和养鸡户，其他品种养殖户之间的经营性收入水平在统计意义上没有明显差距。单一品种养殖户人均经营性收入水平显著高于混合种类养殖户。性别、是否加入合作社、家庭规模对人均经营性收入水平没有显著影响。文化程度对畜牧产业户影响明显，人均经营性收入水平随文化程度提升而大幅提升，尤其是高中文化显著高于初中文化，而大专及以上文化又显著高于高中文化。人均经营性收入水平随年龄增长而逐渐降低，年龄在 35 岁及以下农户，人均经营性收入水平显著高于其他年龄段农户，50 岁及以上农户水平显著低于 50 岁以下农户水平。人均经营性收入随从业时长增长而增加，5 年以上农户的人均经营性收入水平显著高于 5 年以下农户水平。村干部家庭经营性收入显著高于没有村干部的农户。技能培训对畜牧户增收影响显著，参加技能培训的农户，其人均经营性收入是没有参加技能培训农户的 3 倍多。

（4）非农产业户。涉农类二三产业经营户的人均经营性收入水平显著高于非农类二三产业经营户，男性农户高于女性农户，但文化程度、年龄、从业时长、家庭人口规模等对人均经营性收入水平无显著影响。家庭成员中有村干部的家庭，其人均经营性收入水平要显著高于没有村干部的家庭；参加合作社的家庭，其人均经营性收入水平要显著高于没有参加过的家庭；参加过技能培训的农户，其人均经营性收入水平要显著高于没有参加过的家庭。

（5）普通农户。经营种类方面，纯养殖户人均经营性收入水平显著高于无种无养户、各类种植户和种养混合户。性别、年龄、有无村干部、从业时长、是否参加技能培训、家庭人口规模等对农户人均经营性收入无明显影响。初高中文化程度的农户其人均经营性收入水平显著高于小学和大专及以上文化程度的农户。合作社对小农户增收影响明显，参加合作社的农户人均经营性收入水平显著高于没有参加合作社的农户。

四、以增加农民经营性收入为抓手，扎实推进河北农民农村共同富裕的几点建议

（一）大力发展优势特色种植业

立足本地特色农业资源优势，因地制宜大力发展特色优势种植业。首先，进一步推动粮、棉、油等传统种植业规模化发展。积极推动粮、棉、油等大田作物主产区土地向专业合作社、家庭农场、大户等流转集中，引导新型农业经营主体，以适宜规模发展生产。其次，大力发展特色种植业。要在保障粮食安全和重要农产品供给的基础上，以市场化、品牌化、科技化、绿色化为导向，积极开发当地特色农业资源。尤其是在强化组织化生产和生产管理技能培训的前提下，鼓

励引导以农业经营性收入为主的低收入群体，积极调整生产结构，发展高效特色农业。同时，积极推进间作套种农业发展，探索多种农作物多元化套种间作模式，提高耕地产出效益。最后，大力发展休闲农业。引导支持农户积极开发农业休闲、观光、旅游、科教等多种功能，发展新业态新模式，拓延产业链增加农业多种经营收入。

（二）积极发展高效畜牧业

一是按照"常规、非常规""猪、羊、鸡"的发展顺序，引导有文化、农业资源条件适宜的农村居民大力发展畜牧业。政府要做好经营农户的风险分担和养殖技术培训推广工作。二是依托畜牧产品加工龙头企业，鼓励推动农村居民，尤其是农村低收入群体大力发展资金门槛和技术含量相对较低、消费市场相对广阔的特种养殖业，政府要做好市场风险管理和要素扶持工作，引导龙头企业与农户探索建立多种合作模式和利益联结机制，让农户分享更多产业链增值收益。

（三）稳步推进农村创业创新

一是进一步完善优化农村创业创新风险分散机制，建立健全针对创业失败者的再生产保障和生活救助长效机制，增强返乡农民工、大学生、退伍军人、农村居民等群体的创新创业信心和能动性。二是强化适合农业农村生产发展特点的创业技能培训，实施优惠举措鼓励创业成功者传授推广成功经验、对初创业者进行"传帮带"，引导并带动农村居民创新创业以获得更多经营收入。

参考文献

［1］吕德文，雒珊．促进农民农村共同富裕的政策体系及其实现路径［J］．中州学刊，2022（1）：83-91.

［2］翁贞林，鄢朝辉，谌洁．推进农民共同富裕：现实基础、主要困境与路径选择［J］．农业现代化研究，2022（7）：559-567.

［3］姜长云．新发展格局、共同富裕与乡村产业振兴［J］．南京农业大学学报（社会科学版），2022（1）：1-11，22.

［4］孔祥智，谢东东．缩小差距、城乡融合与共同富裕［J］．南京农业大学学报（社会科学版），2022（1）：12-22.

推动我国家庭农场发展的现实思考[*]

"三农"问题作为国家工作重中之重，曾常年占据政府工作报告前几位，而家庭农场作为一种适合我国国情的新型农业经营主体，对加速我国农业现代化具有重要推动作用。"家庭农场"在中国具有不同的解释，首次出现是在1984年中央一号文件关于探索办好家庭农场这种经营形式的相关论述，随后在2008年党的十七届三中全会中也曾出现，特别是2003年中央一号文件提出通过规范和加速土地流转，推进新型农业生产经营主体建设，特别是要大力推进家庭农场、专业大户、农民专业合作社的发展。此后，"家庭农场"通常被定义为：以家庭成员为主要劳动力，从事农业规模化、集约化、商品化生产经营，并以农业收入为家庭主要收入来源的新型农业经营主体①。主要有以下几个特征：

（1）以家庭为经营单位。家庭农场的经营主体以各家各户为基本单位，类似于资本主义萌芽时期的手工工场，工场主既是老板也是员工；农场主及其家庭成员既是生产者、经营者还是销售者。生产过程中，农场主完全占据主导地位，虽然也可能会雇用少数工人，但在整个经营过程中农场主完全占据主导地位。

（2）经营模式市场化。提到家庭经营，人们可能会潜意识地认为是小农经济的产物，但家庭农场是完全建立在市场经济充分发展条件下的产物。不同于传统的家庭农户，家庭农场生产的农副产品并非用来自给自足，而是完全市场化，其目的也是通过销售来获取最大效益。每一个家庭农场都是一个自负盈亏的经营主体。

（3）适度规模经营。家庭农场相比传统农户的经营规模较大，但并不是无穷大的。一方面，由于其是以单个家庭为经营主体，所以不能超出单个经营主体的劳动和决策能力之外；另一方面，它面向的市场应当与传统农户有所区别，经营规模也不应该低于当地的最低规模标准。所以，这就内在地规定了家庭农场的

———————————

＊ 作者简介：邹创，闽南师范大学马克思主义学院。

① 农业部经管司．构建新型农业经营体系稳步推进适度规模经营——"中国农村经营体制机制改革创新问题"之一［J］．毛泽东邓小平理论研究，2013（6）：38．

经营规模是一个相对概念。

（4）管理模式专业化。农场主与传统农户的共同点在于自身都是劳动主体，都需要亲自劳动，但由于面向的主体不同，就决定了家庭农场主除必备的劳动技能之外还需要一定的管理、经营能力，通过一定的经营策略来应对复杂多变的市场。

一、推动我国家庭农场发展的重要意义

家庭农场在我国作为一种新兴经营主体，是应对人多地少、土地细碎、农业机械化水平低等问题的有效途径，是破解"三农"问题的重要抓手，是创新农业生产经营体制的重要形式，也是走中国特色农业现代化道路的重要途径。

（一）发展家庭农场是破解"三农"问题的重要抓手

农业稳则社会稳，农业兴则百业兴。放眼全球，"三农"问题依然是制约大多数发展中国家走向现代化的困境，在我国由于长期的城乡二元对立格局，造成了农业与工业发展的分离，使"三农"问题又具有了中国特色。解决好"三农"问题，不仅关系着农村、农业的可持续发展，同时对巩固脱贫攻坚成果，进而有效衔接乡村振兴具有重大意义。具体来看，中国在城镇化过程产生了大量的剩余劳动力转移，城市以其各方面的优势吸收了农村大量的资源，并造成农村空心化趋势，人口比例失调，386199① 队伍不断壮大，最终导致城乡差距越来越大。在家庭联产承包责任制的经营模式下，土地被分配至各家各户，客观上造成了农村土地碎片化，不利于集约经营。再加上农民思想保守，土地流转过程不规范等各种原因，造成包括家庭农场在内的新型农业生产经营主体发展规模受限。而家庭农场的发展可以恰好有效解决以上问题。首先表现在对农村剩余劳动力的吸收，低技术水平、面向市场、高收益的经营模式可以很好地吸收部分农村青壮年留村发展，甚至可以吸收本村的留守剩余劳动力，进而增加农民收入。其次可以促进土地的有序流转，以亲缘、血缘、地缘的道德制约机制使个人具有较高的可信度，能够有效降低土地流转过程中的风险，也可以降低信息费用。面向市场、相比传统农业更高的收入也可以使农民有更高的获得感，满足其对土地的高期望值。

---

① 程延.386199 部队：农村中的"留守军"［J］.党政干部学刊，2007（4）：44.

（二）发展家庭农场是走中国特色农业现代化道路的重要途径

从传统农业向现代农业的转变是农业现代化过程中不可缺少的一环，西方农业现代化过程中也出现了一些经典的模式，包括英国的"圈地运动"、普鲁士式道路和美国式道路，这些道路虽然各有不同，但本质上都是通过对小农的剥夺，在农业中形成和奠定了资本主义的生产关系。[①] 在漫长的资本主义发展历程中，家庭农场仍然是西方发达国家农业生产经营的普遍形式，一定程度上也说明了农业家庭经营的强大生命力，但这并不意味着我们要照搬照抄西方模式，而更应该从我国人多地少、小规模经营的社会现实中，探析具有中国特色的农业现代化道路。适度规模、市场化的家庭农场有利于引入先进的农业技术和生产经营方式以应对复杂的市场需求，提升农业科学化、规模化和集约化水平，提高影响力，促进农业现代化；市场化的家庭农场有利于提高农业劳动生产率。家庭农场作为自负盈亏的市场经营主体，虽然采取家庭化经营模式，但是其目标也是利益最大化，这就使家庭农场主和家庭成员会想方设法地节约成本、优化管理、改进技术、提高生产效率、增加收入；专业化的家庭农场有利于提升我国农业竞争力，生产过程中科学化、专业化、精细化的管理、经营模式相比传统农业有更大的优势，更加符合社会化生产的潮流，提升农业产业的竞争力、影响力。因此，在坚持农村基本经营制度的基础上，构建以家庭农场为主体的现代农业生产经营体制，是我国农业生产力发展的必然要求，是实现农业现代化的重要途径。

（三）家庭农场生产经营是创新农业生产经营体制的重要形式

改革开放后，随着我国经济体制的转型升级，农村在改革浪潮中获得加大发展的同时，也带来城乡收入不断扩大、农村人口构成发生深刻变化、农村空心化、人口老龄化不断加深等现象，谁来种地、怎么种地成为亟待妥善解决的重要问题。此外，随着经济发展，外部环境的不断变化，家庭联产承包责任制的红利逐渐消失，且日益表现出其不适应的一面。具体表现在：首先，小农户与大市场的矛盾日益突出。家庭联产承包责任制这种"均田到户"的农地产权配置方式，形成了超小型的小块土地经营格局，这种带有自然经济色彩的经营方式很难适应"天灾人祸"带来的影响，在面对"大市场"时也总是处于劣势地位，缺乏"谈判筹码"，因此常常会出现"增量不增收"的情况。其次，小农经营模式将制约农业现代化水平。小规模分散经营效益低，迫于生计，农

---

① 王贻术 . 我国家庭农场发展研究 ［D］. 福建师范大学，2015.

民常常会奔走于城市务工与农村务农之间，本应是专业农业从业者的农民成为兼职式的，造成大量土地荒废、生产技术更新缓慢，阻碍农业现代化进程。最后，分散式的经营模式虽然满足了农民对于土地的占有需求，但难以形成规模效应，不利于资源的有效配置。立足我国农业发展现实，家庭农场作为一种适度规模经营的新型农业生产经营主体，既坚持家庭经营的主体地位，保留农业家庭经营的优势，符合农业生产特点的要求，又可以克服农业小生产的弊端，实现农业集约化、专业化经营，因而将成为我国创新农业生产经营体制的重要形式。

二、我国家庭农场发展的约束条件

家庭农场作为破解我国"三农"问题，加快农业现代化的重要抓手，经过数年探索，发展整体上已经取得较大进步，但面对农业领域出现的新问题、提出的新挑战，往往显得力不从心，这些困难、挑战也成为制约我国家庭农场发展的现实瓶颈，主要表现在：

（一）家庭农场发展的融资较为困难

现代农业提出的科学化、规模化、机械化等要求，以及家庭农场市场化的经营模式，使其与传统农户相比，家庭农场主为了获得更高的经济效益，需要在农业基础设施、农业生产投入、农业生产管理等方面投入更多的人力和财力。同时，农药、种子、化肥价格的大幅上涨等都在加重农民负担。此外，农业生产周期长、效益低、收益慢、易受自然灾害影响等原因，也都在加重家庭农场发展困境。在融资方面，由于家庭农场以家庭为基本经营单位的特殊性，导致其启动资金多为农场主自身积蓄、亲友借贷或财政补贴。而生产过程的融资多为民间借贷或者小额涉农信贷。在整个过程中，农场主自身积蓄占据大部分，当自身积蓄不多时，无疑会限制生产规模，而民间借贷利息又普遍较高，政府补贴和小额贷款时效性较差，因此，看似融资渠道多元，实则资金来源稳定性较差，风险较大，缺乏可持续性。融资难的问题成为制约家庭农场健康、有序发展的瓶颈。

（二）农业社会化服务水平有待提升

家庭农场作为生产市场化、销售商品化、运作社会化的经营主体，配套的农业社会化服务体系应当是其保障性条件。在我国，此类性质的服务体系主要包括三种：市场化的服务体系、农民合作性质的服务体系和政府的公共服务体系。三者常常会出现服务交叉、缺位、失位等现象，不仅造成资源的浪费，在一定程度上也会降低政府服务机构的权威性。此外是农业技术推广服务水平低、农业器械数量不足、政策信息不通畅等问题，在一定程度上使小农户应对大市场时显得无所适从。最后是在农产品销售过程中配套的仓储、物流等服务体系不健全。而此类服务一般投入较大，小农户又很难承担起，也会影响家庭农场甚至是农业现代化的发展。

（三）家庭农场经营者的整体素质偏低

我国长期的城乡二元格局，导致资源分配在农村和城市有较大差异，特别是教育资源分配上，农民受教育程度普遍偏低，在 2020 年的调查中，高中以上学历的农民仅占 45%，[①] 相比西方发达国家农民受教育程度还有较大差距。我国作为一个农业大国，教育的发展与农业大国的地位极不相称。而现代农业恰恰是以高学历的农业从业者和先进的管理、技术作为支撑，家庭农场作为以家庭为基本生产单位的新型经营主体，农场主的受教育程度往往有限。虽然国家也会组织农业技术人员下乡指导生产，但往往在落实过程中会因各种各样的原因，实效性大打折扣。作为现代化农业生产的先导条件，科技兴农需教育先行，大量高素质的农业从业者是推进家庭农场和现代化农业的先决条件。

（四）资源紧张和环境污染进一步加剧困境

环境和资源事关农业可持续发展的问题，但近年来由于城市发展和生态环境破坏带来的人地关系紧张问题越来越突出。首先表现在工业化和城镇化进程的加快，不断侵蚀农业用地，大量的农业用地被规划为城市建设用地，相应的措施又落实不到位。其次是水土流失等自然环境的破坏导致的农业用地减少，以及农业生产用水紧张、工业化城市化过程中造成的土壤污染、土地过度使用造成的农业产量下降等，都在不断加剧农业用地紧张局面。一方面是农业用地的日益紧张的发展窘境，另一方面是确保 14 亿多中国人民粮食安全的"国之大者"，这就意味着我们不能重复走西方发达国家"高投入、高产出、高污染"的"石油农业"发展道路，而必须以资源的永续利用和生态环境保护为重要前提，增强农业发展后劲，走内涵式发展道路，实现家庭农场的可持续发展。

---

① 2020 年全国高素质农民发展报告 ［EB/OL］. ［2020-11-27］. https：//nyncj.changde.gov.cn/zhdt/gzdt/gsnnydt/content_795403.

三、促进我国家庭农场发展的现实路径

促进我国家庭农场发展，加快农业现代化进程是一个系统性、复杂性、协同性的问题，针对我国农业发展现实情况和家庭农场发展过程中遇到新风险、新挑战，必须始终坚持农业家庭经营的基础性地位，着力从资金融通、社会服务体系建设、农业技术发展、农业风险保障等方面建立综合性、全面性的保障体系，破除发展难题。

（一）完善的社会服务体系是推动我国家庭农场发展的必要条件

建立完善新型农业社会化服务体系，可以为家庭农场在资金融通、生产销售等多个环节提供更加优质、高效、便捷的服务，是实现小农户有效对接大市场，提高家庭农场规模效应和整体竞争力，推动我国家庭农场发展的必要条件。在农业社会化服务主体建设方面，要做到真正服务解决"农民之所需"，特别要加强村级服务站建设，将村级农经员、农机员、畜牧兽医员等农业技术人员组织起来，形成综合性的服务网络。在农业生产社会化服务方面，要发挥专业服务公司的作用；推行托管式、订单式、合作式等服务模式，为农业生产机耕、供种、灌溉、植保、收割、运输等各个环节提供低成本、便利化、高效率的服务，提高农业生产专业化水平。在农产品流通服务方面，供销社具有比较健全的流通网络和资源优势，要充分发挥供销社在农产品流通服务体系的主渠道作用，强化农产品流通信息服务体系建设。在资金融通方面，要建立多元化的融资渠道，鼓励信用社、农业银行等涉农金融机构通过简化审批手续、提供小额贷款等途径加大对家庭农场的融资支持力度，鼓励正规金融机构在农村多设网点以提高服务的便捷性，进一步规范民间借贷行为，加快农村地区担保机构建设，着力解决家庭农场贷款融资缺乏有效资产抵押担保的问题。

（二）高素质的农业从业者是推动我国家庭农场发展的有力支撑

新型的职业农民和新型的经营主体（家庭农场）应当互为共同体，两者是彼此依赖、相互促进的关系，没有新型经营主体——家庭农场的存在，职业农民在我国就失去了坚实的存在基础，同样地，没有农民，家庭农场也失去了发展的活力和后劲。破除"三农"问题、发展家庭农场，高素质的农业从业者（职业农民）是有力支撑。为此，首先要构建新型的农民教育体系，继续深化落实基础教育，鼓励发展高等教育、职业教育，并通过互联网、农民夜校、农业技术推广等形式构建政府、高校、社会各方主体共同参与的新型职业农民培育机制。其次要丰富职业农民教育内容，加强现代农业技术教育、农业法规政策教育、新型农业发展理念教育和家庭农场管理教育。通过基础教育与职业技术教育相结合，多方共同参与的形式培育高素质的职业农民。

（三）农业机械化、科学化是推动我国家庭农场发展的关键

科学技术是第一生产力，科学技术创新、科技自立自强是推动经济社会永续发展的关键动力因素。世界各国的农业现代化历程无不是以科学技术创新为依托的，我国也不例外，然而长期以来，科技创新投入少、科技成果转化率和推广率低等问题成为阻碍我国农业现代化发展的瓶颈。在我国，农业科研投入不足全国 GDP 的 1%，而西方国家的农业科研投入普遍高于 3%，在科研成果转化率、推广率方面仅维持在 30%～40%。农业兴国，科技先行。破除家庭农场发展中的困境，提高农业机械化、科学化程度是关键。在科研理念上，要做到以农为本、以需为本，摒弃"任务科研、指标科研"，减少同质化研究，农业科研队伍要真正深入基层一线调研，去了解家庭农场的实际需要，有的放矢。在科研投入上，政府相关部门要明确自己的主体地位，适当增加科研资金投入，并积极鼓励民间资本进入，拓展农业科研创新的融资渠道。在农业技术推广上，整合建立综合性、系统性的推广组织体系，建立农业、科技、教育、企业多方联动，产学研深度结合的组织体系，将农业技术科研人员作为主体，以乡镇农技站技术人员作为补充的新型组织网络体系，注重发挥合力，提升农业科技推广的系统性。

（四）农业保险是推动我国家庭农场发展的坚实保障

家庭农场相对大型国营农场、农业龙头企业来讲，在融资、抗风险方面实力相对较弱，而农业恰好又是"靠天吃饭"，缺乏相应的防范、补救措施，以及经营规模小、抗风险能力弱的天然属性，使家庭农场在面对重大自然灾害时显得力不从心，因此加强农业领域保险制度建设迫在眉睫。2012 年，我国出台了农业保险领域的第一部法律《农业保险条例》，但还是限于保费补贴，政府政策支持的力度、深度、广度还有待进一步加强。针对目前农业保险领域的业务委托式的粗放运营模式，首先要明确政府在农业保险领域的主体地位，可以借鉴美国、加拿大的政府主导参与模式、日本政府支持下的社会互助模式等，提升政府支持力度。其次借鉴黑龙江垦区"应保尽保"，安徽省农作物总承保覆盖面高的典型经验，提升农业保险覆盖广度。最后要针对农民整体受教育程度低的问题，健全农

业保险政策咨询方面的信息服务，简化选保购保手续，提升农业保险服务深度，使相关政策更好惠及"三农"领域。

参考文献

[1] 吕航. 我国家庭农场发展现状及对策研究 [J]. 山西农经, 2022 (8)：64-66.

[2] 王馨, 陈颖. 新时期我国家庭农场发展的困境与对策 [J]. 学术交流, 2019 (7)：114-119.

[3] 程延. "386199 部队"：农村中的"留守军" [J]. 党政干部学刊, 2007 (4)：44-45.

[4] 王贻术. 我国家庭农场发展研究 [D]. 福建师范大学, 2015.

[5] 屈学书. 我国家庭农场发展问题研究 [D]. 山西财经大学, 2014.

[6] 农业部经管司, 经管总站研究组. 构建新型农业经营体系　稳步推进适度规模经营——"中国农村经营体制机制改革创新问题"之一 [J]. 毛泽东邓小平理论研究, 2013 (6)：38-45+91.

[7] 2020 年全国高素质农民发展报告 [EB/OL]. [2020-11-27]. https：//nyncj. changde. gov. cn/zhdt/gzdt/gsnnydt/content_795403.

驻村帮扶制度下的嵌入性治理研究[*]

目前脱贫攻坚战已取得决定性成果，国家高位推进的驻村帮扶制度在其中发挥了重要效用。通过自上而下选派驻村干部进村入组到户的嵌入式治理方式，向农村输送了大量人力、财力、物力和智力，有效缓解了农村发展过程中出现的"内卷化""碎片化"局面，强化了农村"稳定器"与"蓄水池"功能。实践证明，嵌入式驻村帮扶制度对于摆脱基层治理现实困境有显著成效。新一轮的乡村振兴战略已经全面启动，而农村发展内生动力、发展资源、发展速度、发展质量等方面的薄弱性和脆弱性依然存在，党组织的凝聚能力、村两委干部的比例结构都亟待增强和优化，而嵌入式治理的最大优点就在于能实现事物内部的结构化调整与完善，为最大限度地发挥驻村帮扶制度在乡村振兴战略实施场域的优势，本文针对前期该制度运行中所呈现出的问题，提出具有操作性的对策和建议，以期为乡村振兴战略有序推进提供更多路径选择。

一、嵌入性驻村帮扶制度的运行成效

驻村帮扶制度作为一种新型的基层治理方式，实现了村庄帮扶方式由"大水漫灌"到"精准滴灌"的转变，有的放矢地解决了村庄治理过程中的诸多改革难点、痛点问题，对于农村自治、法治、德治相结合的治理体系建设产生了积极推动的作用，推动广大农村实现了破茧成蝶的转变。驻村干部嵌入农村基层治理后，将基层治理的现实性与合理合法性充分融合，在基层组织建设、帮助贫困人口脱贫解困等

———————————

* 作者简介：姚文，中共衡阳市委党校图书馆讲师。

方面发挥了至关重要的作用。① 嵌入性驻村帮扶制度充分发挥党建引领作用，以自治为基、法治为本、德治为先，建立健全自治、法治、德治的治理体系。

（一）党建引领作用显著增强

"农民富不富，关键看支部"，农村基层党组织是村庄发展的领导核心，与农民生产生活息息相关，社会主义新农村建设道路上，"党员带路"至关重要。驻村干部虽然是上级指派来开展帮扶工作的，但按照组织原则，仍应接受所在乡镇党委、政府的领导。② 驻村干部的嵌入通过配齐两委班子、严肃党内政治生活、完善党员发展预警机制等方式，增强了党支部的向心力与战斗力。切实有效地缓解了大部分后进村、薄弱村党支部所面临的如支部组织力弱化、边缘化，村委会的功能逐渐被"悬浮"，支部党员老年化严重，年轻党员发展力度不够以及部分党员思想滑坡严重，先锋模范作用发挥不强等局面。此外，驻村干部还通过配合村两委开展群众矛盾纠纷化解工作，农户走访座谈工作以及定期组织召开群众会等举措，疏通村民心气、理顺村民情绪，使基层党组织的核心领导作用得以增强，同时也增进了村民间的政治认同，进一步巩固了群众基础，党组织凝聚力、战斗力进一步增强。

驻村帮扶有利于抓好基层党建，指导好相对落后村集体抓好党建工作，夯实基层基础，培养致富带头人，促进乡村本土人才回流，起到强基固本的作用。研究显示，帮扶工作队的集体驻村实践能够促进驻村干部与本地干部治理能力提升，个体社会资本积累和更新工作方法。驻村干部以党员身份为坐标，积极组织帮扶村党支部与帮扶集团各党支部开展党建交流活动，通过联学联建、党建带村建实现资源共享、优势互补，不断推动基层党建与村域组织化建设创新。湖南省各单位结合目前正在开展的"我为群众办实事"实践行动，以"党建引领乡村振兴"为基础，发挥基层治理城乡联动、互帮互助的优势，健全长效机制。进出口银行湖南省分行乡村振兴驻村帮扶工作队自2021年5月进驻武冈市马坪乡团圆村以来，用心、用情帮助团圆村巩固拓展脱贫攻坚成果、推进乡村振兴，从驻村开始，工作队就把基层党建作为第一要务来抓，组织对党员活动室进行升级改造，每月开展主题党日活动。积极开展党员干部联系服务群众"五个到户"工作，发挥党员在乡村振兴、基层治理中的作用。通过强党建、聚人心，村党组织和党员"两个作用"有效发挥，村党组织被当地政府评为2021年"先进基层党组织""基层党建先进单位"。

① 匡远配，肖叶. 相对贫困治理的"四梁八柱"：顶层设计与路径选择［J］. 农村经济，2021（10）：73-79.

② 邢鹏飞. 驻村工作要注意理顺四种关系［N］. 张家口日报，2018-05-26（003）.

（二）自治基础地位不断强化

驻村干部体现执政党"为人民服务"的宗旨，嵌入村级组织，不仅对村庄"自治失灵"进行有益补充，还在乡村场域产生较好的治理绩效。① 驻村帮扶不是权宜性选择的运动式治理，其目的和宗旨是实现"输血式"帮扶到"造血式"发展的路径转变。首先，从驻村帮扶制度本质属性上讲，该制度自带整合村庄人力资源，激发村庄发展内生动力的特征。扶贫资源的大量下沉，势必增加大量的村务工作，客观上要求村民、村委会及民间组织的积极协同参与，这为激发乡村内生性自治力量创造了条件。其次，帮扶资源涉及每一位村民的切身利益，这就有利于激发村民自觉参与的积极性，有效避免了村民的"失语"状态和参与冷漠现象。最后，为增进村委会与村民感情提供了契机，资源的分配、政策的执行、项目的落实都需要村委会勤走访、多沟通，在此过程中也塑造了全新的村委会形象，通过民主协商、民主决策等来深化村民自治。同时，驻村干部在工作中也注重用新思路、新办法拓宽选人用人标准，从农村致富能手、退伍军人、外出务工返乡农民等乡贤中发展党员，为农村长远发展扩充人才资源库。驻村帮扶制度的嵌入治理极大地解决了农村发展内部驱动不够的局面，给予了乡村社会更多的现代化基因与可持续发展能力，有效规避了我国农村发展中的"梅佐乔诺陷阱"。

驻村干部没有入驻村庄前，村里的很多事务常常是当地村干部内部协商，有些事情村民没有深入了解的机会，参与民主协商的积极性也不高，等到做出决策之后又会引起村民不满，不利于村务工作的推进。驻村干部看待问题比较客观，驻村干部通过协调村民与村干部的关系，极少与当地村民产生利益纠纷，能够客观公正地解决各类矛盾，使村委会的党群、干群、民众之间的关系有了很大改善，确保了农村社会稳定。

（三）法治规范作用成效凸显

习近平总书记曾指出"法治是国家治理体系和治理能力的重要依托"，乡村治理如同国家治理一样，依赖于健全的法制。驻村干部下基层、进农村，与村干部一道，长期与村民生活在一起，一方面，可以倾听村民的心声，解答村民的难题，反映村民诉求，向村民传播和普及法律知识。另一方面，有利于改进村干部的工作作风，提高村干部依法治村的能力。② 驻村干部作为外来嵌入

① 张义祯. 嵌入治理：下派驻村干部工作机制研究——以福建省为例［J］. 中共福建省委党校学报，2015（12）：36-43.

② 钱晓龙. 农村法治建设的困境与出路［J］. 红河学院学报，2017，15（3）：78-80.

型力量，他们有着自身独特的优势，受过良好教育，法治观念较强，对社会规则充满了尊重和敬畏之心。在传统的基层治理过程中一直比较缺少法治因素，一方面，因为当前大多数农村仍然处于"熟人社会"场域，村两委干部习惯性地简单运用"理和情"的思维来解决矛盾和冲突，结果是基层矛盾"剪不断，理还乱"；另一方面，普通民众缺乏必要的法治意识，大多数的村民"信访"不"信法"，使基层治理矛盾进一步凸显。驻村干部嵌入治理开展以来，通过举办法律大讲堂、群众会、屋场会等特色活动，加强农村法制教育与宣传，多渠道为当事人提供更充分、更适当、更权威的多元纠纷解决机制。真正让法治意识走进农村、扎根民心，逐步形成农民知法、懂法、守法、用法的良好局面。通过构建组织网格和综治网格结合的组织体系，探索乡村治理模式，培育群众民主法治意识，提高村民法律素养和法治能力，引导群众自觉运用法治思维和法治方式管理公共事务。

驻村帮扶制度下，各驻村工作队以提升帮扶村法治建设为重点，以派驻帮扶干部为普法宣传骨干，结合法治乡村建设新形势新任务新需要，全力推进"法治带头人""法律明白人"培养工程，大力推进法治乡村建设，打造具有特色的共建共治共享乡村治理新格局，提升了基层依法治理的法治化管理水平。通过驻村干部的法治帮扶，推进乡村文明建设，构建和谐乡风，为乡村治理创造良好的法治环境。帮助群众办事依法、遇事找法、解困用法、化解矛盾靠法，持续增强乡村治理效能。通过普及民众亟须的法律知识，增强群众法治观念，提升学法、用法、知法、守法的积极性和自觉性，可以有力助推乡村振兴战略的实施，不断提高乡村法治能力水平。

（四）德治引导作用明显提升

乡风文明建设是推进乡村振兴战略的有力举措，是村庄建设与发展的血液与灵魂。作为地方规范性共识的地方"规矩"，构成了当地人日常生活的一种规则，也是乡村治理走向善治、保持特色的一种隐性资源。但由于当前农村结构性主导力量的流失与不足，地方性规范共识并不能最大限度地发挥其服务于村庄治理与发展的作用，而驻村干部的有效嵌入，对于弥补结构性力量不足起到顺利的承接作用。通过组建村级道德理事会，建立村民文明素质"红黑榜"，在充分利用党员群众服务中心村道德讲堂、小组会、群众会等综合阵地，开展"群众说、乡贤评、榜上亮"道德评议活动基础上，通过树立正反典型、道德模范等措施，强化奋斗光荣导向，树立自强意识。邓小平同志曾指出"一个好制度，可以让坏人变好，让好人变得更好"。驻村帮扶制度的嵌入对于地方性"规矩"的调整与优化，时代正气的弘扬与宣传均产生了积极作用，道德约束这只"看不见的手"也正在让农村整体精神面貌发生深刻变化。

二、嵌入性驻村帮扶制度运行的现存问题

驻村帮扶是历史与现实共同作用的结果，也是农村发展现实需要与国家政策支持的产物。驻村帮扶作为一种新型的治理中介机制和国家权力的一种非常规运作机制，对解决农村发展所面临的现实困境有重要意义，但其根本上无法摆脱"外来人"的客观属性，当外来的嵌入型力量与村庄主体的内生型力量在村庄治理场域中相遇时，便会暴露该制度在嵌入治理过程中存在的问题。

（一）帮扶单位干部选派不精准

从精准扶贫的帮扶实践来看，帮扶单位选派驻村干部不精准现象较为普遍。首先是选派标准单一，不具有针对性，帮扶单位选派干部都倾向于选派那些作风正、党性强，有基层工作经验，能吃苦耐劳、有奉献精神，善于同群众打交道，身体健康、年轻力壮的优秀青年干部，这样的选派标准对于组织力量涣散、集体黏合性较差的村庄，帮扶效果显著。但对于上访严重村、技术紧缺村、生态破坏村等具有异质性、独特性的后进村、薄弱村，这样"一刀切"的选派方式却收效甚微。其次是人员选派不合理，由于基层驻村干部需求量大，为完成驻村干部下派任务，部分单位选派存在着"凑人数"现象，把机关"庸人"推出去，"懒人"派下去，导致下派人员工作积极性不高，以"悬浮"的姿态游离于单位和帮扶村之外。这样的结果是驻村干部没有因工作付出而有成就感，村民也不会因为得到帮扶而有获得感。基层需求与干部选派不对称现象在对接帮扶过程中已较为普遍，若不能有的放矢、因村派人，很难真正有效解决制约基层发展的症结。

（二）双轨治理帮扶合力难凝聚

作为层级压实的制度安排，代表国家正式制度的驻村干部和代表村庄内生秩序的村两委并非天然耦合，并由此形塑了二者间的张力关系。[①] 驻村帮扶治理场域实质上是采取的一种"双轨治理"形式，一方面，驻村干部作为一种外来的

---

① 李丹阳，张等文. 驻村干部和村两委的协同治理［J］. 华南农业大学学报（社会科学版），2021（6）：98-107.

嵌入型村干部，代表的是自上而下国家基层治理的"一轨"；另一方面，帮扶村的村支书代表的是村民自治的"一轨"，驻村干部难以融入当地群众。在社会关系网络中行动者所拥有的资本总量和权利范围决定其是否处于统治或被统治地位。在农村对接帮扶的过程中，驻村干部作为外来力量，不管是显性的资源调配力还是隐性的百姓认可度都极大超过村委会成员，由于嵌入型干部与内生型干部二者间所掌握的权力、资源的不对等，在实际帮扶场域中就会出现驻村干部的越位替代现象，打破了以往农村由村支书作为带头致富领路人的惯例，也打破了以往村官能够凭借自身信息优势和村民支持而占据主动地位的局面，最终导致村委会成员的"失宠"，当地村委会对驻村帮扶制度的陌生感以及对驻村干部的不信任，可能会对驻村干部开展日常工作带来干扰。此外，嵌入型干部作为一种准行政管理力量嵌入到村到户开展帮扶工作，有工作内容的重叠性，加之村委会与驻村干部权力边界的不确定性，进而导致工作中出现互相的权力侵扰，以致出现帮扶合力难凝聚现象。

乡村治理效能提升的关键在于促进协同治理中多元主体行动与社会需求匹配的精准性。驻村干部得以有效嵌入乡村治理体系的关键在于乡村往往囿于治理难题却又无法依靠自身力量加以根本解决，遂将村治难题诉诸外部嵌入力量。驻村干部"外力"与本村干部"内力"形成相对矛盾的竞合关系难以突破。

（三）保健与激励因素欠完善

农村环境事务繁杂、矛盾突出，是传统观念与现代思想交织的场域，充满复杂性和挑战性。驻村干部既要应对杂乱无章的事务性工作，又要协调各种盘根错节的人际关系，随着时间的推移都会存在一些无法及时纾解的压力，或表现为对工作的抱怨，或对未来的迷茫。驻村干部制订的帮扶计划注重短期效应，效果一般。[①] 加之驻村工作时间紧、任务重、考核多，层层传导的追责压力，形成了"上面千把锤，下面一根钉"的局面，极大增加了基层帮扶干部的心理压力。因此，必要的心理压力排解机制显得尤为重要，而当前还未建立起相应的纾解机制。激励方面，县级政府基本都编制了《驻村干部管理办法》，并明确规定"使用干部，注重对脱贫攻坚做出突出贡献的干部给予立功、嘉奖等荣誉表彰，并优先提拔重用"。但在实际操作过程中，提拔重用力度还不够显性；此外，对于身边典型人物、典型事件的学习和宣传力度不够，导致工作热情和个人先进性难以持续保持，激励效果不显著。所谓枣甜提动力，只有不断完善对驻村干部的保健

---

① 刘秋华，周泽芹，黄智伟. 新时期精准扶贫背景下驻村干部的工作状况和困境及其对策研究 [J]. 青年与社会，2019（25）：120-122.

与激励机制，做到保健有其效，激励有其道，才能充分调动广大驻村干部的积极性，不断提升其工作精气神。

三、嵌入性驻村帮扶制度运行的路径优化

驻村帮扶作为一种嵌入型的外来力量，对于实现村庄发展从"输血"到"换血"再到"造血"的过程，有其得天独厚的资源优势。而乡村振兴战略实施要求实现"产业兴旺、生态宜居、乡风文明、治理有效、生活富裕"，该目标具有较强的专业性和综合性，对驻村干部也提出了更高要求。如何最大限度地发挥驻村制度优势，是推进乡村振兴战略过程中的一道"必答题"。随着脱贫攻坚战转向乡村振兴持久战，新一轮驻村帮扶工作如何扎实有效开展，需要各地结合新的形势任务在实践中积极探索。

（一）因地制宜，精准选派驻村帮扶干部

习近平总书记在贵州考察时就曾指出帮扶开发"贵在精准、重在精准，成败之举在于精准"。只有因村派人，才能切脉对症，靶向治疗。要夺取全面建成小康社会决胜阶段的伟大胜利，打赢脱贫攻坚战，时间紧迫，任务繁重，驻村干部任重道远，因此建设一支高素质的驻村干部队伍刻不容缓。[1]

首先是调研先行，人岗匹配。在新一轮乡村振兴战略实施前期，以市（县）委政府为牵头部门，组织对全市（县）帮扶村的全面调研摸底显得意义重大，根据摸底数据有的放矢地整合帮扶资源，做到对口支援，帮扶工作将会起到立竿见影的效果。具体而言，对于公共文化服务后进村，如文化娱乐设备缺少或落后，选派对接帮扶单位以文化部门为主；对于基础设施落后，交通、通信不发达的村庄，选派交通部门、通信部门进行对接；对于移民村，选派国土、住建、规划等单位进行对接；对于缺乏专业技术，需要借助外部力量开展业务培训的村庄，安排科技部门、农业部门等单位帮扶对接。

其次是综合考量，精准选派。帮扶单位在选派驻村干部时一定要将所选派干部自身的主观、客观因素纳入考量因素范畴，重点挑选那些责任心强、事业心重、具有创造性、年富力强的工作人员作为驻村工作队成员。如移民型村庄、上访型村庄等都需要工作人员有耐心、信心和恒心，反复在相关单位与老百姓之间

① 钱立功. 精准选派方能精准扶贫［J］. 四川党的建设，2018（2）：15.

进行沟通。

广西壮族自治区在选派驻村干部时，坚持严把政治关、能力关、身体关、廉洁关，选派政治素质高、工作能力强、善于做群众工作的优秀、年轻干部，特别是有过驻村工作经历的干部安排到深度贫困地区。同时，按照因村派人、人岗相适的原则，把熟悉党建工作的干部派到基层组织软弱涣散、战斗力不强的村；把熟悉专业技术的干部派到产业基础薄弱、集体经济脆弱的村；把善于调解矛盾纠纷的干部派到遗留问题较多、干群关系紧张的村。此外，也可以借鉴湖南省张家界市的精准选派下沉干部方式，按照"政治过硬""人村相宜""能力突出"原则，注重从优秀年轻干部中选派，切实做到选优调优，真正实现尽快出战。① 在驻村干部队伍管理方面，湖南省衡阳市健全体制机制，狠抓督查落实，全面加强驻村工作管理，锻造了一批"管得住""沉得下""干得好""过得硬"的驻村工作队伍，目前，衡阳全市实现"一村一队"全覆盖。

要加强组织领导，健全常态化驻村工作机制，不断提升干部驻村工作的科学化、规范化水平。选好驻村干部，使他们在基层一线磨炼意志、经受考验、接受锻炼、提高能力。提高驻村干部精准度关系到驻村的最终实效，驻村干部的选派要有针对性、目的性，最终目的是要全面推进乡村振兴，巩固拓展脱贫攻坚成果，把乡村振兴作为培养锻炼驻村干部队伍的舞台。

（二）明确定位，强化驻村干部"村民"意识

驻村帮扶制度拟在国家输送资源下乡、反哺农村的情境下，重塑与村庄社会关系、改善地方治理。

对于驻村帮扶而言，首要任务便是"驻"下来，真情投入、赢取民心，无疑是"驻"下来实现从"嵌入型"到"内生型"转换的首要条件。首先，驻村干部自身需强化村民意识。主动摆正位置、俯下身子、放下架子，在思想上真正把自己定位于村组织中的一分子，不能把自己当"客人"。在具体的行动中可利用"屋场会"等形式开展工作，白天可走在田间地头与农民一起劳动、一起交流，晚上则多夜访，亲民情、察民意，通过与群众交朋友、融入群众生活、转变身份角色的方式，真真切切嵌入到村到户，成为"自家人"。时刻警惕"悬浮"式、"走读"式下沉，给村干部留下一种"只是下来走走过场""镀金"等负面印象。

其次，制度上强化驻村干部"村民"意识，要真正做到"驻"进心里，"帮"出实效。驻村工作队要遵从科层制的政策执行规则和秩序，还要兼顾乡村

---

① 田育才，周擎. 把驻村当责任　把帮扶当使命［N］. 湖南日报，2022-05-30（003）.

社会中诸如村规民约、风俗习惯等软法规制，否则将无法得到村干部的协助和村民的认同。如果没有村干部的协助，驻村干部甚至无法走进贫困户的家门。[①] 一方面规定在驻村干部驻村期间，必须全心全意投入村庄帮扶工作，实行脱产驻村工作模式；另一方面实行台账管理，驻村干部在工作中记好工作笔记，按时上报上级党委，对所有的台账和记录做好登记备案，作为驻村干部年终考核的基本资料。

最后，合理定位下沉驻村干部的职能角色。当前嵌入型驻村干部与内生型村两委干部在帮扶过程中出现帮扶合力难达成的现象，这与下沉驻村干部在工作中的职权越界有关，要合理规避这一现象，需要给予下沉驻村干部清晰的职能定位。从制度上定位驻村干部的职能角色，明确驻村干部的工作范围；同时，驻村干部也需要转变工作思路，将工作方式从"统揽型"转变为"引导型"，从"主导"向"协助"过渡，以此防止驻村工作队权力过大而架空村两委的现象出现。

实践证明，驻村帮扶制度是密切干群关系、夯实执政根基的重要法宝，是集中资源力量助推乡村振兴的重要保障。2020 年 9 月，习近平总书记在考察湖南时首次提出，"在接续推进乡村振兴中，要继续选派驻村第一书记和工作队"。全面实施乡村振兴战略的深度、广度、难度都不亚于前期的脱贫攻坚，需要更有力的举措、更强大的力量来支撑和保障。驻村帮扶干部作为群众的"贴心人"和乡村振兴的直接"操盘手"，接好"接力棒"，做好"传帮带"。驻村干部既要身子沉下去，更须心沉下来。把群众当亲人，群众才会把驻村干部当家人。只有走进群众心里、解决民生痛点、助力一域发展，才能用实实在在的改变体现驻村帮扶成效。

（三）激发动力，完善保健与激励机制

激励—保健理论指出，激励因素能够给人们带来满意感，而保健因素能消除人们的不满，为确保驻村帮扶效果预期达标，完善的保健与激励机制是帮扶工作有序开展的重要保障。在保健和激励机制方面，要做到生活工作有保障，成长成才有通道。具体应从以下几点着手实施激励机制：

首先，建立压力纾解机制，助力驻村干部轻装上阵。统筹建立以心理健康社会组织或专业的社会工作者为主要力量的驻村干部压力纾解机制，通过不定期的走访式谈心和定期的心理疏导等举措，及时排解驻村干部心理压力。

---

① 钟海 . 超常轨化运行：驻村工作队的角色塑造与运作逻辑——基于陕南 L 村的田野调查 ［J］. 求实，2020（3）：95–108+112.

其次，树立身边的先进典型，实行榜样激励。在驻村干部和乡村干部中收集典型人物和典型事迹，并以当地政府为单位组织先进事迹报告会、经验交流会，激发驻村干部学先进、当先进的激情和活力。对于不符合驻村帮扶要求的干部要及时召回。开封市祥符区严格落实该区制定的驻村干部"九严禁"要求，全面实行考勤积分制管理。明确不合格驻村干部15种召回情形、4个召回程序以及召回后使用原则，确保驻村干部能力作风全面过硬、驻村工作高效运转。在激励干部干事创业的同时，让驻村干部有动力，也要有压力，确保驻村帮扶有实效。其实早在2016年，针对有的驻村帮扶干部搞"走读"式、"挂名"式帮扶，有的驻村干部"只转转，不用心""只谈谈，不落实"的问题，云南省就实施了《驻村扶贫工作队员召回办法》，并于当年召回1117名驻村扶贫工作队员。

再次，建立制度性的驻村干部关怀制度，通过将责任领导对驻村干部的关怀度量化并纳入责任领导年度考核范畴内的举措，督促责任领导加强对驻村干部的日常生活关怀和工作关心，进一步激发驻村干部干事创业的动力。

最后，建立流畅的晋升制度，通过开辟晋升渠道，扩大晋升的空间，使驻村干部有明晰的职业前景目标，并在实际工作中付诸行动，以此提高驻村干部的工作积极性。把驻村帮扶的实绩作为选拔任用干部的重要依据，组织上要注重激励关怀，当好"娘家人"，建立干部在基层锻炼提拔的导向，形成"基层先提拔、提拔到基层"的干部选用机制。

四、结 语

总的来说，"驻村"帮扶模式下，起到了"助村"的作用。一方面有益于乡村振兴战略的实施，另一方面也有益于广大年轻干部在下沉乡村过程中锤炼党性、锻炼本领。2020年，习近平总书记在决战决胜脱贫攻坚座谈会上充分肯定了驻村帮扶工作的成绩，提到了驻村帮扶过程中，让"青年干部了解了基层，学会了做群众工作，在实践锻炼中快速成长"。驻村帮扶为帮扶人员谋长远、谋全局创造了条件，是培养锻炼干部特别是青年干部的重要途径。不论是国家治理还是社会治理，常规机制（科层机制）与动员机制（运动型机制或非常规机制）是两个互为替代或纠正的治理机制。① 驻村帮扶是对现有内生村委的一种积极补

---

① 周雪光. 运动型治理机制：中国国家治理的制度逻辑再思考［J］. 开放时代，2012（9）：105-125.

充，起到嵌入性引导作用，在乡村振兴战略实施过程中，应根据农村治理实际性需求，及时调整，坚持和完善体制机制，强化驻村帮扶的作用。

驻村帮扶是乡村治理现代化的一个重要环节，它提升了乡村治理的能力。为进一步做好驻村帮扶工作，推动乡村振兴，要认识到驻村帮扶的长期影响，并在这个过程中推进乡村治理的现代化。

共同富裕背景下我国农村居民收入演变规律及增收路径研究[*]

一、引 言

持续拓宽农民增收渠道，解决农民增收难题，充分释放乡村振兴战略红利，是开展"三农"工作的中心任务，也是实现城乡共同富裕目标的必然要求。近年来，我国农村居民收入取得了长足发展，但仍面临诸多问题制约。因此，系统分析我国农村居民收入影响因素、全面把握我国农村居民收入演进规律，对拓宽农民增收渠道、解决城乡居民收入差距问题至关重要（黄祖辉等，2021）。

相关学者对农村居民增收的研究主要集中在三个方面：一是农村居民可持续增收影响因素研究，相关学者主要从农业产业发展、财政金融、土地流转、耕地利用转型、农业技术推广等方面进行了深入研究（刘永焕，2020；杨歌谣等，2020；杨建利等，2013；邹文杰，2015；Burgess and Pande，2005；吕勇斌等，2020；彭克强，2008；黄寿峰，2016）。二是农村居民收入水平实证评价研究，该领域学者以省级数据、地区数据或全国数据为研究对象，深入分析了影响农民收入水平提升的因素，实证研究发现农业产业结构升级（曹菲等，2021）、财政金融助农（李艳秋等，2021）、农民创新创业金融支持（温涛等，2021）、耕地利用转型（卢新海等，2021）、土地流转速度（王能应等，2017）等因素会给农村居民增收带来影响。三是促进农村居民可持续增收的实现路径研究，相关学者从不同角度分析了实现农民增收的体制机制与实现路径，包括优化农民收入结构（张深溪，2021）、发挥人才特别是乡村精英的作用（马荟等，2021）、发展壮大农村集体经济组织

---

[*] 作者简介：时方艳，河北省社会科学院农村经济研究所助理研究员。

（谢宗藩等，2021；陈锡文，2022）、完善土地流转制度（彭小霞，2021）等。

基于此，本文在实现全体人民共同富裕背景下，系统梳理 2010～2021 年我国农村居民收入（以农村居民人均可支配收入数据进行分析）现状并提炼主要特征，全面分析我国农村居民收入空间演进规律及影响因素，对拓宽我国农村居民增收空间、明确未来政策选择方向意义重大。

二、我国农村居民收入现状分析

（一）我国农村居民收入持续增长且实际增速高于全体居民水平

我国经济社会发展取得较大成就，经济实力不断增强，为居民收入水平提升奠定了强大的物质基础。2010 年以来，我国农村居民收入水平发生较大变化，农村居民收入水平逐年提高，自 2010 年的 6272.4 元增加到 2021 年的 18931.0 元，增长了 3.02 倍。从我国农村居民收入实际增速情况看，2010 年和 2011 年增速最大，均为 11.4%，2020 年增速最小，为 3.8%。2010 年以来，我国农村居民收入实际增速低于全体居民收入增速的年份为 2016 年，与全体居民收入增速持平的年份为 2017 年，其余 10 个年份我国农村居民收入实际增速均高于全体居民收入增速。其中，2021 年我国农村居民收入金额为 18931 元，实际增速为 9.7%，高于全体居民收入增速（8.1%）1.6 个百分点（见图1）。

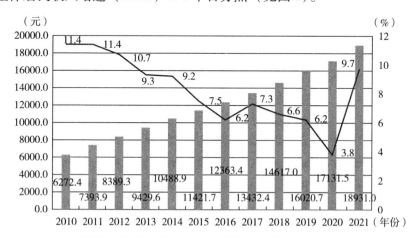

图1　2010～2021 年我国农村居民收入及增速情况

资料来源：国家统计局网站。

（二）我国农村居民收入来源以工资性收入为主

2010年以来，我国农村居民收入结构也发生了变化，收入结构由2010年的35.32∶47.48∶2.30∶13.91变化为2021年的42.04∶34.68∶2.48∶20.8。自2015年我国农村居民工资性收入占比（40.28%）超过经营净收入占比（39.43%）起，工资性收入已成为我国农村居民收入中最重要的来源，其次是经营净收入、转移净收入和财产净收入。其中，2021年我国农村居民工资性收入7958元，占比42.04%；经营净收入6566元，占比34.68%；财产净收入469元，占比2.48%；转移净收入3939元，占比20.8%（见图2和图3）。

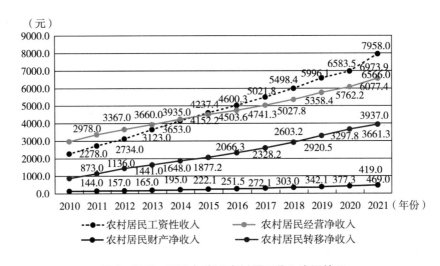

图2 2010~2021年我国农村居民收入来源情况

资料来源：国家统计局网站。

（三）我国城乡居民收入比值不断缩小，但收入金额差距不断拉大

国际经验表明，城乡收入差距普遍存在，即使是在西方发达国家，城乡居民收入也存在明显差距。但城乡居民收入差距可通过直接补贴、价格支持等方式缩小，进而实现全体居民共同富裕的目标。从城乡居民收入相对差距看，2010年以来，我国城乡居民收入差距呈下降趋势，城乡居民收入比值由2010年的2.99下降到2021年的2.50。城乡居民收入金额差距呈扩大态势，从2010年的12506.7元扩大至2021年的28481.0元（见图4）。

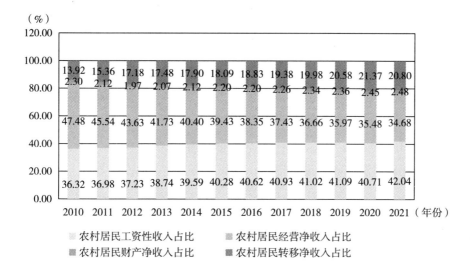

图3　2010～2021年我国农村居民收入来源结构

资料来源：根据国家统计局网站相关数据测算而得。

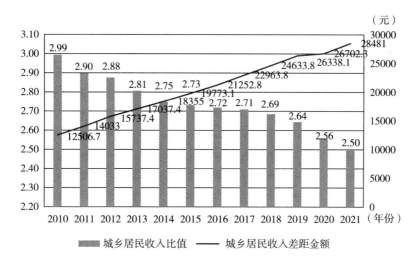

图4　2010～2021年我国城乡居民收入对比情况

资料来源：根据国家统计局网站相关数据测算而得。

三、我国省际农村居民收入时空演变规律研究

（一）我国农村居民收入空间关联性分析

我国农村居民收入在空间上呈现聚集特征，本文主要对我国 31 个省份 2001~2020 年农村居民收入进行排序并划分为高、中、低三个等级（见表 1）。

表 1　2001~2020 年我国 31 个省份农村居民收入演变趋势

年份	低收入省份	中等收入省份	高收入省份
2001	内蒙古、重庆、宁夏、新疆、青海、云南、甘肃、陕西、贵州、西藏	湖北、湖南、黑龙江、海南、江西、吉林、河南、安徽、广西、四川、山西	上海、北京、浙江、天津、江苏、广东、福建、山东、河北、辽宁
2006	广西、宁夏、重庆、新疆、西藏、青海、陕西、云南、甘肃、贵州	吉林、湖北、湖南、江西、黑龙江、内蒙古、山西、河南、海南、安徽、四川	上海、北京、浙江、天津、江苏、广东、福建、山东、辽宁、河北
2011	山西、广西、宁夏、新疆、陕西、云南、西藏、青海、贵州、甘肃	湖北、黑龙江、河北、江西、湖南、河南、内蒙古、安徽、海南、重庆、四川	上海、浙江、北京、天津、江苏、福建、广东、山东、辽宁、吉林
2016	广西、新疆、山西、宁夏、陕西、西藏、云南、青海、贵州、甘肃	江西、吉林、湖南、河北、海南、黑龙江、安徽、河南、内蒙古、重庆、四川	上海、浙江、北京、天津、江苏、福建、广东、山东、辽宁、湖北
2020	广西、西藏、新疆、宁夏、山西、陕西、云南、青海、贵州、甘肃	安徽、湖南、内蒙古、河北、重庆、湖北、海南、黑龙江、河南、吉林、四川	上海、浙江、北京、天津、江苏、福建、广东、山东、辽宁、江西

资料来源：根据 2001~2020 年 31 个省份农村居民人均可支配收入整理而得。

由表 1 可以看出，上海、浙江、北京、天津、江苏等地区属于高收入省市，主要集中在我国东部沿海地区；黑龙江、河北、重庆、内蒙古等地区属于中等收入省区，主要集中在我国中部和东北地区；宁夏、贵州、甘肃等地区属于低收入省份，主要集中在我国西北和西南地区。

从时空演变特征来看，上海农村居民收入始终居于首位；2001 年以后，浙

江、天津和江苏等省份农村居民收入增长较快，超过了广东。其中，2011年以来，浙江农村居民收入超越北京，紧跟上海；河北农村居民收入在2001年和2006年属于高收入省份，而到了2011年以后跌入中等收入省份行列。在中等收入省份中，吉林赶超趋势较为明显，2006年以后，吉林一直稳居中等收入省份榜首，2011年吉林跨入了高收入省份的行列。在低收入省份中，广西排名一直较为靠前。另外，西藏农村居民收入也有了大幅提高，2020年超过新疆、宁夏、山西、青海等省份；近年来，贵州、甘肃等省份农村居民收入排名较为靠后。

（二）我国农村居民收入空间自相关分析

1. 我国农村居民收入全局 Moran's I 研究

空间相关性检验主要分析我国31个省份农村居民收入在空间上是否具有相关性，全局空间相关性反映的是农村居民收入在我国整体的空间分布情况。Moran's I 取值一般位于−1~1，当 Moran's I 大于0时，表示不同省份农村居民收入存在空间正相关；当 Moran's I 小于0时，表示不同省份农村居民收入存在空间负相关；当 Moran's I 等于0时，表示不同省份农村居民收入在空间上呈随机分布。运用 Stata 软件对我国31个省份农村居民收入与全局 Moran's I 分析得到表2，2001~2020年我国31个省份农村居民收入 Moran's I 值均大于0，呈现出正的空间相关性，Moran's I 值均大于0.5，表示存在较强的空间正相关性。P−value 值均为0，通过了1%水平下的正态分布检验，说明我国31个省份农村居民收入在其内部存在空间自相关性，即各个省份之间的农村居民收入是相互联系的，农村居民收入高的省份会带动周边省份的农村居民收入增长。

表2　2001~2020年我国31个省份农村居民收入全局 Moran's I 指数

年份	I	E (I)	Sd (I)	Z	P−value
2001	0.5622	−0.0333	0.1150	5.1784	0.0000
2002	0.5604	−0.0333	0.1149	5.1667	0.0000
2003	0.5612	−0.0333	0.1146	5.1873	0.0000
2004	0.5771	−0.0333	0.1153	5.2949	0.0000
2005	0.5540	−0.0333	0.1143	5.1393	0.0000
2006	0.5546	−0.0333	0.1142	5.1498	0.0000
2007	0.5544	−0.0333	0.1143	5.1433	0.0000

年份	I	E (I)	Sd (I)	Z	P-value
2008	0.5499	−0.0333	0.1142	5.1080	0.0000
2009	0.5463	−0.0333	0.1140	5.0850	0.0000
2010	0.5478	−0.0333	0.1142	5.0887	0.0000
2011	0.5673	−0.0333	0.1150	5.2221	0.0000
2012	0.5696	−0.0333	0.1152	5.2319	0.0000
2013	0.5712	−0.0333	0.1154	5.2377	0.0000
2014	0.5728	−0.0333	0.1154	5.2526	0.0000
2015	0.5715	−0.0333	0.1152	5.2510	0.0000
2016	0.5682	−0.0333	0.1149	5.2366	0.0000
2017	0.5662	−0.0333	0.1147	5.2267	0.0000
2018	0.5646	−0.0333	0.1144	5.2268	0.0000
2019	0.5586	−0.0333	0.1142	5.1840	0.0000
2020	0.5600	−0.0333	0.1140	5.2033	0.0000

资料来源：运用 Stata 软件计算而得。

2. 我国农村居民收入局部 Moran's I 研究

Moran's I 散点图用来衡量我国 31 个省份农村居民收入的空间差异程度，图中 X 轴代表我国 31 个省份农村居民可支配收入的离差，Y 轴代表我国 31 个省份农村居民收入的空间滞后变量。我国 31 个省份农村居民收入可分为 4 种聚集类型："HH""LH""LL""HL"。第 1 象限表示某省份自身农村居民收入水平较高，而且周边省份农村居民收入水平较高（HH）；第 2 象限表示某省份农村居民收入水平较低，而周边省份农村居民收入水平较高（LH）；第 3 象限表示某省份农村居民收入水平较低，且周边省份农村居民收入水平也较低（LL）；第 4 象限表示某省份农村居民收入水平较高，但是周边省份农村居民收入水平较低（HL）。其中，第 1 象限和第 3 象限表示正的空间自相关性，第 2 象限和第 4 象限表示负的空间自相关性。本文选取了 2001 年、2010 年和 2020 年我国 31 个省份农村居民收入的 Moran's I 散点图进行对比分析，具体见图 5、图 6 和图 7。我国农村居民收入位于第 1 象限、第 3 象限的省份多于位于第 2 象限、第 4 象限的省份，说明各省份内部经济发展存在正的相关性。同一象限内各省份在地理位置上也互相邻接，例如北京、天津、河北，浙江、江苏、上海，贵州、重庆、云南、四川、湖南等地理上邻接。

（Moran's I= 0.5622 and P-value = 0.0000）

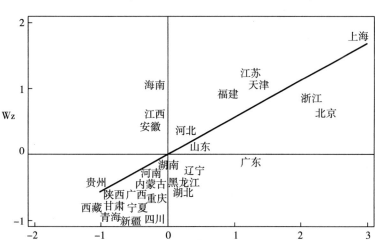

图5　2001年我国农村居民收入 Moran 值散点图

（Moran's I= 0.5673 and P-value = 0.0000）

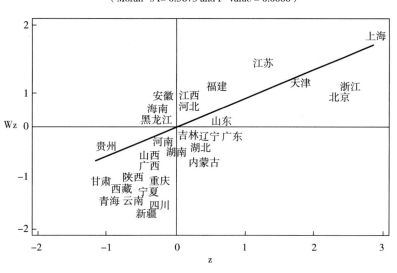

图6　2011年我国农村居民收入 Moran 值散点图

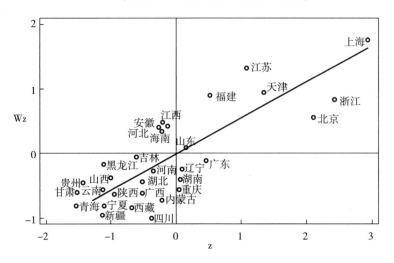

图 7　2020 年我国农村居民收入 Moran 值散点图

如图 7 所示，2020 年全局 Moran's I 值为 0.56，表示我国 31 个省份农村居民收入在空间上存在一定的关联性。北京、天津、山东、浙江、江苏、上海沿海地区呈现"高高"聚集；安徽、河北等省份被周边高收入省份包围，呈现"低高"聚集；位于我国西部地区的低收入省份，呈现"低低"聚集；广东等省份呈现"高低"聚集，但被周围的广西、湖南、江西等中低收入省份包围。

因此，我国农村居民收入的空间关联性较为显著，沿海地区已形成高收入聚集分布态势，西北、西南大部分中低等收入省份空间上"低低"聚集现象比较突出。

四、我国农村居民收入影响因素实证研究

（一）影响因素模型构建

1. 指标体系设计

本文主要从宏观角度和微观角度来进行数据指标设计，以 15~64 岁人口占总人口的比重（x1）、第一产业就业人数占乡村就业人数的比重（x2）、每十万人口初中及以上学校平均在校生数（x3）、二三产业发展水平（二三产业产值/

生产总值）（x4）、农林牧渔业总产值（x5）、农村住户固定资产投资完成额（x6）、农地生产能力（x7）、粮食总产量（x8）、有效灌溉面积（x9）、农业机械总动力（x10）、农作物受灾面积（x11）、每千农村人口卫生技术人员（x12）、每千农村人口乡镇卫生院床位数（x13）和城镇化水平（x14）为自变量，以农村居民收入（y）为因变量，构建指标体系（见表3）。

表3　农民收入影响因素指标体系

一级指标	二级指标	单位
被解释变量 y	农村居民人均可支配收入	元
解释变量 x	15~64 岁人口占总人口的比重（x1）	%
	第一产业就业人数占乡村就业人数的比重（x2）	%
	每十万人口初中及以上学校平均在校生数（x3）	人
	二三产业发展水平（二三产业产值/生产总值）（x4）	%
	农林牧渔业总产值（x5）	亿元
	农村住户固定资产投资完成额（x6）	亿元
	农地生产能力（x7）	千克/亩
	粮食总产量（x8）	万吨
	有效灌溉面积（x9）	千公顷
	农业机械总动力（x10）	亿千瓦
	农作物受灾面积（x11）	千公顷
	每千农村人口卫生技术人员（x12）	人
	每千农村人口乡镇卫生院床位数（x13）	张
	城镇化水平（x14）	%

2. 数据来源

本文选取数据范围为 2001~2020 年，涉及我国农村居民收入影响因素的数据来自历年《中国统计年鉴》、《中国农村统计年鉴》、国民经济和社会发展统计公报等。

（二）KMO 测度和球形检验

样本 KMO 统计量的值为 0.734，大于最低标准 0.5，球形检验在 $P = 0.000$ 上存在显著性，代表样本数据通过效度检验，适用于主成分回归分析（见表4）。

表 4　KMO 测度和 Bartlett 的球形检验

KMO 取样适切性量数		0.734
Bartlett 的球形检验	近似卡方	651.582
	自由度	91
	显著性	0.000

（三）主成分提取

由表 5 可见，第一主成分的特征值为 10.484，它解释了总变量的 74.886%，第二主成分的特征值为 1.746，解释了总变量的 12.473%，第三个主成分的特征值为 1.155，解释了总变量的 8.250%。且前三个主成分的特征根均大于 1，累计贡献率达到 95.610%，故本文中选取 3 个主成分。由表 6 可知，第一主成分在除 x1、x2、x3、x4 和 x11 之外的 9 个变量上都存在高于 0.8 的载荷，第二主成分在 x1 上载荷较大，第三主成分在 x3 上有较大载荷。

表 5　矩阵的初始特征值和累计贡献率

成分	初始特征值			提取载荷平方和		
	总计	方差百分比（%）	累计方差百分比（%）	总计	方差百分比（%）	累计方差百分比（%）
1	10.484	74.886	74.886	10.484	74.886	74.886
2	1.746	12.473	87.359	1.746	12.473	87.359
3	1.155	8.250	95.610	1.155	8.250	95.610
4	0.391	2.790	98.400	0.391	2.790	98.400
5	0.120	0.858	99.258	0.120	0.858	99.258
6	0.048	0.345	99.603	0.048	0.345	99.603
7	0.023	0.164	99.766	0.023	0.164	99.766
8	0.013	0.093	99.860	0.013	0.093	99.860
9	0.007	0.048	99.908	0.007	0.048	99.908
10	0.005	0.038	99.946	0.005	0.038	99.946
11	0.004	0.028	99.974	0.004	0.028	99.974
12	0.003	0.019	99.993	0.003	0.019	99.993
13	0.001	0.005	99.998	0.001	0.005	99.998
14	0.000	0.002	100.000	0.000	0.002	100.000

表6 因子负荷矩阵

变量	成分		
	1	2	3
x1	0.171	0.936	0.109
x2	−0.979	−0.118	0.024
x3	0.147	0.332	0.884
x4	−0.191	0.703	−0.571
x5	0.994	−0.085	0.003
x6	0.940	0.289	−0.096
x7	0.996	0.002	0.033
x8	0.995	0.022	−0.057
x9	0.984	−0.100	−0.101
x10	0.958	0.224	0.065
x11	−0.933	0.143	−0.036
x12	0.943	−0.262	−0.048
x13	0.981	−0.042	−0.053
x14	0.987	−0.098	−0.024

由表7主成分分析的最终结果依次写出三个主成分的表达式：

$z1 = 0.016 \times stdx1 - 0.093 \times stdx2 + 0.014 \times stdx3 - 0.018 \times stdx4 + 0.095 \times$
    $stdx5 + 0.090 \times stdx6 + 0.095 \times stdx7 + 0.095 \times stdx8 + 0.094 \times stdx9 + 0.091 \times$
    $stdx10 - 0.089 \times stdx11 + 0.090 \times stdx12 + 0.094 \times stdx13 + 0.094 \times stdx14$ （1）

$z2 = 0.536 \times stdx1 - 0.068 \times stdx2 + 0.190 \times stdx3 + 0.402 \times stdx4 - 0.049 \times$
    $stdx5 + 0.165 \times stdx6 + 0.001 \times stdx7 + 0.013 \times stdx8 - 0.057 \times stdx9 + 0.129 \times$
    $stdx10 + 0.082 \times stdx11 - 0.15 \times stdx12 - 0.024 \times stdx13 - 0.056 \times stdx14$ （2）

$z3 = 0.095 \times stdx1 + 0.020 \times stdx2 + 0.766 \times stdx3 - 0.494 \times stdx4 + 0.003 \times$
    $stdx5 - 0.083 \times stdx6 + 0.029 \times stdx7 - 0.049 \times stdx8 - 0.087 \times stdx9 + 0.057 \times$
    $stdx10 - 0.031 \times stdx11 - 0.042 \times stdx12 - 0.046 \times stdx13 - 0.021 \times stdx14$ （3）

表7 因子得分系数矩阵

变量	成分		
	1	2	3
x1	0.016	0.536	0.095
x2	−0.093	−0.068	0.020
x3	0.014	0.190	0.766

变量	成分		
	1	2	3
x4	-0.018	0.402	-0.494
x5	0.095	-0.049	0.003
x6	0.090	0.165	-0.083
x7	0.095	0.001	0.029
x8	0.095	0.013	-0.049
x9	0.094	-0.057	-0.087
x10	0.091	0.129	0.057
x11	-0.089	0.082	-0.031
x12	0.090	-0.150	-0.042
x13	0.094	-0.024	-0.046
x14	0.094	-0.056	-0.021

这里 stdxi（i=1，2，3，4，…，14）表示指标变量：

stdx1 = (x1-72.125)/1.5924

stdx2 = (x2-67.09)/5.477

stdx3 = (x3-9064.95)/617.374

stdx4 = (x4-95.37)/1.473

stdx5 = (x5-69565.53)/36963.624

stdx6 = (x6-7269.795)/2918.627

stdx7 = (x7-339.5)/32.622

stdx8 = (x8-56868.25)/8494.035

stdx9 = (x9-61080)/5533.2922

stdx10 = (x10-8731.3)/1853.6821

stdx11 = (x11-34223.8)/11837.611

stdx12 = (x12-3.3545)/0.91399

stdx13 = (x13-1.095)/0.27064

stdx14 = (x14-50.6255)/8.43764

（四）多元线性回归

以 z1、z2 和 z3 为解释变量，建立被解释变量 y 的多元回归模型。由表 8 可见，常数系数趋近于 0 可以忽略，z1、z2 和 z3 的系数分别为 0.295、0.191

和−0.071，其 Sig 值分别为 0.000、0.000 和 0.048，具有统计学意义。z1、z2 和 z3 的方差膨胀系数（VIF）均为 1，判断其不存在多重共线性。最终得到主成分 z1、z2 和 z3 与 y 的回归方程为：

$$y = 0.295z1 + 0.191z2 - 0.071z3 \tag{4}$$

R^2 通常理解为 y 能被 x 解释的部分，通常用来衡量模型的拟合程度。基于表 9 和表 10，该模型 R^2 值为 0.990，即 z1、z2 和 z3 与 y 之间存在强相关性。由 F 检验可知，F 取值为 258.713，Sig 值 0.000<0.001，表示方程总体通过 F 检验，解释变量总体对被解释变量影响较为显著。

将式（1）、式（2）和式（3）代入式（4）可得如下回归方程：

$$Y = 0.1 \times stdx1 - 0.042 \times stdx2 - 0.014 \times stdx3 + 0.107 \times stdx4 + 0.018 \times$$
$$stdx5 + 0.064 \times stdx6 + 0.026 \times stdx7 + 0.034 \times stdx8 + 0.023 \times stdx9 + 0.047 \times$$
$$stdx10 - 0.008 \times stdx11 + 0.001 \times stdx12 + 0.026 \times stdx13 + 0.019 \times stdx14 \tag{5}$$

表 8　回归系数

模型	未标准化系数		标准化系数	t	显著性	共线性统计	
	B	标准误差	Beta			容差	VIF
（常量）	1.485E-16	0.035		0.000	1.000		
z1	0.295	0.011	0.954	26.855	0.000	1.000	1.000
z2	0.191	0.027	−0.252	−7.095	0.000	1.000	1.000
z3	−0.071	0.033	−0.076	−2.146	0.048	1.000	1.000

表 9　模型拟合指标

模型	R	R 方	调整后 R 方	标准估算的误差
1	0.990	0.980	0.976	0.15487314

表 10　模型的 F 检验结果

模型	平方和	自由度	均方	F	显著性
回归	18.616	3	6.205	258.713	0.000
残差	0.384	16	0.024		
总计	19.000	19			

基于式（5）可知，第一产业就业人数占乡村就业人数的比重（x2）、每十万人口初中及以上学校平均在校生数（x3）和农作物受灾面积（x11）对农村居

民收入的弹性值为负值，分别为-0.042、-0.014、-0.008，表明这些因素的正向变动会给农村居民收入带来负面影响。其余因素对农村居民收入的弹性均为正值，即它们都在不同程度上有助于提升农村居民收入水平。依据它们对促进农村居民收入增加的贡献程度将其排序为：二三产业发展水平（二三产业产值/生产总值）（x4）>15~64岁人口占总人口的比重（x1）>农村住户固定资产投资完成额（x6）>农业机械总动力（x10）>粮食总产量（x8）>城镇化水平（x14）>每千农村人口乡镇卫生院床位数（x13）>农地生产能力（x7）>有效灌溉面积（x9）>农林牧渔业总产值（x5）>每千农村人口卫生技术人员（x12）。

五、促进我国农村居民增收的实现路径

基于主成分回归分析结果，影响我国农村居民收入增长的因素涉及城镇化水平、医疗卫生、投资支持力度、农村产业发展、水利设施建设、人口年龄构成等多个方面，结合当下我国农业农村发展态势及农村居民增收驱动力，提出如下对策和建议：

（一）深入推进农村一二三产业融合发展，实现多元价值

重点发展科技导向、历史文化导向、生态绿色导向、服务导向等的创意性农业，依托当地农业生态文化资源，积极开发绿色健康产品，孵化休闲农业、创意农业等新兴业态，实现农业与文化、旅游、康养等的有效结合。

（二）加大财政支农力度，完善多元化支农投入体制机制

强化政府在财政支农、金融支农等方面政策对农村经济社会发展的保护与引导作用，增加农村居民在财产和转移等方面的收入。优化对种粮主体的支持力度和补贴范围，有效保障粮食生产者的收入水平。完善农业保险政策，持续拓宽保险范围，丰富保险种类，提升对农业生产的保障能力。创新开发适合农村居民的金融产品和信贷政策，引导其参与到理财投资中来。

（三）结合各地农业特点，因地制宜加强农民专业知识培训

积极组织开展科技文化技能等方面的培训，围绕农民可持续增收、农业高质量发展等主题，分类分时对农村新型职业农民和技术人才展开培训；积极帮助低收入人群因地制宜开展免费实用的技能培训，增强劳动技能。加强区域用工合作，加大就业创业交流频次，积极开展就业创业帮扶活动，实现劳动力就近就地就业创业。创新培训方式，发挥移动终端的作用，通过线上线下相结合的形式，高效开展技能培训，增强农民致富能力。

参考文献

[1] Burgess R，Pande R. Do rural banks matter？Evidence from the Indian social banking experiment [J]. American Economic Review，2005，95（3）：780-795.

[2] 曹菲，聂颖. 产业融合、农业产业结构升级与农民收入增长——基于海南省县域面板数据的经验分析 [J]. 农业经济问题，2021（8）：28-41.

[3] 陈锡文. 发挥农村集体经济组织在共同富裕中的作用 [J]. 乡村振兴，2022（2）：46-48.

[4] 黄寿峰. 财政支农、金融支农促进了农民增收吗？——基于空间面板分位数模型的研究 [J]. 财政研究，2016（8）：78-90.

[5] 黄祖辉，叶海键，胡伟斌. 推进共同富裕：重点、难题与破解 [J]. 中国人口科学，2021（6）：2-11.

[6] 李艳秋，辛立秋，赵孟鑫. 财政支农与金融助农促进农民增收的空间溢出和门槛特征 [J]. 地方财政研究，2021（10）：65-71+79.

[7] 刘永焕. 农村三产融合与农民增收互动机制研究 [J]. 农业经济，2020（3）：108-110.

[8] 卢新海，王慧，唐一峰，姜旭. 湖北省耕地利用转型对农民增收的空间溢出效应研究 [J]. 长江流域资源与环境，2021，30（7）：1757-1767.

[9] 吕勇斌，袁子寒，付宇. 村镇银行设立的攀比效应和竞争效应——基于空间 probit 模型的经验研究 [J]. 国际金融研究，2020（10）：55-65.

[10] 马荟，苏毅清，王卉，周立. 从成员个体理性到村社集体理性：乡村精英的作用机制分析——以 S 省 Y 村为例 [J]. 经济社会体制比较，2021（4）：119-128.

[11] 彭克强. 财政支农杠杆效应的实证研究：1987-2007 [J]. 统计研究，2008（11）：30-36.

[12] 彭小霞. 农村土地流转助推农民增收：机理、问题及实现路径 [J]. 理论探索，2021（4）：91-99.

[13] 王能应，周龙洁. 农村土地按户"连片耕种"模式的探索——基于湖北省沙洋县的调查 [J]. 党政干部论坛，2017（7）：44-47.

[14] 温涛，王佐滕. 农村金融多元化促进农民增收吗？——基于农民创业

的中介视角 [J] . 农村经济，2021（1）：94-103.

[15] 谢宗藩，肖媚，王媚 . 农村集体经济组织嬗变：嵌入性视角下发展动力机制变迁 [J] . 农业经济问题，2021（12）：92-103.

[16] 杨歌谣，周常春，杨光明 . 农业和旅游业产业融合与农村贫困减缓的关系分析 [J] . 统计与决策，2020，36（5）：81-86.

[17] 杨建利，岳正华 . 我国财政支农资金对农民收入影响的实证分析——基于 1991~2010 年数据的检验 [J] . 软科学，2013，27（1）：42-46.

[18] 张深溪 . 建立增加农民收入的长效机制问题研究 [J] . 河南农业，2021（27）：49-51.

[19] 邹文杰，蔡鹏鸿 . 我国城镇化对公共服务均等化的提升效应研究——以重庆户籍人口为例 [J] . 现代财经（天津财经大学学报），2015，35（5）：15-22.

新时代共同富裕视域下精神共富的价值作用与实现路径

——以传承发展红色文化为例[*]

共同富裕充分反映了最广大人民的普遍愿望，构成了社会主义的本质要求。新时代共同富裕作为人类文明新形态的重要内涵，生动地展示了中国特色社会主义制度的优越性和进步性。新时代共同富裕是高质量的共同富裕，实现了精神文化共同富裕与物质生活共同富裕的高度有机统一。一般意义上，精神文化共同富裕即精神共富，就是指全民全面渐进地共享、共建、共有精神文化，不断树立文化自觉，有效增强文化自信。不懈追求精神共富反映了无数奋斗者、拼搏者执着于美好生活的浩然之气和精神意蕴。历史变迁、时代更迭，红色文化"初心"不改。当代宏大厚重的红色文化积淀都是党和国家的宝贵精神财富，这还需要不断结合新的时代条件发扬光大。当代红色文化体现出在中国革命、建设和改革发展的不同历史时期的先进文化，深刻影响并推进了中国社会发展。红色文化既具有主流性又具有地域性。当代不同地域的红色文化在葆有中国革命整体精神气质的同时，又有着各自的独特性，更能得到本地人民群众的情感认同、文化认同和历史认同。传承和弘扬红色文化已经经历漫长社会历史的检验以及革命战争岁月的考验，在社会主义革命和建设时期、改革开放和社会主义现代化建设新时期以及中国特色社会主义新时代彰显出应有的时代价值、精神风貌。新时代以来，红色文化正在全面建设社会主义现代化强国新征途上越发显示出深远的社会价值，越发显示出其历史价值、精神影响的长久性、范围的普遍性和现实的指导性。新时代传承发展红色文化反映了人民群众期望追求实现共有和共享的价值理念，已经成为了当代中国人价值信仰的重要源泉。其实，无论传承弘扬何时何地的精神文化往往总是与民族命运相关，与社会发展相连，与时代脉搏相伴。新时代共同富裕视域下，精神共富对于推动新时代共同富裕具有重大的时代价值，并发挥出多重性功能作用。

---

* 作者简介：徐树全，中共武城县委党校讲师。

一、精神共富在新时代共同富裕中的定位

（一）新时代共同富裕观与精神共富紧密相连

理念先行孕育发展先觉，精神风貌彰显发展理念。新时代共同富裕观绘就、引导着新时代共同富裕进程的蓝图和路径。精神富裕是构成新时代共同富裕观的一个不可分割的组成部分，精神富足成为新时代共同富裕的最大特色。在过去很长一段时间里，人们往往把共同富裕简单地等同为物质富裕，重点关注在物质生活富裕的层面，不同程度地忽略了共同富裕也应包含着"精神富裕"方面的丰富内涵。当社会人均收入水平达到一定程度后，人的幸福指数就会上升，与精神生活相关度更高，人们也越来越看重精神层面的共同富裕。新时代共同富裕观是物质文明、精神文明、社会文明与生态文明的有机结合体，是要在新发展格局下发展高质量的共同富裕。推动新时代共同富裕进程不仅要解决地区、城乡、阶层收入分配过于悬殊的问题，而且要丰富人民生活、拓展精神文化、提升精神文化品质。推动新时代共同富裕进程中，只有全面实现了物质生活和精神生活的共同富裕，才是高质量发展的共同富裕。红色文化秉持了中华民族传统美德，并与时代精神文明理念有机结合，这与践行新时代共同富裕观具有高度的契合性和根本的一致性。红色文化时代性表达了中华优秀传统文化中的伦理本位、人文传统以及追求仁义忠信、团结奉献的崇高优秀品格。可以说，传承弘扬红色文化不仅丰富了人们的精神生活层面，也扩展了新时代共同富裕观和精神共富的内涵。

（二）精神共富不断顺应新时代共同富裕进程

社会巨变，使命更坚。党的十九届五中全会对"十四五"时期推动共同富裕提出了明确的实质性要求，也标志着正式将实现共同富裕提上了议事日程。目前，中国已经全面建成了小康社会，历史性地解决了绝对贫困问题，不过从新时代共同富裕的层面看，在收入分配、精神文化、社会保障、公共服务、人居环境等很多方面仍存在明显的不均衡和"短板"。习近平总书记指出，要扎实推进共同富裕，要求确保"脚踏实地、久久为功"，还进一步指出"促进共同富裕最艰巨最繁重的任务仍然在农村"。时代在变，初心不改，奋斗不息。新时代共同富裕进程作为新时代培育精神共富的重要现实土壤与着力点，是精神共富获得丰富发展的时代需要和社会需要，也彰显出精神共富与时代相向而行的可贵品质。红

色文化具有与时代同行的精神品格，浸染着时代的脉搏，体现着时代精神的精华。这集中体现出了红色文化的实质要求与根本属性，深刻地反映出红色文化意蕴的抽象性与具体性、先进性与普适性以及民族性与世界性的两重性特征。新时代传承弘扬红色文化不仅反映了广大人民群众对美好生活的正能量的不懈追求，也不断顺应着体现出人们推进新时代共同富裕的艰辛奋斗进程和共同精神意愿象征。

（三）精神共富在推进共同富裕进程中彰显时代价值

伟大的民族，总有伟大的精神财富。崇高精神成就壮丽事业，精神滞后导致行动落后。精神文化具有独特的塑形、铸魂、赋能的功能价值，先进的精神文化可以发挥出引领风尚、涵养人文、价值导向、推动发展等正向作用。精神共富作为宝贵的社会道德财富，具有强大的道德感召力、社会感染力和社会重塑力。精神共富作为重要的社会文化财富，是提升人们思想认识境界、扩展社会文明风尚和营造社会和谐氛围的生动案例和有力载体。精神共富作为社会主义核心价值观与中国精神理念的集中诠释、鲜活体现，其最大价值体现于广泛践行理想信念。精神共富具有深沉长久的价值取向支撑功能，为凝聚和实现中国特色社会主义共同理想发挥了难以估量的巨大作用，有力确保了人是社会人的全面发展以及经济社会可持续发展。精神共富作为推进中华民族伟大复兴历史进程和社会主义现代化建设征途的重要精神保障、时代精神典范和社会舆论支撑。诞生于峥嵘岁月的红色文化，早已在人民群众心目中形成了高度的认同感，在社会各阶层当中具有广泛的认可度、影响力。传承和弘扬红色文化不仅是国家和人民的历史性选择，更是时代的需要和时代进步的召唤。传承和弘扬红色文化有利于引导人们争做新时代推进共同富裕进程的道德楷模，有利于倡导人们争做新时代推进共同富裕进程的文明者，有利于引领人们争做新时代推进共同富裕进程的追梦人，有利于广泛影响人们争做新时代推进共同富裕进程的奋斗者与健康发展环境的营造者。

二、精神共富在新时代共同富裕进程中的重要作用

（一）助力引导新时代共同富裕的重要道德源泉和榜样力量

人无德不立，国无德不兴。亚当·斯密曾说过，美德是令人愉快的尊敬对象的意识，会成为必然随之而来的那种精神上的安宁和自我满足的根源，正如猜疑

相反会引起令人痛苦的不道德行为一样。延续着中华民族永恒的传统美德，凝结着时代的优秀道德品格，共建共享的精神共富为新时代共同富裕的形成发展提供了道德理念支撑，以及立足当下走向未来的重要基点。通过追求精神共富的先进人物示范引导作用可以深化德育影响感召社会民众，从而提升其道德境界、培育其道德情操、重塑其道德理念，促进良好的社会道德风尚的形成。红色文化是党和人民在长期的革命和建设实践中形成的先进群体意识，是中华民族优秀美德风尚的重要组成部分。红色文化所蕴含的不畏牺牲、不懈进取、自强不息、艰苦创业的高尚品德，不仅集中体现了中华民族崇德、明德和立德的美好道德象征和道德风貌，而且生动地诠释了社会主义公民道德规范和社会道德体系的基本要求。时光荏苒，红色文化已经成为中华民族道德文化的重要组成部分、社会主义精神文明建设的重要内容、新时代文明实践中心的重要评判尺度。红色文化传承发展助力培育新时代共同富裕观，引导人们在广泛社会道德认同基础上形成同心同德的新时代共同富裕观，形成反映新时代共同富裕的道德文化生活与环境氛围，从而以形成强大道德合力整合塑造社会来引导推进新时代共同富裕进程。

（二）带动扩展新时代共同富裕的丰富美好的精神文化生活

伟大的时代总是伴随着伟大的精神支撑和精神营养。源远流长、生生不息、薪火相传的中华文化是中华民族的血脉根基和精神密码。精神文化共有共享是中国特色社会主义的本质要求。在扎实推动新时代共同富裕的"十四五"时期，不断丰富精神文化的重要性作用表现得更加迫切。精神文化不仅构成了推动新时代共同富裕的基础性力量，而且成为了新时代共同富裕进程中的关键性变量。日益丰富多彩、创意多样、形式多姿的精神文化形式和精神文明活动不仅是新时代共同富裕内涵的题中之义，也扩展了新时代共同富裕的精神文化形态、社会文化气息以及社会文明环境。汲取着中华优秀传统文化精神意蕴和时代精神价值诉求的红色文化，通过传承弘扬可以转化为推动扩展新时代共同富裕的新鲜营养和精神文化。红色文化发挥出文化塑形功能，为推动新时代共同富裕树立了良好形象，丰富了文化内涵、精神意蕴。精神共富充分体现在形态各异、分属不同层次的精神文化不仅为实现社会共建共享共有发展起到了基础性黏合和深厚持久支撑，也为新时代共同富裕的形成发展提供了社会精神文化支撑以及深厚精神营养和新鲜文化血液。

（三）构建支撑新时代共同富裕的价值取向和凝聚磅礴力量

人民有信仰，民族有希望，国家有力量。精神共富是确保新时代共同富裕沿着正确方向前进的自觉遵循和重要保证，成为促进社会和谐发展的助推器、稳定器。革命精神是红色文化的永恒主题。红色文化有机地体现了以爱国主义为核心的民族精神和以改革创新为核心的时代精神相统一。红色文化体现出历久弥坚的生命力，顾全大局、公而忘私、自我牺牲、勇于奉献的价值取向就是其核心精神。红色文化是对历史的总结，也是对未来的展望，更是一个民族永生的精神火炬。红色文化作为一种社会政治示范明显、激励功能强大的文化意识形态，能够产生强烈的教育、引导示范作用，为新时代精神文化融入马克思主义信仰和共产主义理想之魂。红色文化成为推动新时代共同富裕的坚定政治保证，确保树立正确的价值取向，最大限度地凝聚起共同奋斗的磅礴力量。

文化的力量总是润物细无声。积极学习红色事迹、传承红色文化、颂扬红色文化高尚品格对广大党员干部群众的思想行为、理想信念具有强大的现实感召力，为形成新时代共同富裕观发挥出难以估量的巨大作用，可以有力提升党员干部队伍在新时代共同富裕进程中的政治素质、精神境界和奋斗姿态，使其树立正确的权力观、政绩观、事业观。强大的凝聚力能够激发党员干部群众的归属感和认同感，能够形成高度的组织意识和团结意识、强烈的奋斗精神和社会责任感。新时代弘扬红色文化有助于提升党员干部队伍作风素质能力，在调整社会关系基础上实现社会整合，创造良好社会关系与优良政商环境，营造可持续社会文明环境，为新时代共同富裕的持续健康发展汇积了深厚的社会凝聚力。

（四）营造影响新时代共同富裕进程的精神保障和发展环境

人们对精神共富的诉求与执着广泛存在于社会阶层群体以及行业市场各个方面，不断反映出社会文明精神追求和趋向，也有助于新时代集聚起高质量发展的新动力。精神共富集中体现着广大普通民众的向往与追求，发挥出强大的精神文化赋能以及引领保障性作用的影响。红色文化作为时代精神与民族精神的有机统一体，其为推动新时代共同富裕赋予独特精神韵味，是成员干事创业、持续奋斗的新动能，形成新时代共同富裕发展的新态势。红色文化是集聚影响新时代经济社会发展的重要"精神火炬"，成为促进社会有序发展和高效运作的宝贵精神资源与精神财富。传承发展红色文化为推进新时代共同富裕进程创造感召人心、凝聚民心、团结奋斗的精神动力、精神支柱和创新动力，营造了良好的社会风气、和谐的社会实践环境和健康的干事创业氛围。

精神共富为新时代共同富裕目标的早日实现创造了有利条件。传承弘扬进取向上、公平正义的文化精神品格和丰富实践有利于调动起社会成员推动新时代共同富裕的积极性、主动性和创造性，不断提振广大社会成员的精神风貌，在全社会形成勤奋进取、干事创业、爱岗敬业的社会发展氛围。红色文化实现了社会主义"四有"新人标准的具体化和形象化，对社会成员的职业品格操守、社会责任担当发挥出引领示范作用。红色文化对社会每个人的全面发展提供了行为示范。红色文化蕴含着丰富的创新意蕴和气质,传承弘扬红色文化能够有效激活人们干事创业的原动力、创新动力,有利于为推进新时代共同富裕进程提供智力支持。红色文化对促进营造良好的新时代共同富裕发展环境也具有积极的影响力,并能够产生强大的社会效应。传承弘扬红色文化提升了精神文明建设水平,促进社会和谐稳定和政府公信力建设,从而形成了推进新时代共同富裕的新优势。

三、精神共富在新时代共同富裕进程中的重要路径思考

(一) 确保物质富裕与精神富裕协同推进

在新时代共同富裕进程中,坚持确保物质富裕与精神富裕协同推进具有极其重要的积极带动作用。新时代,中国社会主要矛盾已经成为了人民日益增长的美好生活需要和不平衡不充分发展之间的矛盾。坚持精神富裕和物质富裕协调发展,就需要满足人民群众日益增长的多样化、多层次、多方面精神文化需求,不断普遍性地提高城乡居民收入收益,实质性缩小区域、城乡居民收入差距。坚持精神富裕和物质富裕共同推进,就需要让最广大社会成员有更多的安全感、幸福感和获得感,充分调动起最广泛社会成员推动共同富裕早日全面实现、全方位实现的积极性、主动性和创造性。坚持物质富裕与精神富裕协同推进,就需要勇于突破利益、阶层固化的藩篱,不断确保使广泛的社会成员更多、更公平地共享改革发展成果。大力倡导、弘扬红色文化的英勇无畏的革命气概、乐观向上的社会情怀,不断夯实维护社会公平正义的社会阶层基础和精神理念支撑,不断健全矛盾纠纷处置的社会仲裁协商化解机制,充分发挥第三次分配利益机制作用来妥善协调社会各阶层的利益关系,实质性打破各种社会阶层间有形和无形的壁垒。

(二) 精神共富全方位融入新时代共同富裕进程中

精神文化富裕是新时代共同富裕内涵的不可或缺组成部分,也是推动新时代共同富裕基本目标实现及其发展进程的关键性变量和精神文化保证。实现共同富裕是中国特色社会主义优越性的重要特征和集中体现,是新时代更好坚持和发展中国特色社会主义的本质性要求和根本性原则,也是实现中国式现代化的基本主题以及社会文明发展进步的根本遵循。可以说,全面、全方位实现新时代共同富

裕是当代中国不可逾越的历史阶段和主要内容。高质量地实现新时代共同富裕需要保持战略定力、把握发展大势、善于变局中开新局，需要有强大的精神力量作为支撑，需要创造良好的精神文化环境，也需要把共建共享共有的精神富裕全面融入新时代共同富裕的伟大实践进程之中。在实现共同富裕的新征程中，把传承发展红色文化与践行中国精神谱系、社会主义核心价值观、新时代公民道德建设实施纲要有机结合起来，形成全社会共同铸就传承发展新时代红色文化。坚持新时代弘扬红色文化主流性与地域性的辩证统一。在中国精神谱系全面融入新时代共同富裕进程中，必将为实现新时代共同富裕的奋斗目标提供持之以恒的强大道德追求、精神动力、磅礴民族力量和坚定理想信念。在实现精神共富全面融入新时代共同富裕进程中，建立健全新时代共同富裕和精神共富的激励促进、协调融合的制度设计和实施机制，有利于柔性调整人际关系、协调利益关系、约束极端行为、重构利益格局，能够持续确保新时代将实现共同富裕落到实处、根繁叶茂。

（三）以精神共富为基础推动新时代共同富裕

社会主义先进文化同中华优秀传统文化在基本功能属性上具有一些相同的方面，比如明智润德、形神合一、追根溯源、培根铸魂等。在日益多元的社会精神文化中，需要坚持主动弘扬"高势位"的精神价值文化理念，并在多样化社会精神文化思潮交融中发挥引领作用。让社会成员在主流文化脉动中增强前行的使命和担当，从不同精神文化服务欣赏间和感悟中体会风尚之美、精神之美、道德之美和人性之美，不断让人们的多彩绚丽生活更有品质、更有尊严、更有格调。岁月蹉跎，对红色文化的认知、认同在全社会留下美好的印记。红色文化深入浅出地阐释了中华优秀传统文化和社会主义先进文化中的共同思想基础和时代价值，出色地担负起育新人、展形象、兴文化、引价值、聚民心、凝力量的使命任务。未来的一段时期里，全面实现特别是全方位实现新时代共同富裕将是一项充满艰巨性、艰辛性的系统繁杂的社会工程。这需要秉持以精神共富为基础积极传承弘扬红色文化，不断调动起最广泛社会成员的初心使命感、时代责任感和主人翁奋斗意识，积极促进形成奋斗奉献、干事创业、"大众创业、万众创新"的浓厚社会氛围和精神文化品质，并最终通过社会成员勇于自我革新、自我提升、自我革命的实际行为、点滴行动转化为推动新时代共同富裕的正能量和不竭动力。弘扬红色文化以精神共富为基础，助力新时代共同富裕观的舆论宣传、教育引导、道德感召，不断提升个体精神觉悟、信仰信念、情感认知。弘扬红色文化以精神共富为基础，不断扩大精神文化的供给能力和结构，扩展丰富求真向上的社会精神生活、多姿多彩的社会话语表达形式，确保扎实推动新时代共同富裕进程不断取得长足的新成效、新景象。

(四) 红色文化需要与劳模精神、工匠精神创新性有机结合

好日子干出来,好生活奋斗出来。干一行爱一行、自力更生艰苦奋斗、做事专注敬业奉献的劳模精神,争创一流、精益求精、勇攀高峰的工匠精神,与红色文化内涵具有高度的契合性,本质上共同体现出普通劳动者、奋斗者高尚的精神品德和可贵的气度胸怀。实现共同富裕没有捷径可走,推进新时代共同富裕进程迫切需要将红色文化同劳模精神、工匠精神实现创新性有机结合、创造性诠释。始终坚持红色文化的弘扬、劳模精神的培育、工匠精神的执着,特别是红色文化和劳模精神、工匠精神深度融合将不断赋予人们创业、创新、创造的强大社会力量和奋斗榜样。通过把红色文化与劳模精神、工匠精神结合起来进行深度精神文化创意、精神元素形象设计,并在家庭文化、社区文化、企业文化、机关文化和公益文化展现出应有的精神风貌、社会时尚,让奋斗、追求、奉献和情怀成为各行各业社会成员的自我认同和行为意识,促进人们不断提升岗位技能、自我革新能力和追求共富的精神品格。红色文化和劳模精神、工匠精神实现创新性结合,有利于保障平凡普通"失败者"的尊严和权益,不断促进健全塑造宽容失败、有效退出、鼓励试错的社会创业创新环境和营商环境。奋斗是新时代共同富裕的基调和底色,创新才是我们突破土地、劳动、资本等要素社会局限性,充分实现创造社会财富的不竭动力,以及不断创造无尽财富的永恒源泉。红色文化、劳模精神、工匠精神的核心是形成敢于尝试、勇于探索、精益求精的创新精神与创新文化,进而形成有利于新时代共同富裕发展的新动能、新选择。

(五) 不断强化践行精神共富的主体能力和活动体系建设

先进精神文化的榜样影响力是可扩展延伸的,红色文化就是当代中国社会最具正能量的社会文化。在新时代共同富裕进程中,强化践行精神共富的主体建设,其中最基础的是需要树立对新时代共同富裕价值理念的坚守执着与遵循,同时不断让人身临其境地感受到精神共富的崇高品格、真实意义、利益所在与精神意蕴,也才能真正汇聚起推进新时代共同富裕迫切需要的向上向善的磅礴伟力。在新时代共同富裕进程中,精神共富的主体建设需要把精神共富的价值理念与正确的"三观"以及人生观、事业观、政绩观等有机结合起来,并持久进行内化于心外化于行的社会实践,从而使新时代精神共富充满强大的亲和力和塑造力,为推动新时代共同富裕发展提供长久的价值取向指引和思想保证。在新时代共同富裕进程中,强化践行精神共富的主体建设,还需要创造性地把红色文化融入中国精神谱系中,将红色文化与劳模精神、工匠精神深度有机结合,推动实现红色

文化与创新精神、科学精神高度的融合性，从而广泛形成社会成员追求实现美好生活、共同富裕的强大社会凝聚力和社会发展动力。在新时代共同富裕进程中，强化践行精神共富的活动体系建设，这需要不断丰富扩展和创新精神共富的平台载体和活动服务形式，不断推进新时代文明实践中心高质量建设的社会覆盖面，充分发挥社会志愿服务、社会公益服务、社会爱心服务、社会慈善服务等组织团体的功能作用和影响力，不断完善城乡社会公共精神文化服务体系和精神文明实践活动体系，从而为不断满足人民日益增长的美好生活需要提供日益多彩的精神文化与持续良好的社会风尚。

参考文献

［1］黄祖辉，叶海键，胡伟斌．推进共同富裕：重点、难题与破解［J］．中国人口科学，2021（6）：2-11+126.

［2］兰婷．文化是推动共同富裕的关键变量［N］．浙江日报，2021-12-09（04）.

［3］李玉赋．新的使命和担当——《新时期产业工人队伍建设改革方案》解读［M］．北京：中国工人出版社，2017.

［4］牛建立．论红色文化对传统文化的历史传承和发展创新［J］．许昌学院学报，2013（1）：99-102.

［5］史婷婷，张昊．红色文化研究的热点、演进与展望——基于 CNKI 数据库中 CSSCI 文献的 CiteSpace 可视化研究［J］．山东开放大学学报，2022（3）：67-70.

［6］王慧琳，梁智娟．"5W"传播模式下云浮市红色文化旅游传播的问题研究［J］．现代商贸工业，2022（16）：17-19.

［7］吴晓华，贾若祥．高质量发展建设共同富裕示范区［J］．旗帜，2021（8）：49-50.

［8］张建龙，韩阳．论红色精神与中国传统文化的关系［J］．辽宁工业大学学报（社会科学版），2009（5）：66-68.

［9］张菊香．地方红色文化资源助推区域经济社会发展［EB/OL］.［2020-10-27］．http：//www.cssn.cn/gd/gd_rwhd/gd_ktsb_1651/zxxsdhswhjzyjs-ll/202010/t20201027_5201651.shtml.

碳中和乡村：乡村振兴视角下农村绿色发展路径[*]

一、前言

2020 年 9 月，习近平主席在联合国大会上宣布"中国二氧化碳排放力争于 2030 年前达到峰值，努力争取 2060 年前实现碳中和"[1]。实现碳达峰、碳中和是一场广泛而深刻的经济社会系统性变革。长期以来，节能降碳的主战场都在城市的工业、能源、交通等领域，农业农村的减排问题并未得到足够重视。我国作为世界农业大国，农业农村温室气体排放量占全国排放总量的比重约达 15%，约占全球农业总排放量的 12%，农业正成为温室气体的重要排放源之一，节能减碳空间巨大[2]。同时乡村的林地、草地、土壤、湿地等陆地生态系统蕴含着巨大碳汇潜力，碳汇交易变现经济效益将大有可为。因此，推进农业农村"双碳"行动势在必行，乡村将成为落实"双碳"目标的新阵地。

农业农村"碳达峰、碳中和"转型之路，引导农业走绿色低碳化发展道路，促进农村产业高质量发展，为农村生态宜居建设美丽乡村提供价值导向，双碳目标与乡村振兴的内涵要求高度重合[3]，在乡村振兴的进程中扮演举足轻重的角色。本文探索"碳中和乡村"的建设路径，既是深化"碳达峰、碳中和"对乡村振兴的积极赋能，更能为广大农业农村规划设计"双碳"路径提供具有较高参考价值的示范样本和因地制宜的创新模式。

---

* 作者简介：刘鹏，重庆城市科技学院副教授。

二、"碳中和乡村"发展规划

（一）发展目标：建设近零碳的"碳中和乡村"

碳中和又称零碳，是指通过节能减排、产业调整、植树造林等形式对人类活动产生的二氧化碳进行抵消，最终达到"净零排放"的目的。以此定义为基础，"碳中和乡村"是指乡村通过广泛采用低碳农业技术、清洁能源技术、降低能源消费、扩大植树造林面积等措施进行减排，使乡村当年的碳排放净增量为0，即为"碳中和乡村"。

《第七次全国人口普查数据公报》和《第三次全国农业普查主要数据公报》显示：我国乡村人口总数为5亿人；乡11081个，镇20844个，自然村317万个；2006年以后在15万个新建的农村居民定居点中，仍有45%的乡村家庭处于使用柴火、秸秆、煤炭等传统高排放燃料的阶段，冬季清洁用电取暖率不到15%，整体减排形势较为严峻[4]。与此同时，乡村蕴含丰富的可再生能源，具备广阔的零碳发展前景，以"农村包围城市"战略可以为国家双碳目标贡献中国乡村力量，助力全国实现碳中和。

（二）面临挑战

1. 高排放燃料占比过高

高排放燃料消费在农村主要生活能源消费中占比过高。在农村能源消费结构中，煤炭占比36.9%、电力占比17.4%、石油占比14.9%、薪柴占比11.7%、秸秆占比8.8%、其他能源占比10.3%，用能结构中煤炭消费占据主要地位[5]，且煤炭、薪柴、秸秆等直接燃烧占比较高，利用效率低，污染排放大，电力、天然气等高效清洁能源比重偏低。同时，受消费能力、环保意识和长期生活习惯的影响，农民对传统能源较为依赖，转变利用可再生能源的自觉性和积极性不高。

2. 清洁能源使用率低

农村已实现整体脱贫，但清洁能源发展严重滞后，太阳能等清洁能源使用率低，只有5%的乡村家庭使用了太阳能[6]。究其原因，可归结为：对可供全国复制推广的技术路线没有形成共识、可盈利的市场化推广模式缺失、村民环保意识有待加强。农村各地区资源禀赋差异较大、分布严重不均，需要找到合适的清洁能源路线，便于地区之间的相互参照，进而有利于全国复制推广。

3. 碳达峰碳中和行动落实难度大

我国在农业农村减排固碳领域开展了多年的研究，但减排效果、成本、对农业生产的作用还有待示范验证；部分技术操作烦琐，使劳动力投入和生产成本均有所增加，需要依赖国家财政补贴，限制了其应用推广[7]。同时，大部分村民对双碳认知不足，低碳科技产品解决方案烦琐且昂贵，对他们的吸引度较低，农民对碳中和的热情不高，导致碳达峰碳中和行动落实难度大，亟须进行技术创新，研发颠覆性技术，探索区域化的整体解决方案。

三、"碳中和乡村"建设路径

（一）总体思路：碳源减排，碳汇增量

1. 乡村农业减碳

农业与乡村领域蕴含着巨大的减排潜力和减排需求。在推进碳达峰碳中和过程中，形成农业发展与资源环境承载力相匹配、与生产生活条件相协调的总体布局，降低农业农村生产生活温室气体排放强度，让低碳产业成为乡村振兴新的经济增长点，促进无人机、传感器和大数据分析等农业科技化、现代化建设助力节能减排。

2. 乡村生活减碳

乡村居民衣、食、住、行等生活领域节能减碳空间巨大，降低乡村居民生活消费碳排放总量与占比是"碳中和"行动的重要一环，主要途径包括使用新能源汽车（终端消费电气化）以及低能耗智能家居产品。此外，垃圾分类，对可回收、有价值的材料进行再利用，通过循环经济从居民消费端上助力节能减排。

3. 乡村生态固碳增汇

大部分乡村生态本底较好，西南林区的草地、森林等主体固碳作用明显，西北地区的农业固碳能力有待加强。通过开发林、草、土、水等碳汇产品，产生直接经济收益，通过完善的碳汇监测体系、建立碳汇交易平台、加强碳汇技术研发，实现乡村生态碳汇能力提升[8]。

（二）建设类型

综合各省份的地理地貌、经济状况、农业发展水平等因素，将碳中和乡村分为四个类型：荒漠生态治理型、山区森林碳汇型、绿色能源发展型、现代农业减碳型。

1. 荒漠生态治理型

该类型适用于西北、华北土地盐碱化、荒漠化较为严重的乡村空间。主要措施是通过禁牧封育、植树造林等修复手段，打造荒漠绿洲，实现生态治沙、科学固碳。在该类乡村空间划出"荒漠生态治理区"和"荒漠生态光伏产业区"，以机械化自动化的植树造林模式开展荒漠植被恢复和重建，以新型荒漠生态光伏产业模式，实现政企搭台、企业受益、农民增收、生态优化，促进乡村减碳增汇。如蒙西库布齐推行碳中和乡村振兴行动，持续实施生态修复，治理沙漠6000多平方千米，创造生态财富5000多亿元，使绿化率由之前的3%上升为53%，累计创造林业碳汇量2000多万吨，每年有效减少数千万吨泥沙冲入黄河，带动周边10余万农牧民脱贫致富。同时库布齐沙漠建设光伏电站占地5万亩，110万块光伏板，总装机量为310兆瓦。2019年，库布齐光伏发电站项目发电量超5.5亿度，相当于减排二氧化碳约28.61万吨。

2. 山区森林碳汇型

该类型适用于森林面积广、森林蓄积量大的乡村空间，重点在于推进乡村森林碳汇发展，发挥森林固碳能力的生态效益与经济效益。主要集中于对林区进行分区管理，充分实现森林经济和生态功能，划定一部分林区用于森林产品、生物能源和其他生产活动，另一部分作为碳汇林加以保护，实现收益最大化。创建森林碳汇商业模式，建立农户森林经营碳汇交易提示，实现森林碳价值转换。如浙江临安市利用丰富的森林资源，率先开展了乡村森林碳汇交易工作，由林业部门牵头，建设了碳汇林业实验区，构建乡村碳汇林业管理机制，开展碳汇计量监测，形成临安农户森林经营碳汇交易体系，促进了林农增收。

南方乡村的竹林是一个巨大的碳汇资源，各级政府应实施竹林经营碳汇，参照"临安模式"提升毛竹固碳增汇效果，同时对相关人员开展关于竹林经营碳汇开发的业务培训，带动乡村广大竹农走生态化可持续化的竹林经营之路。据测算，实施6.5万亩竹林经营碳汇项目，按照目前林业碳汇交易价格，林农每年将有近100万元的生态收入，以30年为项目计入周期测算，可为林农增收约3000万元。

3. 绿色能源发展型

该类型适用于生产、生活长期能源重化工、资源依赖型的乡村空间。这种类型的乡村依托气候、区位等优势，加快向新能源、清洁能源转型，打造"新能源+储能"协同发展模式，实现绿色用电，降低用电成本，实现优势资源转化为产业带动和经济发展，促进乡村绿色低碳振兴。主要措施有：①统一规划，整乡推进光伏电站建设。采用"政府专项资金+社会资本"相结合模式，利用光热+光伏+储能技术建成村级电站，实现"自发自用""余电上网"，达到低排放、无污染的同时，增加村民集体收益。②清洁取暖建设，乡村地区构建清洁绿色的农村能源供给体系，减少散煤燃烧，改善空气质量，推动乡村能源消费革命、促进能源清洁化发展。

4. 现代农业减碳型

该类型适用于部分农业生产方式落后，农业生产效率不高，导致固碳能力下降、碳排上升的乡村空间。重要措施有：①发挥农业系统固碳减排的潜力。采用合理的农业管理措施，减少土壤侵蚀，提高农业土壤的固碳量；优化养殖结构，大力推广种养结合和生态健康养殖技术，不断改进和提升畜禽粪便等废弃物资源处理水平和还田率；合理发展农村生物质能源产业，利用秸秆、粪便、农村有机垃圾等废弃资源开发生物质能源，抵消部分农业生产能源消耗；推广清洁能源。②实现智慧农业，建设现代农业示范基地，引进国内外先进农业生产技术和经营模式，将智能温控、无土栽培、智能配肥、自动灌溉、紫外线杀菌等技术引入农业生产，优化农业产业结构，带动农业增效和农民增收。③挖掘碳汇新空间，"低碳工业"与"富碳农业"[①] 互补，在产业间构建碳循环。

（三）核心路径：推进"两减+两增+N举措"模式

1. "两减"为减少农业碳排放和减少乡村生活碳排放，从"碳源"侧减少乡村碳排放总量

（1）农业减碳：对灌溉、增氧等农业设备进行"油改电"技术改造，对柴油机等机械设备实施清洁电能替代传统高耗能油煤，减排降耗省钱省力；推行复式作业、缩减农业机械的小田地操作、使用无人机播撒、开发农业设备节能减排技术；推广测土施肥、复合农业技术、农业废弃物综合利用技术、有机农业产业、渔船节能技术等农业低碳化技术；建立施用缓释肥、节水灌溉、节肥节药技术等节能型高产种植制度；在农业管理措施方面，以秸秆还田、有机肥施用、人工种草等途径来贯彻保护性耕作生态理念。

（2）乡村生活减碳：分解为公共照明系统、水环境系统、废弃物处置系统、乡村绿化系统、住宅设计系统、住宅节能系统、交通出行系统、道路低碳化设计八个部分作为乡村生活减碳技术的规划导则。通过问卷调查、村民访谈及专家咨询，生成了生活减碳技术分析评估表，如表1所示。分析表中各技术的减排潜力、经济性、综合推荐等级可以作为各地方政府进行零碳乡村规划设计的参照，也可引导村民实行生活减排措施、建立个体"碳中和控制单元"，从点到面推广低碳绿色乡村生活。

---

① 袁东来，段崇俊. 富碳农业［J］. 中国报道，2016（8）：82-83.

表1 乡村生活减碳技术分析评估表

技术类型			技术名称	技术减排潜力	技术经济性	技术综合推荐等级
乡村生活减碳	乡村配套设施	公共照明	公共照明节能技术	▲▲▲▲	+++	★★
			智能照明系统	▲▲▲	++	★★★★
		水环境	排水系统节能技术	▲▲▲	+++	★★
			智能水环境系统	▲▲▲	+++	★★★★
		废弃物处置	垃圾分类及回收	▲▲▲▲	+++	★★★
			废弃物资源化技术	▲▲▲▲	+++	★★★
			智能废弃物管理技术	▲▲▲▲	++	★★★★
		社区绿化	乔灌草绿化模式	▲▲	++++	★★★
			立体绿化	▲▲	+++	★
	乡村住宅	住宅设计	绿色建筑设计	▲▲▲▲	+++	★★★★
			零碳建筑设计	▲▲▲▲▲	++	★★★★
		住宅节能	住宅围护结构节能技术	▲▲▲	+++	★★★
			节能家居	▲▲▲▲	+++	★★★★
			智能家居	▲▲▲▲	+++	★★★
			清洁取暖	▲▲▲▲	+++	★★★
	乡村交通	交通出行	混合动力汽车	▲▲▲	+++	★
			纯电动汽车	▲▲▲▲	++++	★★★★★
		道路低碳化设计	道路微循环设计	▲▲	+++	★
			道路新材料	▲▲	+++	★

2. "两增"即增加新能源技术、增加乡村生态碳汇，从"碳汇"侧提高乡村固碳水平的增量

（1）增加新能源技术。包括地热泵技术；渔光模式，在渔业养殖上装办光伏发电板，在光伏发电板下方进行养殖工作；屋顶分布式，地面集中式；中小型风力发电技术；生物质能利用技术：热化学转换技术、生物化学转换法；能源基础设施：智能微电网技术、新能源并网技术、储能技术[9]。值得推广的有生物质能利用技术是二代生物柴油（HVO），原料全部来自酸化油、地沟油等废弃生物质，从原料、生产到销售环节全部通过 ISCC 认证，碳减排率可达85%以上[10]。

（2）生态碳汇技术。增汇是农业助力碳中和的重点所在，不仅能为农业农村自身增汇，还能为整个社会经济碳排放的抵消作出贡献。主要技术措施有：

第一，农业固碳：改善农业管理（保护耕作、秸秆还田、草畜平衡）；发展循环农业，通过种养循环、农牧结合、农林结合等方式，既能充分利用农业资

源，又能实现区域内资源利用、价值生成和生态循环减碳；推广生物炭①；推广涂层种子②，将碳安全地储存在土壤中，促进土壤健康和作物产量提升。

第二，湿地土壤固碳：目前，我国盐沼湿地、红树林和海草床的碳埋藏量分别为 $11.6\ Tg\ C \cdot a^{-1}$、$0.06\ Tg\ C \cdot a^{-1}$ 和 $0.03\ Tg\ C \cdot a^{-1}$，约为 $0.04\ Pg\ CO_2 \cdot a^{-1}$，每年可抵消我国二氧化碳排放量的 0.4%，开发湿地碳存储技术，开展蓝碳行动③，构建盐沼、红树林、海草床固碳增汇新模式[11-14]。

第三，林草固碳：增加碳汇林，发展林下经济，退耕还林；林草复合、灌草结合、草田轮作等，增加牧草产量，提高草地生态系统固碳能力。

第四，碳汇交易平台：建立地方碳汇交易平台和全国碳汇交易平台。

第五，碳汇技术研发：启动造林碳汇开发试点，加强林业碳汇基础技术研究。

第六，碳汇监测体系：建设规范的林业碳汇计量监测体系，展开林业碳汇计量监测成果报告。

（四）实施场景："三园一地"乡村全域碳中和

构建"三园一地"的乡村全域碳中和场景，包括碳中和家园、碳中和公园、碳中和田园、碳中和林地。

1. 碳中和家园

农村家庭多为独墅或院落式居住建筑，户均居住面积大，打造个体式的碳中和控制单元有利于以点带面，推进整村整乡的碳中和建设。提倡乡宅新修及旧改时使用装配式建筑，以减少建材生产、运输、建造、拆除以及运行各阶段的碳排放量；在建筑内部安装建筑能耗监测及节能控制系统，来实现家庭水电能的实时监测和节能运行控制；倡导太阳能、储热设备等进行清洁取暖；屋顶安装分布式光伏，零距离输电和零排放发电，实现减排降碳和村民增收的双重目的；建筑玻璃选用隔热节能表现优异的 Low-E 节能玻璃；庭院内可安装光伏阳光亭，打造集发电、遮阳、休憩多功能于一体的活动空间。

2. 碳中和公园

在居住集中、人口稠密的乡村社区建设小型碳中和公园是"双碳"目标实现的创新实践。公园内可设置运动充能显示屏、光伏花园、光伏亭、光伏座椅、

① 孙红文. 生物炭修复农田有机污染与农药增效减施技术开发与示范 [D]. 南开大学, 2020.

② 张佳欣. 种子穿上新"外衣" 锁水抗旱长得好 [EB/OL]. [2021-07-12]. http://www.cos.cn/kj/202107/t20210712_4797962.shtml.

③ 向爱, 揣小伟, 李家胜. 中国沿海省份蓝碳现状与能力评估 [J]. 资源科学, 2022 (4): 1138-1154.

风光智慧灯杆、光伏停车场、智慧垃圾桶等景观小品，社区公园不仅成为村民娱乐休闲的打卡地，还是倡导低碳生活、推广低碳技术的展示平台。

3. 碳中和田园

乡村田园风光秀丽，走绿色低碳农业的共富之路是实现乡村振兴的必然选择。低碳农业是乡村推进"双碳"的重要组成部分，通过水肥药管理监测、订单农业、农业旅游、农业无人机、智慧大棚、智慧农机等技术制度创新、可再生能源利用多种手段，实现高能效、低能耗、低碳排放的农业发展方式，使低碳农业生产模式得到推广运用，全面推进传统农业经济增长方式向绿色发展转变。

4. 碳中和林地

林业碳汇是最大的碳储藏库，是最优质的碳汇类型，具有多维价值。弃土变林、栽植减碳林、增加碳汇林，开通森林碳汇交易渠道，建立林业碳汇数字平台，推广林业碳票模式，森林资源丰富的乡村地区发展"绿色经济"将大有可为。同时，积极开发森林旅游、林下经济、森林康养等森林产业多元综合体，让绿水青山变成真正的金山银山。

四、展望

绿色发展是我国建设生态文明的必由之路，乡村振兴更是实现中华民族伟大复兴的重要任务。乡村从粗放高耗到循环低碳的转变，不仅需要农业生态技术、乡村规划设计、乡民低碳意识等多手段集成，更需要顶层政策、统筹资金、产业融合的共生耦合。

1. 政策支持

加强顶层设计，密切部门协作，规避"政出多门"，实现优势互补。创新政策体系，突出绿色、低碳的"政策系统集成"，形成政策合力。发挥地方政府在碳乡融合政策执行中的主动性，实现上下联动。强化政策保障，建立科学有效的碳中和乡村政策评估体系，推动高效实施。

2. 加强管理

形成集金融、监测、推广等于一体的碳中和乡村组织体系；形成成熟可复制推广的乡村减碳增汇技术路线，如集新能源建设、气候性智慧农业、生态碳汇开发等于一体的综合技术网络及产品生产管理标准；提高运营管理水平，形成可盈利的市场化碳中和乡村推广模式，打造示范基地，开展乡村产业品牌规划与升级。

3. 统筹资金

成立国家或地方政府设立的绿色银行和绿色基金等投资机构撬动社会资本；政府投入相对较少的财政资金，通过贴息和担保的方式为社会资本投资提供激励机制，放大财政资金杠杆，利用"财政资金+激励机制"撬动社会资本投资，通过多种财政工具助力和政策协同，引导撬动更多社会资本、金融资源共同服务"双碳"目标。

4. 产业融合

在能源供给侧引导太阳能、风能、生物质能等绿色能源产业优化布局和技术创新；在能源需求侧打造乡村"碳中和+农业"的智慧农业、"碳中和+轻工业"的低碳加工业、"碳中和+服务业"的零碳文旅业，形成相互补充、相互促进的多产业融合发展。

道阻且长，行则将至，绿水青山的美好愿景激励我们追梦前行。"碳达峰、碳中和"绘就了乡村发展的新蓝图，带来了乡村发展的新力量。碳中和目标非常明晰，前方依然任重道远，农业农村坚持低碳化、绿色化的发展转型，化挑战为机遇，不断创新突破，必将在碳中和驱动的农业新时代中占据先机，蓬勃发展。

参考文献

［1］Liu et al. . Challenges and opportunities for carbon neutrality in China ［J］. Nature Reviews Earth & Environment，2022（3）：141-155.

［2］段晓男，王效科，逯非，欧阳志云 . 中国湿地生态系统固碳现状和潜力［J］. 生态学报，2008（2）：463-469.

［3］樊杰，王红兵，周道静，马宁，刘宝印 . 优化生态建设布局提升固碳能力的政策途径［J］. 中国科学院院刊，2022，37（4）：459-468.

［4］李言顺 . 长江经济带能源效率区域差异及影响因素研究［D］. 上海社会科学院，2016.

［5］牛震 . 全国人大代表、中国农业科学院农业环境与可持续发展研究所所长赵立欣：农业农村如何实现"碳达峰""碳中和"？［J］. 农村工作通讯，2021（6）：32-33.

［6］农业农村部 . 农业农村减排固碳十大技术模式发布［A/OL］. ［2021-11-22］. http：//www. reea. agri. cn/stkzszy/202111/t20211122_7782554. htm.

［7］申丽娟，黄清华 . "双碳"目标与乡村振兴的双赢之路［J］. 生态文明世界，2021（4）：34-41+9.

［8］田钊炜，达伟民，王雷，杨宇森，卫敏 . 第二代生物柴油制备的多相催化剂的结构设计及研究进展［J］. 化学学报，2022，80（9）：1322-1337.

［9］吴一帆，许杨，唐洋博，贾宁，李玮，李翀，殷国栋．长江经济带二氧化碳净排放时空演变特征及脱钩效应［J/OL］．［2022-03-17］．https：//www. hjkx. ac. cn/ch/reader/vieov_abstract. aspx？file_no＝20230305&flag＝1.

［10］新华社．习近平在第七十五届联合国大会一般性辩论上发表重要讲话［EB/OL］．［2020-11-07］．http：//www. xinhuanet. com/2020-09/22/c_1126527652. htm.

［11］徐明伟，王珊珊，韩宇，曹公平，黄惠明．杭州湾南岸滩涂湿地多年蓝碳分析及情景预测［J］．中国环境科学，2022（9）：4380-4388.

［12］许向南，葛继稳，冯亮，杨诗雨，王璐雯．神农架大九湖泥炭地碳储量估算及固碳能力研究［J］．安全与环境工程，2022，29（1）：242-248.

［13］姚延婷，陈万明．农业温室气体排放现状及低碳农业发展模式研究［J］．科技进步与对策，2010，27（22）：48-51.

［14］张广辉．碳达峰、碳中和赋能乡村振兴：内在机理与实现路径［J］．贵州社会科学，2022，393（9）：122-130.

乡村振兴战略背景下法治乡村建设的方向与路径[*]

党的十九大明确提出实施乡村振兴战略和全面依法治国的目标任务。乡村振兴是乡村的全面发展，需要充分发挥法治的统筹推进作用。2018 年，《中共中央 国务院关于实施乡村振兴战略的意见》中首次提出推进法治乡村建设。同年，《乡村振兴战略规划（2018－2022 年）》进一步明确加强乡村治理应以法治为本。2021 年 6 月 1 日，《中华人民共和国乡村振兴促进法》正式施行。这是我国第一部直接以"乡村振兴"命名的法律，是乡村振兴战略与法治乡村建设的有力结合，具有里程碑式的重要意义。

一、法治乡村建设：乡村振兴的必由之路

法治乡村建设是根据 2018 年中央一号文件《中共中央 国务院关于实施乡村振兴战略的意见》正式提出的。2020 年 3 月，中央全面依法治国委员会印发《关于加强法治乡村建设的意见》，明确到 2035 年要基本建成法治乡村的具体目标。2022 年中央一号文件《中共中央 国务院关于做好 2022 年全面推进乡村振兴重点工作的意见》要求进一步推进更高水平的平安法治乡村建设。"法治乡村建设"的提出，意味着依法治国建设的重点和难点转向了农村。积极推进法治乡村建设是乡村振兴的必由之路，是对全面依法治国战略的积极回应，也是提升乡村治理水平的全新方向。

（一）法治乡村建设是实施乡村振兴战略的必然要求

法治乡村是实现乡村振兴战略的稳定基础与可靠保障，也是其前提条件和内

---

* 作者简介：杨振华，中山市司法局讲师。

在要求。乡村振兴战略的实施必须于法有据、以法护航，建立健全的制度与规则，在法治整体框架内运行，才能保证不偏航、不出轨。法治乡村建设既是乡村振兴不可分割的组成部分，又能为乡村振兴提供强有力的保障。如何在大力推进法治乡村建设的过程中，聚焦乡村振兴的内在需求，满足群众安全感的现实需求，是我国在社会主义新时代实现全面依法治国面临的新任务和新课题。

（二）法治乡村建设是对全面依法治国战略的积极回应

建设法治乡村正是全面贯彻依法治国理念的体现，更是依法治国在乡村建设中的重要举措。全面推进依法治国，基础在基层，重点在基层。乡村作为国家治理的基础和中国法治化进程中的前沿，是密切联系广大农民、沟通服务广大农民的"最后一公里"，是我国法治社会建设的关键环节。法治乡村建设一方面有利于推动农村规范化管理，并为"三农"问题的解决奠定坚实的制度基础；另一方面能够促进我国农村的健康发展，缓解城乡二元经济结构矛盾，是对全面依法治国战略的积极回应。

（三）法治乡村建设是提升乡村治理水平的全新方向

在乡村振兴时期，面对乡村社会利益矛盾的冲突，法治无疑是最好的解决方法，具有"压舱石""定盘星"的作用。党的十九大把健全自治、法治、德治相结合的乡村治理体系作为乡村振兴的重要内容，为法治乡村建设提供了基本遵循，指明了正确方向。实现法治乡村建设有助于形成明确而可操作的法律条文，弥补乡村民约与德治的不足，以"硬治理"带动现代化外部规则体系的形成，促成乡村治理善治目标的实现，为国家治理体系和治理能力现代化奠定坚实基础。

二、内涵：法治乡村建设的政策沿袭与具体内容

从普遍意义上说，法治乡村是乡村治理现代化追求的良性状态，指通过制度安排和规则程序制定，凭借一套具有普遍性、可预见性、高认可度等理性化标准的正式规则来规范乡村治理。可以从政策沿袭与具体内容两个方面来界定法治乡村的具体内涵。

（一）法治乡村建设的政策沿袭

综观我国关于乡村振兴和法治乡村的政策可以看出（见表1），二者从提出

之初就紧密联系在一起。党的十九大报告首次提出乡村振兴战略的同时，就强调建立自治、法治、德治相结合的乡村治理体系；随后的《中共中央　国务院关于实施乡村振兴战略的意见》则明确提出要建设法治乡村；直至《关于加强法治乡村建设的意见》直接提出要把法治乡村建设作为全面依法治国和实施乡村振兴战略的基础工作来抓。

表1　乡村振兴与法治乡村建设的相关政策

文件名称	颁布时间	颁布机关	内容
《决胜全面建成小康社会　夺取新时代中国特色社会主义伟大胜利》	2017年10月18日	中国共产党中央委员会	实施乡村振兴战略。加强农村基层基础工作，健全自治、法治、德治相结合的乡村治理体系
《中共中央　国务院关于实施乡村振兴战略的意见》	2018年1月2日	中共中央、国务院	建设法治乡村。坚持法治为本，树立依法治理理念，强化法律在维护农民权益、规范市场运行、农业支持保护、生态环境治理、化解农村社会矛盾等方面的权威地位。增强基层干部法治观念、法治为民意识，将政府涉农各项工作纳入法治化轨道。深入推进综合行政执法改革向基层延伸，创新监管方式，推动执法队伍整合、执法力量下沉，提高执法能力和水平。建立健全乡村调解、县市仲裁、司法保障的农村土地承包经营纠纷调处机制。加大农村普法力度，提高农民法治素养，引导广大农民增强尊法学法守法用法意识。健全农村公共法律服务体系，加强对农民的法律援助和司法救助
《关于加强和改进乡村治理的指导意见》	2019年6月23日	中共中央办公厅、国务院办公厅	推进法治乡村建设。规范农村基层行政执法程序，加强乡镇行政执法人员业务培训，严格按照法定职责和权限执法，将政府涉农事项纳入法治化轨道。大力开展"民主法治示范村"创建，深入开展"法律进乡村"活动，实施农村"法律明白人"培养工程，培育一批以村干部、人民调解员为重点的"法治带头人"。深入开展农村法治宣传教育

续表

文件名称	颁布时间	颁布机关	内容
《关于加强法治乡村建设的意见》	2020年3月25日	中央全面依法治国委员会	努力实现涉农法律制度更加完善，乡村公共法律服务体系更加完善，基层执法质量明显提高，干部群众尊法学法守法用法的自觉性明显提高，乡村治理法治化水平明显提高。到2035年，乡村法治可信赖、权利有保障、义务必履行、道德得遵守，乡风文明达到新高度，乡村社会和谐稳定开创新局面，乡村治理体系和治理能力基本实现现代化，法治乡村基本建成
《法治社会建设实施纲要（2020—2025年）》	2020年12月7日	中共中央	开展法治乡村创建活动。加强基层群众性自治组织规范化建设，修改城市居民委员会组织法和村民委员会组织法
《中华人民共和国乡村振兴促进法》	2021年4月29日	全国人民代表大会常委会	鼓励乡镇人民政府根据需要设立法律顾问和公职律师，鼓励有条件的地方在村民委员会建立公共法律服务工作室，深入开展法治宣传教育和人民调解工作，健全乡村矛盾纠纷调处化解机制，推进法治乡村建设
《农业农村系统法治宣传教育第八个五年规划（2021—2025年）》	2021年8月18日	农业农村部	以构建农业农村普法工作长效机制为重点，着力推动法治理念、法治方法、法治服务进村入户，提升干部群众办事依法、遇事找法、解决问题用法、化解矛盾靠法的能力，建设更加和谐民主的法治乡村，增强农民群众获得感、幸福感、安全感，为全面推进乡村振兴、加快农业农村现代化提供法治保障。围绕法治乡村建设，着力做好行政复议、行政诉讼、调解仲裁、信访等方面的法律法规宣传，引导农民群众依法表达诉求、维护权益和化解纠纷，有效调动农民群众参与乡村治理的主动性和创造性
《乡村"法律明白人"培养工作规范（试行）》	2021年11月8日	中央宣传部、司法部、民政部	为规范推进乡村"法律明白人"培养工程，着力培养一支群众身边的普法依法治理工作队伍，为实施乡村振兴战略、推进法治乡村建设提供基层法治人才保障，制定本规范引导"法律明白人"在法治乡村建设中更好发挥作用，依法有序参与村级事务管理

续表

文件名称	颁布时间	颁布机关	内容
《"十四五"推进农业农村现代化规划》	2021年11月12日	国务院	建设法治乡村，创建民主法治示范村，培育农村学法用法示范户
《中共中央 国务院关于做好二〇二二年全面推进乡村振兴重点工作的意见》	2022年1月4日	中共中央、国务院	推进更高水平的平安法治乡村建设
《乡村建设行动实施方案》	2022年5月23日	中共中央办公厅、国务院办公厅	推进更高水平的平安法治乡村建设。创建一批"枫桥式公安派出所""枫桥式人民法庭"。常态化开展扫黑除恶斗争，持续打击"村霸"。防范黑恶势力、家族宗族势力等对农村基层政权的侵蚀和影响。依法严厉打击农村黄赌毒和侵害农村妇女儿童人身权利的违法犯罪行为。加强农村法治宣传教育。加强基层社会心理服务和危机干预，构建一站式多元化矛盾纠纷化解机制。加强农村宗教工作力量。统筹推进应急管理与乡村治理资源整合，加快推进农村应急广播主动发布终端建设，指导做好人员紧急转移避险工作。开展农村交通、消防、安全生产、自然灾害、食品药品安全等领域风险隐患排查和专项治理，依法严厉打击农村制售假冒伪劣农资、非法集资、电信诈骗等违法犯罪行为。加强农业综合行政执法能力建设。落实基层医疗卫生机构疾病预防控制责任。健全农村新冠肺炎疫情常态化防控工作体系，严格落实联防联控、群防群控措施

（二）法治乡村建设的具体内容

根据《关于加强法治乡村建设的意见》，法治乡村建设主要有以下标准：村级组织健全完善、基层民主规范有序、法治建设扎实推进、经济社会和谐发展、组织保障坚强有力。经过文献梳理可以发现，从宏观层面来看，法治乡村建设应在乡村地区制定一套现代法律规则，出台乡村基层权力清单并将各项事务的办理步骤公开化、制度化，明确各类乡村组织的权责范围、运作流程和监督关系，对各种行动主体形成全新的约束。从中观层面的治理目标来看，法治乡村要求以依法自治为切入点，建立完善的村民自治制度机制，全面加强乡村基层组织建设，逐步健全各乡村村民会议、村民代表会议、村民监督委员会等工作机制，并成立村务监督委员会。从微观层面的主体需求来看，应大力培育农民的法治意识，加强法治乡村建设宣传教育，传递法律知识，营造法治氛围。还应构建一体化与多元化的纠纷化解体系，以化解当前乡村治理中的突出矛盾为出发点和落脚点，形成从前端法治教育到中端依法治理再到末端纠纷化解的整体化运行闭环式的法治乡村治理模式。具体包含法治化的党支部领导村民自治制度机制、法治化的村级组织建设制度、对乡村事务的全面规范与监督机制、农村法治宣传教育机制、乡村多元纠纷化解机制等，最终形成统一的乡村治理法治化体系。

三、实证：法治乡村建设的现状及问题

在历年的中央一号文件的指导下，法治乡村建设逐步推进，各地均非常重视乡村振兴与法治乡村建设工作。但目前来看，部分村民的法律意识较为薄弱，乡村自治组织的治理能力不足，宏观法律制度的供给不足，法治权威性没有完全树立，法治乡村建设仍然任重而道远。

（一）法治乡村建设的现状——以古一村为例

本文使用综合实证研究、定性研究、多学科交叉分析以及归纳总结为一体的综合研究方法，以广东省中山市古镇北部的古一村作为调研对象，通过驻村调查一个月，深入了解了该村的治理机制，利用因子分析的方法，了解目前基层法治乡村建设的基本情况。

1. 调研对象的基本情况

古一村是中国东南地区极具代表性的村庄，经济发展水平高，宗族力量大，村民集体行动能力强，自治化水平较高。获得"广东省五个好农村基层示范村""广东省卫生村""广东省固本强基示范点"等一系列荣誉称号。短板是高度的自治化和强大的宗族力量影响较大，必须通过法律和道德加以规制；尤其要强调外部规则的法治化，对村庄的治理行为和治理主体进行法律上的约束和规范。

2. 村内治理现状分析

对古一村村干部的威望调查结果显示，该村村干部的威望较好，所以村民在重大事项的决策方面，对村干部意见的采纳程度较高，对村干部威望的调查结果如表2所示。

表2　对村干部威望的调查结果

村里重大事项，谁的意见最为重要	治理主体	样本数量（人）	百分比（%）
	村干部	105	61.40
	村内其他威望较高的人	14	8.19
	乡村精英	18	10.53
	普通村民	34	19.88
	不知道	0	0.00
	合计	171	100.00

从表2可以看到，多数村民对村干部的态度是信赖的。同时，通过与受访者的代表沟通还得知，村干部之所以可以取得如此高的威信，主要得益于宗族力量支持以及切实做到了一心一意为人民谋福利；同时，也应注意到，真正实现基层民主，还需要较长的推进进程。

对村内其他自治组织存在情况的调查结果如图1所示。可以发现，认为古一村村内组织较少的受访人员共94人，占比达到了54.97%；认为村内根本没有其他自治组织的村民有46人，占比为26.9%；选择了不知道村内是否有其他自治组织的村民有22人，占比12.87%；而选择了村内的其他自治组织较多的仅有9人，占比仅为5.26%。这反映的是，该村较为缺乏村委以外的其他自治组织，或是发展程度较低，难以达到村民们的满意度。

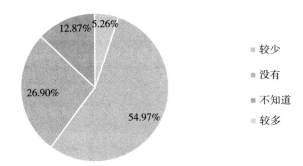

较少
没有
不知道
较多

图1　村内其他自治组织存在情况的调查结果

根据对171份有效问卷的整理得出的村俗民约规范村民行为的作用效果如图2所示。从图中可以发现，有90.06%的村民认为村俗民约使村庄的秩序、环境以及村民品行得到了好转，仅有9.94%的人否认村俗民约的规范作用。可见，村民对制度的实施效果较为满意。

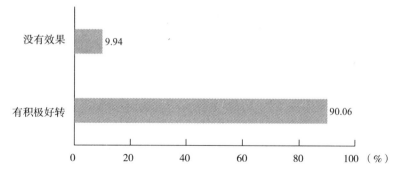

图2　村俗民约规范村民行为的作用效果

对村内基层民主建设成果的评价调查结果如图3所示。从图中可以发现，认为当前村级事务的决策体系较为规范的村民数量大于认为不规范的数量；认为村级事务公开较为及时的占比大于认为不及时的占比；认为村干部法治能力可以较好适应新时代要求的人数大于认为不适应的人数。这表示村民对本村的治理状态较为满意，村内事务没有明显的争端。

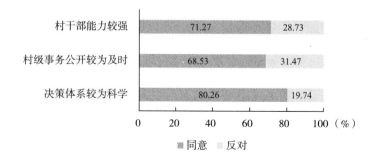

图3　村内基层民主建设成果的评价调查结果

虽然对古一村的前期调查得到的答案多是肯定的，但后期的调查也发现该村仍然存在村民自治参与程度较低、政策实施效果不理想、程序规定不规范、对村民的管制条款较少等问题，对村内基层自治实践中存在问题进行调查，结果如图4所示。本题目为多项选择题，采取的分析方式为交叉分析，故存在答案样本数大于171的情况。

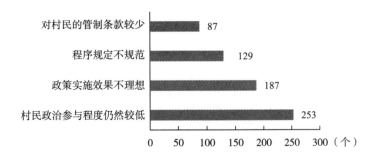

图 4　村内基层自治实践中存在问题调查结果

（二）法治乡村建设存在的问题

虽然中山市已经在法治乡村建设方面取得了一定的阶段性成绩，但仍存在一定的提升优化的空间。通过对古一村的驻村调查，可以从其村内治理的过程中发现通存于中国广大乡村的治理顽疾。

从宏观层面来说，法律制度的供给不足，法治权威性没有完全树立，法治乡村治理体系并未形成。其一，现有的法律法规和制度的更新仍然滞后于乡村经济社会发展的现实要求，管理性法律较多而授权性法律较少，相关法律条文的细化程度还不够，实施机制不完善，程序保障不充分，缺乏针对性立法与程序性法律安排。其二，治理机制不健全，导致乡村治理偏离法治化发展的轨道。且宗族势力等村内派别力量在农村普遍存在，法治方式在乡村治理中并没有占据主导地位。其三，农村法律服务供给相对于需求而言明显不足，法律服务主体单一，服务多样化不足。

从中观层面来说，乡村自治组织的治理能力不足，法治治理队伍建设落后，法治乡村的治理机制尚未到位。首先，治理能力不足是法治乡村建设不到位的直接原因。其次，法治治理队伍建设落后是法治乡村建设的又一短板。最后，人才与能力的不足导致法治化的治理机制尚未形成，直接影响法治乡村建设的进程。

从微观层面来说，部分村民的法律意识较为薄弱，自治主动性不高，法治乡村建设的基础不牢固。多数村民并未充分发挥积极性、主动性和创造性。一是村民在长期封闭的生活中，对于法律知之甚少，缺乏利用法律解决问题的意识和能力，法治意识薄弱。二是乡村民众参与治理的积极性不高、参与度不足，加之乡村青壮年劳动力和乡村精英等契合法治乡村建设需要的本土人才大量流失，进而加剧乡村治理"空心化"。

四、探索：法治乡村建设的发展方向与具体路径

随着乡村振兴战略对农村社会转型更加强劲的推动作用，法治乡村建设已经成为乡村基层治理变革的新方向，其实质是一个在法治框架下的多元化治理模式，其核心在于法治，根本在于民主。法治乡村建设不是一蹴而就的，而是一项系统工程，需要从微观、中观、宏观层面共同发力。

（一）法治乡村建设的发展方向

对于新时代的法治乡村建设而言，应当在全面依法治国的政治框架内开展，以党的领导为核心，遵循循序渐进的原则，不断落实乡规民约与法律法规的有效衔接，构建共建共治共享乡村治理新格局。

1. 应当基于全面依法治国的政治框架

乡村治理中各主体的权利该如何配置和优化，需要科学民主的立法予以安排，需要严格透明的执法予以实现，需要公平正义的司法予以保障，让所有主体遵守法律、信仰法治。在立法过程中，应科学规划、民主参与；在执法过程中，应树立服务意识和责任意识，程序应健全，拓宽申诉和救济渠道，执法范围应清晰；司法方面应正视乡村现实，采用争端解决多元方式；在守法方面，应基于"推进覆盖城乡居民的公共法律服务体系建设"的框架，为农村居民提供普惠性、公益性、可选择、高质量的公共法律服务。

2. 应当以党的领导为核心

只有坚持党的领导，积极发挥基层党组织在法治乡村建设中的作用，才能进一步夯实中国共产党的群众基础，使基层党组织深嵌在村民中，从而积极发挥模范带头作用。一要强化村党支部作用，加强基层党组织建设，切实充分发挥履职和监督职能。二要在村党组织领导下，通过沟通协商明确村民的共同需求、健全村务公开制度以及建立完善的商谈平台，切实发挥在法治乡村治理中应有的积极作用。三要建立并完善党组织领导下的监督制度以监督村民的自治的权力运作，完善村务监督机构的工作机制。四要充分发挥农村基层党组织道德引领的核心作用，培育发展社会主义核心价值观。

3. 应当遵循整体性、协调性和渐进性原则

法治乡村推进过程应当与乡村的政治、经济、文化、社会、生态等外部环境保持动态的一致，不能滞后也不能超前；应注意到乡村与国家整体、乡村与城市

的差异，并给予回应。乡村治理的法律体系应是统一的，法律制度应是有序的，立法、执法、司法、守法应是协调的，法治要素之间应是相互促进的，让法律秩序、村规民约和乡村道德互为经纬，法治、自治和德治协同发力，建设一个利益有保障、纠纷能化解、矛盾能消融的乡村秩序，才能为乡村振兴战略提供安定有序的社会软环境。

4. 应当不断落实乡规民约与法律法规的有效衔接

在乡村治理和乡村振兴中，需要进一步提升乡规民约的法治地位和运用价值。乡规民约是创新乡村治理的有效载体，涉及的范围和内容十分广泛。完善乡规民约的制定与实施有利于提高村民的自治能力与水平、完善法治建设，要和法律法规、国家政策在相关的事务规定上保持协调一致和有效衔接，实现良性互动。此外，还要注意以德治为内在支撑，让道德规范的内在作用逐步融入乡规民约，真正做到让乡规民约内化于心、外化于行，才能共同推动法治乡村建设。

（二）法治乡村建设的具体路径

1. 宏观上国家顶层设计加强法律制度供给

加强法治乡村建设，前提是为乡村基层治理塑造一个合理的制度框架。应坚持立法先行，构建层次分明、结构有序、协调补充的乡村法律制度规范体系。其具体着力点有：一是增强乡村治理相关法律法规的针对性，加强乡村治理的民主选举、行政管理、社会保障等重点领域立法，制定《村民委员会组织法》的实施细则。二是增强乡村治理相关法律法规的现实可操作性与可实施性。扎根农村的历史土壤，以现行的乡村治理基本法律条文为基础，进一步完善具体的实施细则和配套措施；同时通过强化基层依法行政、公正司法与法律检查监督以保证法律有效实施，增强乡村治理法律法规的可操作性与可实施性。三是以农民的主体地位和权利保障作为其立法的价值取向，全面保障农民群众的知情权和参与权，赋予农民表达意见和观点的渠道，以保障广大农民的利益为出发点，推进法治乡村建设。四是以健全法治体系为落脚点，不断完善健全相关法治体系，在广大农村形成良好的法律风气。五是融合现代法治思想精神，重构乡规民约。乡规民约是村民千百年来一直遵循的逻辑和行为准则，是乡土法治秩序形塑中不能避免的客观存在，重构乡土规范是推进法治农村建设的必要路径。

2. 中观上基层自治组织加强法治机制构建

在法治乡村建设中，法治化的自治机制是村民获得村民自治、依法行使自治权利的根本保障。一是规范村民自治组织的主体行为，依法建立村民有序参与的各项规章和制度，让村民在选举、决策、管理、协商、监督等各个环节有效行使自治权，从而切实将村民的民主权利真正落实到位。二是构建透明的村民自治运行机制，打造完善的监督制约体系。在《中华人民共和国宪法》等法律的框架内建章立制，借助法治统筹、平衡、调节村民间的利益。三是建立法治乡村权责清单。明确村级事务的具体内容，进一步确认村民自治中的权力与权利关系，强化法律在解决村民纠纷中的作用。四是推动乡村公共法律服务的发展。要推动法治资源向基层倾斜，根据基层公民的法律需求设立基层司法所、公安派出所、人民法庭等，实现"一村一法律顾问"全覆盖。五是打造法治化的基层干部队伍，强化法治乡村建设的人才保障。作为国家政策方针的落实者和国家法律法规制度的践行者，基层干部的法治素养是法治乡村建设能否实现的关键。六是以"互联网+"大力优化法治乡村建设模式。依托互联网技术建立法律服务平台，从源头上推进数字法治建设，围绕群众需求，提供精准化、精细化的公共法律服务，为法治乡村建设提供信息化、智能化支撑。

3. 微观上增强村民法治意识和法治信仰

唤醒农民对法治的美好向往，才能为法治乡村建设构建坚实的基础。只有不断增强村民法治理念，通过法治宣传教育，树立村民法治精神，才能让村民尊法学法守法用法的思想意识成为一种行为自觉，真正引导广大村民依法行使自治权利、表达利益诉求、解决矛盾纠纷的行为习惯。首先，要加强普法教育，以农民权利及其实现途径为主要内容，激发村民权利意识。可以借助国家"八五"普法规划契机，通过"以案说法""以案释法"的方式，提高村民的法律素养。其次，要创新法治教育方式，除沿承优秀传统外，还需因地制宜，推进乡村法治文化阵地建设，创新现代化宣教途径。除此之外，针对新时代农村空巢越发严重的现象，应以儿童为主要受众，以基层学校为载体，培养青少年法治意识；再借助晚辈向长辈反哺的教育传输模式，将法治观念、权利意识传递给村民，以提高村民整体法治意识。最后，村民法治教育仍要坚持以德治村，重视道德建设的重要性，全面发挥道德模范带头作用，为法治乡村建设指明正确的前行方向。

参考文献

［1］徐朝卫 . "三治"融合实现乡村善治［J］. 人民论坛，2019（16）：70-71.

［2］邓超 . 实践逻辑与功能定位：乡村治理体系中的自治、法治、德治［J］. 党政研究，2018（3）：89-95.

［3］张帅梁 . 乡村振兴战略中的法治乡村建设［J］. 毛泽东邓小平理论研究，2018（5）：37-43.

［4］王文彬 . 自觉、规则与文化：构建"三治融合"的乡村治理体系［J］. 社会主义研究，2019（1）：118-125.

［5］吴理财，杨刚，徐琴. 新时代乡村治理体系重构：自治、法治、德治的统一［J］. 云南行政学院学报，2018（4）：6-14.

［6］陈柏峰. 促进乡村振兴的基层法治框架和维度［J］. 法律科学（西北政法大学学报），2022，40（1）：3-17.

［7］王东. 法治乡村建设推进乡村振兴的价值耦合、行动构设与路径选择［J］. 西北农林科技大学学报（社会科学版），2020，20（5）：93-101.

［8］朱旭峰，武萍. 城乡互动格局下乡村振兴的法治保障［J］. 农业经济，2020（2）：26-28.

［9］宋才发，刘伟. 发挥乡规民约在乡村治理中的法治作用［J］. 河北法学，2020，38（6）：2-12.

［10］魏竞超. "一村一法律顾问"制度下法治乡村建设新路径探索［J］. 农业经济，2021（8）：32-33.

［11］余静. 互联网+视域下法治乡村建设的机遇、挑战及实现路径［J］. 农业经济，2021（3）：31-33.

［12］王东，王木森. 平衡充分法治与四位一体建设：法治乡村构建的逻辑与进路［J］. 江汉论坛，2020（9）：122-126.

［13］江必新，过安衡. 法治乡村建设论纲［J］. 杭州师范大学学报（社会科学版），2022，44（3）：1-10+32.

农产品主产区县域城镇化的
动力机制与推进建议[*]

县城是我国城镇体系的重要组成部分，是城乡融合发展的关键支撑。2022年5月，《关于推进以县城为重要载体的城镇化建设的意见》（以下简称《意见》）出台，为我国县域城镇化做出了重要指导。我国县域城镇化的类型多种多样，东部地区和中西部地区存在明显的差别。农产品主产区的县域城镇化更是有其自身特点。《意见》指出，要科学把握功能定位，分类引导县城发展方向，其中对包括农产品主产区县在内的五种县域类型做了分类指导。随着脱贫攻坚的完成与乡村振兴战略的深入推进，农产品主产区经济社会快速发展、农民的生产生活条件和以前相比上了一个大台阶。和以前的农民工进城打工不同，当前阶段农民进县城的目的和动力发生了很大的变化。

一、农产品主产区县域城镇化的动力机制

从当前农产品主产区农民进城的特点来看，农产品主产区县域城镇化主要影响因素有基础教育、就业、市民化生活方式等方面，而这也是其城镇化的动力来源。

（一）基础教育：最大诱因

从目前农民进城的动力来源来看，子女教育是最大的动力来源。这也是农产品主产区县域城镇化与其他类型县域城镇化的最大区别。东部沿海地区较发达县的县域城镇化，产业比较兴旺，由于能提供大量的工作岗位，能吸引大量的外来劳动力。而农产品主产区的县城吸引的基本上都是本地追求县城优质教育资源的

---

* 作者介绍：安晓明，河南省社会科学院副研究员。

农村人口。更好的教育机会在家庭决策情境下甚至超过了就业动机，成为推动城镇化的重要动力，而这恰恰是过去城镇化研究忽视的方面。

（二）成年人就业：家庭保障

有就业才有收入。进城农民的收入基本上是灵活就业所得，对于家庭有一定的保障。但是灵活就业所带来的收入存在不确定性，因此对于进城农民来说，缺乏稳定感和对县城的归属感。就业是一个家庭在县城赖以生产的保障，目前来看，农产品主产区县城的就业动力还比较弱。主要原因在于农产品主产区县域的二三产业不太发达，吸纳就业能力比较弱。这是接下来农产品主产区县域城镇化需要关注的方面。

（三）市民化生活方式：身份认同

只有当进城农民适应了县城的市民化生活方式，感觉县城生活更便利更舒适才可能留在县城。因此，常住型人群及未来投资型人群如果对市民化生活方式产生了身份认同，也就成为县域城镇化的最终留量了。而常住型人群和未来投资型人群的下一代从小生长在县城，形成市民化生活方式，对于农村的感情和依赖没那么深，更容易接受市民身份留在县城。

（四）动力机制

子女的基础教育是农民进城的最大诱因，成年人稳定就业是进城农民家庭的生活保障，适应市民化的生活方式是进城农民对市民身份的逐渐认同。单纯为了子女教育，带来的大多是县域城镇化的流量。如果这部分流量在收入方面较低，很可能在孩子完成几年的基础教育后返乡；如果这部分流量在就业方面有所改善（收入能满足家庭在县城所需并有所盈余），则可能变成常住型人群，成为县域城镇化的中间留量。而中间留量如果适应了市民化生活方式，对于市民身份有了认同感，更容易接受县城生活，则有可能最终留在县城，成为市民，也就是县域城镇化的最终留量。但是，也有农民可能更喜欢老家的生活方式，就会选择返乡。可以看出，基础教育、成年人稳定就业、市民化的生活方式是县域城镇化的三大动力源泉，只有当三者都具有较强的吸引力时，才可能让进城农民最终自主选择成为市民，否则仅是县域城镇化的流量和中间留量，进城农民最终会返乡。即使在县城买了房、落了户，从实质意义上来说，还是属于农民。因此农产品主产区的这种自发城镇化进程是比较缓慢的。

从农产品主产区县域城镇化目前的情况来看，基础教育这一动力比较强劲，就业动力次之，市民化生活最弱。当然这是符合目前的发展规律的，也正是基于此，需要从这三个方面补短板、锻长板，积极推动农民的自发城镇化进程。

二、推进农产品主产区县域城镇化 须关注的几个问题

从进城农民的视角考虑，推动农产品主产区的县域城镇化，要充分保障其自由选择的权利，警惕县域城镇化的认识误区。

（一）要注意合理发展，警惕城镇化的虚假繁荣

农产品主产区的县域城镇化要注意合理发展。在《意见》中，对于大城市周边县城和专业功能县城的要求分别是"加快发展"和"积极培育"，而对于农产品主产区县城的要求是"合理发展"。可以看出，农产品主产区县城由于其特殊性，并非一定要快速城镇化。合理发展农产品主产区县城，是符合农产品主产区县城的特点和城镇化发展规律的，也能最大限度地保护进城农民的利益。要弄清楚县域城镇化的最终目的是让城市和乡村实现共同富裕，不能为了城镇化而城镇化。宁可城镇化的速度慢点，也要保证城镇化的质量。

"三农"问题专家温铁军曾指出，将优质教育资源强行集中到城市、县级城镇或中心城镇，然后规定如果不在当地买房就不能进入这个学区，农民为了让自己的孩子得到良好教育将来好就业，不得不进城买房迁户口，这是人为地把农村人口迁移到城镇，并不是一个正常的自然的过程，而是为了帮着消化房地产过剩的泡沫。这种方式的城镇化带来的是县城短暂的、虚假的繁荣，虽然短时间内加快了城镇化的速度，但是影响了城镇化的质量，存在很大的隐患。部分县城在建设过程中，往往通过聚集教育、医疗等资源，在缺乏产业支撑的基础上，吸引农民到县城买房定居。而由于县政府的财政能力有限，在建设县城的过程中大量融资，导致公共服务难以持续。农民出于让子女接受教育等目的亦不得不透支进城。当教育城镇化成为超出部分家庭能力范围的被迫选择时，带来的是进城农民家庭不堪重负，农民进城的速度与其家庭发展阶段和能力不相匹配，也无法转化为县域城镇化质量。城镇化看似得到推进，但农民没有提高生活质量，县城也没有实现高质量发展。因此，要警惕城镇化的虚假繁荣，不要通过买房、落户等手段逼着农民被动参与城镇化，给农民增加沉重的负担。

（二）要赋予农民自主权，警惕强行干预农民的自主选择

与其他发展中国家不同，我国农民虽然表面上也处于现代社会的边缘地位，

实际上却不仅是我国现代化的建设者,而且作为能动的主体自主掌控着城镇化的节奏。农民返乡和留城都是基于对家庭生计、子女教育、代际分工、家庭伦理等综合策略的自主选择。无论是返乡还是留城,最终选择都是基于家庭现状和未来谋划的最优选择。因此,要充分尊重并赋予农民自主选择权,不要强行干预其选择。不一定要求进城农民留在县城,满足城镇化率的指标。强行干预的结果很可能是农民无奈留在县城,拿着不高的收入,承受较高的城市生活成本,但是并没有太多的幸福感和获得感,也没有对市民身份的认同感,很可能变成县城不稳定的社会因素或者成为城市贫民。此外,还要注意完善城乡公共服务体系建设,当县域公共服务承载力有限时,乡村公共服务体系应当成为兜底型保障,提供可以满足农民对美好生活需求的公共服务供给,农民可以基于家庭发展能力选择是否进城,而不是因为乡村公共服务劣于县城而被迫进城。

(三) 要兼顾城镇化与乡村振兴,警惕县城虹吸乡村的资源

县域城镇化和乡村振兴是必须统筹兼顾而且可以统筹兼顾、相互促进的。不能通过县城去虹吸乡村的资源,不能让县城繁荣了,而乡村凋敝了。如果县域城镇化的质量高,县城会带动农村各项建设完善、农村产业升级,也会使进城农民有更多的收入去带动老家的发展,促进乡村振兴;而乡村振兴了会使农民有更多的机会去县城享受更好的教育、医疗、养老等公共服务,进而也促进了城镇化水平的提高。因此,县域城镇化需要增强县城的协同能力,提高县城带动乡村发展的效能,促进县城基础设施建设和公共服务向乡村延伸。如果片面追求县域城镇化的速度,仅依靠农村人口、资本向县城的单向流动,忽视城乡协同发展与人民福祉的提升,会产生乡村衰败加速、劳动力再生产成本提高、基层治理问题频发等严重后果。

三、推动农产品主产区县域城镇化的重点

从进城农民自主选择的视角考虑,推动农产品主产区县域城镇化要重点从子女教育、就业机会、市民化认同三大动力来源来加以推进。

(一) 优化基础教育资源,提高进城吸引力

百年大计,教育为本。虽然和农村相比,县城已经拥有较为优质的基础教育资源。但是目前的大班额问题表明原有的基础教育资源已经难以满足需求,亟须

优化基础教育资源，提高县域城镇化的吸引力。

一方面，要合理布局县域教育资源，保障教育公平。在县城和特大镇建立完整的幼儿园、小学、初中和高中教育，其他乡镇应当在乡村政府所在地建立完整的幼儿园、小学、初中教育，乡村这一级要根据人口规模合理设置教育资源，解决当地学生上学难、上学远的现实问题。

另一方面，要优化县城基础教育资源布局，扩大优质教育资源供给。重组整合现有基础教育资源，新建、改建、扩建、配建一批学校，积极改善学校教学和生活设施，增加各阶段学位供给总量，基本消除各学段大班额、大校额现象。对农村适龄儿童进城上学的需求进行科学预判，保障与城镇常住人口规模相匹配的学位供给和教师编制，适度超前扩大县城学位、教师、学校等优质教育资源供给。加强县城内优质教育资源共享，积极促进校际交流合作，加大校长和教师交流力度，均衡骨干名师分布，实行定期轮岗。可酌情引进集团化办学，充分发挥优质教育资源的带动辐射作用，整体提升县城义务教育质量和办学水平。

（二）强化县城产业基础，提高就业吸纳能力

一是要明确以工业化驱动城镇化仍然是发展主线。农产品主产区县城工业化相对滞后，大量进入县城定居的农民并没有正规的制造业岗位，城镇化的就业支撑比较薄弱。县城所能提供的就业更多是服务集聚人口的生活性服务业以及由此衍生的家政、搬家拉货、摆夜摊等非常规性就业。这就造成了该类县域城镇化的主要驱动力略过了工业化阶段，而依附于以教育为代表的公共服务的情形，出现了县城人口比重大幅上升而有效就业配比不足的畸形局面。提醒政策制定，以工业化驱动城镇化仍然是发展主线，不可忽视。

二是要优化县域产业体系。重点要延长农业产业链条，充分发挥"农头工尾""粮头食尾"的带动作用，着力培育农产品加工业集群，充分挖掘当地特色农产品，推进特色产业园区建设和区域性农产品交易市场建设，积极促进农副产品加工业、食品制造业等传统产业转型升级，增强农业生产的综合效益。完善农产品商贸物流体系，加快农村电商、乡村旅游业发展，积极完善农村金融、保险、技术服务等社会化服务体系。大力发展第三产业，依托县城产业和人口聚集为县城第三产业发展创造条件。积极承接外部产业转移，优先承接农产品加工业、休闲农业，主动承接发展电子信息、纺织服装等劳动密集型产业，稳步提高人口吸纳能力。此外，还要大力支持新经济新业态新模式健康发展。

三是要积极推进县城产业配套设施提质增效。加强对优势产业的政策扶持力度，优化营商环境，激发产业活力。提升产业集聚区平台功能，合理配置公共配

套设施，健全标准厂房等智能标准生产设施，搭建产业服务云平台，引导产业集聚发展。健全商贸流通网络，发展专业市场和物流中心，打造工业品和农产品分拨中转地。发展消费平台配套设施，围绕产业转型升级和居民消费升级需求，改善县城消费环境。

（三）完善公共服务和社会治理，提高市民归属感、认同感、参与感

当前，农民进县城是基于改变生活方式、获得更好的基本公共服务、创业条件、买房投资、面子竞争等多种考虑所作出的现实选择。进城农民以家庭为单位在城乡之间穿梭往返，必然对县域内旧有的公共服务体系和社会治理体系提出新的需求和挑战。因此，县城的发展需要有能够支撑起对应人口规模的高品质公共服务和社会治理，满足进城农民的各种现实需求。

一是要完善县城公共服务，打造宜居宜业环境。以强化县城综合服务能力为引领，积极回应城乡居民对公共服务的热切期盼，在城乡医疗、养老、文化和环境卫生等领域构建起完善的公共服务供给体系。顺应县城人口增长趋势和医疗需求，增强医疗机构的服务能力。完善县域养老体系建设，扩大养老床位供给，鼓励支持民办养老机构发展，推进公共设施适老化改造。积极推进县城公共图书馆、音乐厅、文化活动中心、体育中心、户外运动场地等文体场所建设，充分满足市民文体需求。加快建设城市生态公园、绿地系统，加快推进环境卫生设施提级扩能，营造良好的生态环境，满足人们对美好环境的追求。

二是要着力为进城农民降低生活成本。鼓励县城周边居民的土地流转置换，同时招标具有一定规模和资本的房地产开发商，为县城流转居民建设回迁房屋，并完善以公租房、廉租房为主体的住房保障体系，在保障农民收益的同时，进一步降低转移成本，吸引农民就地转移就业。以新生代乡籍工为重点，扩大社会保险参保面，全面落实企业为农民工缴纳社会保险的责任，引导灵活就业农民工按规定参加职工基本医疗保险和城镇职工基本养老保险，提高进城农民的生活保障能力。

三是要完善社会治理体系，增强居民幸福感、获得感和归属感。要营造宜居、乐居的社区环境。以新型社区邻里中心（未来社区）建设为载体，打造功能健全、协商互助的网络型社区服务中心，把居住社区建设成为5~10分钟生活圈及满足群众社会交往的完整单元。要不断提高县城社会治理水平。实行"开门建城镇"，鼓励社会组织和公众参与城镇管理，逐步形成多方主体参与、良性互动的现代化治理模式。积极推动进城农民参与到县城建设的各项事务中，增强其认同感、参与感和归属感。

参考文献

［1］朱云．县域城镇化实践的差异化类型及其形塑机制［J］．城市问题，2021（12）：38-47.

［2］申明锐，蒋宇阳，张京祥．教育驱动的县域城镇化与规划政策反思［J］．城市发展研究，2021（11）：8-15+30.

［3］吕德文：县域城镇化如何服务乡村振兴［EB/OL］．［2022-05-09］．http：//baijiahao．baidu．com/s？id=1732303191265084305&wfr=spider&for=pc.

［4］夏柱智，贺雪峰．半工半耕与中国渐进城镇化模式［J］．中国社会科学，2017（12）：117-137+207-208.

［5］桂华．城乡三元结构视角下的县域城镇化问题研究［J］．人民论坛，2021（14）：64-66.

［6］雷刚．县城的纽带功能、驿站特性与接续式城镇化［J］．东岳论丛，2022（3）：138-145.

［7］苏红键．中国县域城镇化的基础、趋势与推进思路［J］．经济学家，2021（5）：110-119.

［8］吴越涛，刘春雨．加快推进县城补短板强弱项研究［J］．宏观经济管理，2021（11）：9-11.

［9］桂华．城乡"第三极"与县域城镇化风险应对——基于中西部地区与东部地区比较的视野［J］．中州学刊，2022（2）：61-69.

［10］白美妃．撑开在城乡之间的家——基础设施、时空经验与县域城乡关系再认识［J］．社会学研究，2021（6）：45-67.

［11］金东．新时代河南县域城镇化高质量发展研究［J］．中共郑州市委党校学报，2021（5）：82-86.

［12］刘国斌，杨富田．新型城镇化背景下县城的"亚核心"作用机理研究［J］．当代经济研究，2017（3）：90-96.

盘活农村存量建设用地是实现
乡村振兴的关键

——基于江西的思考[*]

党的十九届五中全会明确提出,新时代"三农"工作重心转向全面推进乡村振兴。2021 年中央一号文件围绕全面推进乡村振兴加快农业农村现代化目标,部署了各项重大战略任务,其中明确指出:"完善盘活农村存量建设用地政策,实行负面清单管理,优先保障乡村产业发展、乡村建设用地。"2022 年 5 月,中共中央办公厅、国务院办公厅印发的《乡村建设行动实施方案》也明确指出:"探索开展全域土地综合整治,整体推进农用地整理和建设用地整理,盘活农村存量建设用地,腾挪空间用于支持乡村建设。"在经济社会高质量发展背景下,城乡土地开发利用逐渐从增量扩张向存量用地再开发转型。盘活农村存量建设用地,对推进乡村振兴具有十分重要的意义。

一、农村存量建设用地现状及问题

根据 2021 年 8 月 26 日发布的第三次全国国土调查主要数据(以下简称三调数据),2019 年底我国村庄存量建设用地(属第六地类的村庄用地)总量为 2193.56 万公顷(21.93 万平方千米,超过一些省的土地总面积),占城镇村及工矿用地比重为 62.13%。[①] 而江西村庄存量建设用地为 71.14 万公顷,占比达

---

[*] 作者简介:杨志诚,江西省社会科学院农业农村发展研究所副研究员。

[①] 自然资源部. 第三次全国国土调查主要数据成果发布 [EB/OL]. [2021-08-26]. https://www.mnr.gov.cn/dt/ywbb/202108/t20210826_2678337.html.

64.46%。① 农村存量建设用地主要包括三个方面：一是农村居民的宅基地，占比最大；二是与村庄居民点连在一起的公共设施用地，如医院、学校、幼儿园、体育活动中心、老人康复中心、文化馆等；三是经营性建设用地，主要是农村小微企业用地。农村存量建设用地中面积大、问题多、盘活潜力大的主要是农村宅基地和经营性建设用地两大类。当前，存量建设用地使用主要存在以下问题：

（一）建设用地的稀缺与闲置或低效利用并存

随着城乡经济的发展，建设用地成为紧缺的资源，在人口增长较快的东部大城市，建设用地的市场价值达到百万元甚至几百万元一亩，而且十分稀缺。而农村又存在大量闲置或低效利用的建设用地。三调数据显示，我国城镇化发展很快，大体上城镇化率每年平均增加 1 个百分点以上，城镇建设用地从 2000 年的 450 万公顷增长到 2019 年底的 1035 万公顷，20 年间城镇建设用地增长 1.3 倍，虽然存在用地增长过快、效率不高的问题，但总体与城镇化率增长趋势是一致的。然而，在农村常住人口减少 3 亿的情况下，农村建设用地到 2019 年底达到 2193 万公顷，增加了 400 万公顷，呈现出城乡双向增加建设用地趋势，表明流动人口"城乡两边占地"的现象已十分普遍，与我国现行政策的包容和城乡流动人口的实际需要相符合，也具有一定的合理性，因而这种情况可能会存在较长时期。此外，城镇建设用地效率不高，土地城镇化速度远高于人口城镇化速度已是不争的事实，有的城区土地长期形成不了城市建成区，人口密度过低，住房空置率过高，城市承载的人口长期达不到规划标准。

（二）农村宅基地增长过快是农村闲置建设用地的大头

从我国开展农村宅基地改革试点情况来看，宅基地超过标准或一户多宅的情况十分普遍，农村宅基地占整个农村存量建设用地 70% 左右，这是农村存量建设用地的大头。造成宅基地增长过快的原因很复杂，农村居民家庭劳动力在城镇打工，小孩也在城镇上学，在城镇需要购房或租房，而农村由于未建立起宅基地退出机制，造成城乡两边占用土地，许多农民在农村不但保留了原住房和宅基地，而且由于年轻人长大后需要另立家庭而申请新宅基地，在缺乏统一标准，制度上不健全、不规范、不透明的情况下，有的甚至弄虚作假违法取得，有的宅基地甚至受到城市工商资本的侵蚀而改变用途，这些问题只能通过深化宅基地改革加以解决。

---

① 江西省第三次全国国土调查领导小组办公室．江西省第三次全国国土调查主要数据公报［EB/OL］．［2022-01-06］．http：//bnr.jiangxi.gov.cn/art/2022/1/6/art_29231_4079995.html.

（三）经营性建设用地存在的问题较为突出

经营性建设用地主要是农村小微企业用地，这些小微企业不能进入城市工业园区，因缺乏统一规划，只好到处乱建、见缝插针、遍地开花。有的乡镇村不具备条件，盲目跟风设立工业园区，招商引资工作跟不上，导致一些土地闲置。有的基层政府把关不严，一些企业主要是外来资本取得建设用地后又随意改变土地用途，使农村集体和农民的土地权益受到侵蚀和损害。

（四）现行土地分类目录难以适应新形势下土地用途管制的需要

近年来，农村农业发展已从过去的传统型农业向复合型产业转变，复合型农业具有跨界融合性特点，农村一二三产业相互融合，农业的界限逐渐模糊。以农村文化旅游业为例，往往和观光农业、休闲农业联系在一起，既需要配置土地建设一批田园农业，种植瓜果蔬菜供游客采摘，还需要建设一些餐饮、宾馆及其他生活设施与之配套，在用地类型上也呈现复合性。对这一类用地目前尚无统一的分类标准和管理政策，政府有关部门的意见也不一致，农业农村部门认为属于农业用地，应按农业用地管理；自然资源部门则认为属于非农用地，应按建设用地管理。

（五）土地制度改革滞后跟不上形势发展需要

目前农村存量建设用地总量有多少，已经利用和闲置未利用或低效利用多少，还没有准确统计，以致难以制定科学的盘活利用规划。据现有调查可知，随着新型城镇化的推进，在城镇落户的农民不断增加，要求有偿利用或有偿退出宅基地的村民不在少数，如江西余江区在上一轮宅基地改革试点中就退出宅基地41180宗，面积4946亩，一些小微企业因难以进入城市工业园区而要求通过市场交易平台得到农村建设用地，但这些制度尚在试点探索中。

二、趋势研判：盘活土地的机遇和挑战

为把乡村振兴战略落到实处，可以预见未来15年是我国农村面临大发展的时期。因为，我国要在2035年实现初步现代化，短板在农村，差距在农村，目前农村发展不平衡不充分的问题比城市突出，补短板的主战场在农村，已为我们提供了盘活土地的机遇。

（一）从土地利用角度分析，新增建设用地可能主要在农村

首先从城市用地分析，据《中国统计年鉴2020》，2019年全国城市建成区面积60312.5平方千米，城市人口密度2613人/平方千米，其中江西城市建成区面积1607.8平方千米，城市人口密度4226人/平方千米，无论全国还是江西，城市人口密度都远未达到标准密度。可见，城市已经预留了土地，因此城市要大量增加建设用地是不可能的，因为《中华人民共和国土地管理法》已明确规定要减少向农民征收土地，何况现在更加强调高质量发展，其中也包括提高土地利用效率的要义。据此可以判断，盘活农村存量建设用地是今后一段时期解决建设用地稀缺的主要途径。

（二）未来10年江西仍处于高质量发展的战略机遇期

在过去10年间，江西经济总量先后超越4个省区，在全国排位前移4位，从第19位前移至第15位，[①] 经济增速多年处于全国第一方阵，这个成绩的取得实属不易，是全省干部和群众在党的正确领导下共同努力奋斗的结果。从我国各省区目前和今后发展趋势分析来看，由于人口特别是人才资源流动发生了明显分化，总体趋势是向东南转移。江西正处于我国东南方位，同时为粤港澳大湾区和长三角后院，经济发展热度"南强北弱"，凡是人口流出大省，经济由热变冷，对建设用地需求不旺。从第七次人口普查数据分析来看，江西省人口净流出为507.24万人，近几年出现回乡创业的趋势，新型产业的发展又吸引一些高层次人才回乡创业。预计未来外出打工人数会逐年减少，直至基本平衡或由流出变为净输入。江西省劳动年龄段人口仍保持较高水平，达61.17%，经济增速可长期保持第一方阵，农村基础设施和公共服务设施历史欠账较多，对建设用地需求会保持较高的旺盛程度，特别是农村经济和生态环境优势更为凸显，使江西乡村振兴处于更好发展水平，这个趋势我们必须充分把握，并紧紧抓住这个难得的战略机遇期。

（三）用地政策有所调整和松动，为盘活农村建设用地提供政策支持

习近平总书记多次强调："没有农业农村的现代化，就没有整个国家的现代化。"针对农村大量闲置或低效利用的建设用地，政府通过编制统一的国土空间规划实现城乡融合发展，优先保障农业农村产业发展用地需要。2021年

---

① 江西发布."江西这十年"系列主题新闻发布会之经济发展专题新闻发布会在南昌举行［EB/OL］.［2022-07-19］.https：//baijiahao.baidu.com/s？id=1738773626506428744&wfr=spider&for=pc.

1月，自然资源部、国家发展改革委、农业农村部三部委联合印发《关于保障和规范农村一二三产业融合发展用地的通知》，提出要通过明确农村一二三产业融合发展用地范围、引导农村产业在县域范围内统筹布局、拓展集体建设用地使用途径、大力盘活农村存量建设用地、保障设施农业发展用地、优化用地审批和规划许可流程、强化用地监管等举措，保障农业农村发展用地。之后各省出台相应政策措施，江西省政府也在 2021 年 5 月印发《优先保障农业农村产业发展用地的若干措施》，综合上述文件精神，涉及土地的政策有不少调整和松动。

城市发展应从面积数量扩张转向品质和功能提升。针对我国城市人口密度低并远未达标的现实，自然资源部 2021 年 6 月印发《关于加快推进永久基本农田核实整改补足和城镇开发边界划定工作的函》，提出要划定城市范围边界以作为控制城市扩张的红线。这意味着城市范围不能任意扩大，政府将减少农地征用，城市需要建设用地必须主要从盘活农村存量建设用地取得。

在实施乡村振兴战略中，国家很重视发展文旅业和食品加工业，对这两项产业用地特别关注。由于我国经济发展和人民收入水平提高，文旅业的重要意义日益凸显，许多欧洲小国主要靠旅游业发展致富，但在我国建设用地稀缺的情况下，发展文旅业受到建设用地供给的制约，中央曾经在 2015 年和 2018 年先后颁发文件允许利用农村存量建设用地发展休闲旅游业，明确允许和支持利用农村存量建设用地发展旅游业。食品加工业由于规模小、档次低，进城市园区不够条件，用地也多受限制，此次调整有所松动。

对农村宅基地的利用政策有重要调整和松动。通过近几年第一轮 33 个县试点后，实现了农村宅基地跨区域上市交易和进行银行抵押贷款试点。以前明确农村宅基地不能搞房地产业，但这次明确允许集体建租赁住房，适度放开农村宅基地使用权对发展集体经济增加农民收入有重要意义。

（四）盘活农村存量建设用地面临的挑战

当前，农村存量建设用地存在许多不规范不透明甚至弄虚作假违法取得的情况，由于涉及个人利益，纠正起来困难不小，会有很大阻力。只有通过深化改革才能破解，在改革中以法律和政策为武器，领导带头纠错，出于公心，公平公正处理好每一件案例，实践证明改革一定会成功。

三、盘活农村存量建设用地的对策和建议

（一）深化农村宅基地改革是盘活农村建设用地的突破口

农村存量建设用地类型主要是宅基地，选择农村宅基地改革作为突破口便抓住了主要矛盾。农村宅基地改革已有成功经验，江西省鹰潭市余江区宅基地改革试点取得的成功经验得到原国土资源部的肯定并召开现场会要求推广，目前江西省新一轮宅基地改革试点扩大至四个县。

在实施宅基地改革时，一要充分发挥市场机制的作用，健全和完善土地市场平台，建设一支办事公平、业务精湛的人才队伍，余江区在新一轮宅基地改革中，于2020年10月实现了江西首宗农村集体经营性建设用地上市成功交易，20亩建设用地以128万元（平均每亩6.4万元）成交，既满足了企业用地需要，又增加了集体和农民的收入。二要尽可能把宅基地改革和土地承包经营权流转结合起来，实行"双地联动"改革，以宅基地退出带动承包地退出，促进放大改革效应。三要盘活更多的存量建设用地由资源变资产，应坚持"自愿、依法、有偿"退出宅基地，通过市场评估变现，使更多的农民首先是已入户城镇的农民愿意退出宅基地，或通过置换形式让进城农民获得城镇住房。

（二）盘活农村存量建设用地既要满足乡村振兴的需要，又要坚持集约、节约用地原则

江西省农村集体经济相当薄弱，这种状况应当尽快改变，要抓住盘活农村建设用地的机遇发展集体经济，在配强村级领导班子的基础上，加强党组织对村经济工作的领导，江西省委一号文件也提倡村领导成员领办经济实体，增加村级经济收入。

明确农村经济发展重点，一是重点发展农产品加工业，立足县域规划引领实现城乡产业分工和合理布局，突出村级特色，一村一品。前一段时期通过产业扶贫发展了许多特色农产品，应在此基础上进一步发展农产品分级、包装、保鲜、贮藏等初级加工，再进一步延长产业链发展深加工，有条件的乡镇村应建立乡村级工业园区。二是重点发展文化旅游业，随着人民生活水平的提高，乡村文旅业发展势头火爆，特别是农家乐、康养业等，利用农村山清水秀、空气新鲜的优势受到广大城市人民的欢迎，对带动农民增收致富起到重要作用。三是重点发展为

生产和生活服务的各种服务业和公共服务设施，提高城乡人民的生活质量。由于江西省农村非农产业基础薄弱，面对新形势发展，对用地有较大的需求，应根据中央政策优先满足乡村振兴的要求，同时也应组织专家进行评估，坚持集约用地和节约用地原则。

（三）对个别土地利用政策需要细化或调整

现行《中华人民共和国土地管理法》中的用地分类难以将复合型用地包括进去，可用两种办法加以解决，一种是在中央有关部门未作出明确规定之前，考虑在基层乡、村级土地规划中，将复合型用地另外划分一类并制定相关的用地政策，以体现对新型产业发展的支持；另一种是将复合型用地拆分，田园用地属农业用地，餐饮住宿及其他生活文化设施用地属建设用地，使其更具可操作性。

（四）针对盘活存量建设用地，乡村土地规划要算好三笔账

为更好地落实中央关于农村建设用地优先供给乡村振兴、农村产业发展的需要，针对盘活存量建设用地的试点规划，要在上级国土空间规划的引领下，从村级规划做起，通过实地调查取得实际数据资料，而不是以上级规划层层分解下来的数据为依据。规划时要算好三笔账：第一笔是存量建设用地总量和结构，总量多少，其中各种地类多少，都要从实地调查统计取得，不能满足于上级的分解下达数据，实际数据才能作为规划的依据。第二笔是根据所在地经济社会发展目标，预测本乡村发展对建设用地的需求量，预测时要充分考虑到未来农村建设用地会有较大的增长，因目前农村建设比较落后，欠账很多，用地基数低会有较快发展。第三笔是存量建设用地能盘活多少，既不能强迫农民退出宅基地，但又要积极引导符合退出条件的农民自愿退出，要采用多种有效手段如通过上市交易变现、城乡增减挂钩、优化用地结构等进行盘活。同时要注意和国土空间规划、乡村振兴规划相衔接协调，或者多规合一，提高效率。

参考文献

［1］自然资源部．第三次全国国土调查主要数据成果发布［EB/OL］．［2021-08-26］．https：//www.mnr.gov.cn/dt/ywbb/202108/t20210826_2678337.html.

［2］江西省第三次全国国土调查领导小组办公室．江西省第三次全国国土调查主要数据公报［EB/OL］．［2022-01-06］．http：//bnr.jiangxi.gov.cn/art/2022/1/6/art_29231_4079995.html.

［3］江西省人民政府新闻办公室官方账号．"江西这十年"系列主题新闻发

布会之经济发展专题新闻发布会在南昌举行［EB/OL］.［2022-07-19］. ht-tps：//baijiahao. baidu. com/s？id＝1738773626506428744&wfr＝spider&for＝pc.

［4］郭旭，严雅琦，田莉. 产权重构、土地租金与珠三角存量建设用地再开发——一个理论分析框架与实证［J］. 城市规划，2020（6）：98-105.

［5］莫正玺，叶强，赵垚. 我国存量建设空间利用的政策、理论与实践演进脉络［J］. 经济地理，2022（6）：156-167.

［6］许倩，朱道林. 盘活闲置土地，光靠强制不想需求行不通［N］. 中国房地产报，2022-04-20.

河南省农业全产业链促进农民增收的制约因素及对策与建议[*]

一、引言

促进农民收入增长是共同富裕的目标之一。尽管近年来河南省农民收入实现了持续增长，但是与城镇居民收入相比还存在较大差距。2016~2021年，河南城乡居民收入差距指数由2.33缩小到2.12，但是绝对差距从15536元扩大到19562元，① 而且农村地区农户高低收入组之间的绝对差距也在不断扩大。基于河南农业大省和小农户众多的现实基础，小农户的家庭人均收入既低于城镇居民也低于规模农户，这是导致城乡居民之间以及农村内部居民之间收入差距的重要因素。因此，持续提升农民特别是小农户的收入，对于缩小城乡及农村内部差距、实现共同富裕具有重要意义。2020年，河南省农民家庭平均每人总收入中经营性收入占比41.8%，其中农业经营收入和非农经营收入分别占经营性收入的71.38%和28.62%，对于河南省来说家庭经营性收入依然是农民收入的主要来源之一。因此，千方百计实现农民农业生产的提质增效，有利于全面提高农民经营收入，由此更好实现农民增收的目标。

近年来，国家高度重视农业全产业链的建设，将建设农业全产业链作为推动乡村全面振兴、农业农村现代化和实现共同富裕的重要举措。2021年《农业农村部关于加快农业全产业链培育发展的指导意见》提出加快培育发展农业全产业链，旨在促进乡村产业的全环节提升、全链条增值、全产业融合，建设现代农业

---

* 作者简介：宋彦峰，河南省社会科学院农村发展研究所助理研究员。

① 资料来源：《河南统计年鉴》（2017~2022）。

产业体系，同时让农民更多分享产业增值收益。目前，农业全产业链在全国各地有序推进中，在2021年底农业农村部公布的全国农业全产业链典型县榜单中河南有延津县、泌阳县和浉河区三个县（区）入选。农业全产业链作为乡村产业的升级版，能够有效推动农业结构调整和乡村产业的深度融合，既能推动农业生产的提质增效，提高农民的农业经营收入，也能通过农业产业的延链、补链、增链为农民增加二三产业的就业机会，增加农民的非农经营收入。因此，推动农业全产业链发展，对于小农户融入现代农业产业体系，促进农民经营收入持续增加及实现农民共同富裕具有重要的现实意义。

二、农业全产业链促进农民增收作用路径

农业全产业链既是乡村产业高质量发展的重要抓手，也是乡村产业高质量发展的结果。之前对农业产业发展方面的关注点是"农业产业链"，随着我国农业产业化的不断纵深化发展，在实践中将农业产业化发展的导向和重点转移到"农业全产业链"上来。农业全产业链作为乡村产业发展的"升级版"，其构建思路亦是遵循全产业链的发展思路，并体现农业产业的独有特性。

"十四五"时期是河南省全面实施乡村振兴战略、加快农业农村现代化建设的关键五年。加快推进乡村振兴，产业振兴是基础和关键，是解决农业农村一切问题的前提，而构建农业全产业链，实现乡村产业高质量发展是乡村产业振兴的必由之路。2022年，河南省委一号文件《中共河南省委　河南省人民政府关于做好2022年全面推进乡村振兴重点工作的实施意见》对"大力发展乡村产业"提出要推进农业全产业链发展。河南作为农业大省，建设农业全产业链对于壮大县域经济发展、推进乡村振兴战略、加快农业农村现代化和实现共同富裕具有重要意义。

农民农业经营收入水平不高且增长缺乏支撑点的直接原因在于，农业经营的质量效益总体水平不高。农业全产业链发展通过优化农业供给侧结构性改革，推动乡村产业发展的质量变革、效率变革、动力变革，实现乡村产业的提质增效，农业全产业链的发展可打破农民农业经营增收困难的局面。农业全产业链的发展作为乡村产业的高级形态，其发展活力和稳定性很大程度上取决于农民的参与程度和利益分享水平。对于农民增收来说，农业全产业链发展的重要目标是让农民更多分享产业增值收益，有效保障农民的权益和提高农民收入，能够实现这一目标，又取决于农户是否能够紧密融入到农业全产业链中去。

从已有的农业全产业链典型模式来看，这些模式在保障农民权益和增加收入方面起到了积极作用，通过农业全产业链的发展，创新了新业态、开辟了新市场，创造了新的就业岗位，提升了乡村产业竞争力和农产品市场占有率，做大了"蛋糕"，农民通过农产品的销售或务工收入、资本收入等多种方式实现收入的增加。在实践中合理的利益联结机制，不仅没有成为农业全产业链核心主体发展的负担，反而成为全链条持续发展和迭代升级的动力，实现了双赢或多赢，农民收入实现增长，农业全产业链的稳定性也不断增强。

一是农业全产业链的发展可带来现代生产要素的使用与生产效率的提升。一方面，通过标准化建设将技术、管理等现代要素导入到农业全产业链中，加之产业发展的规模化，可有效节约劳动力等传统生产要素，推动新技术在农业全产业链中的应用，提高要素使用效率，有效降低农业生产成本。另一方面，现代生产要素在乡村的聚集，也能吸引资本、人才等要素"回流"或下乡，产生创新创业效应和示范带动效应，提高农民的整体创富能力。

二是农业全产业链的发展能够实现产品结构的优化和质量的提升。在实践中，农业全产业链的发展往往以区域主导产业为构建基础，采用优良品种，通过标准化建设、品牌化推广、绿色化发展生产出优质农产品，帮助农民进行品质化而非数量化竞争，有效降低市场价格风险，实现农产品销售的质优价更优。

三是农业全产业链的建设充分融合了乡村一二三产业的发展。拓展了农业的多功能性，实现各种涉农经营主体的有机衔接，有效地拉长了农业产业链，创新了组织经营模式和生产方式，在提高农业经营收入的同时，也为农民提供了诸多二三产业的就业增收机会，拓展了工资性收入，将农民充分融入到农业全产业链中、分享农业全产业链增值收益，多途径、多渠道增加农民的经营收入。

三、农业全产业链发展促进农民增收的制约因素

从理论上看，农业全产业链发展能提升农业对其他产业和农民增收的辐射带动作用，尤其是以农村一二三产业融合为基础的全产业链模式，对乡村新产业新业态的发展、新的价值链和盈利模式形成、拓展农民创业就业空间具有重要意义。就河南省农业全产业链发展的实践来看，要发挥农业全产业链有效促进农民增收的作用，还面临着一些制约因素和难点。

（一）农业全产业链发展不足，带动能力不够

农业全产业链发展促进农民增收的前提是农业全产业链发育完善，带动能力强。但是由于农业全产业链作为乡村产业发展的高级形态，其发展时间不长，普遍存在县域主导产业实力不强、产业链条不长、产业链某些环节薄弱的情况。河南在推动县域主导产业发展方面，围绕小麦、花生、草畜、林果、蔬菜、花卉、食用菌等特色农业产业，大力发展"一县一业"，在脱贫攻坚战略和乡村振兴战略的推动下，县域特色农业产业有了发展基础，但是特色农业产业真正发展壮大且在县域经济中占据一定主导地位的县域并不多，县域特色农业产业的发展尚不能支撑其农业全产业链的构建。产业链条短主要表现在农产品的精深加工能力不足，河南粮食产量居全国第2位，占全国粮食产量的1/10。如表1所示，2020年河南省粮食产业工业总产值为2264.3亿元，占全国总产值的7.12%，居第5位。粮食加工水平和产粮大省地位严重不符，优质粮食专种、专收、专储、专用"四专"水平不高，标准不一，优质小麦、优质花生等在育种、种植、收购、储存、加工、运输、销售等环节缺乏有效衔接。农产品精深加工能力不足还体现在"链主企业"数量不足、整体实力不强。2000~2021年，农业农村部累计认定七批农业产业化国家重点龙头企业，其中广东为225家、山东为130家，而河南为100家。截至2021年底，河南省农业产业化省级以上重点龙头企业970家，而相邻的山东省农业产业化省级以上重点龙头企业为1133家。

表1　2020年全国粮食产业工业总产值超千亿元省情况

地区	工业总产值（亿元）	占比（%）	地区	工业总产值（亿元）	占比（%）
山东	4364.8	13.73	湖北	1664.3	5.23
江苏	2862.4	9.00	湖南	1497.7	4.71
安徽	2602.2	8.18	贵州	1350.9	4.25
广东	2269.9	7.14	黑龙江	1348.1	4.24
河南	2264.3	7.12	河北	1162.1	3.65
四川	1985.2	6.24			

资料来源：根据《2021中国粮食和物资储备年鉴》整理。

农业全产业链条还存在一些薄弱环节。如在农产品流通方面，县域流通体系还不完善，农村网点集中布局在县、乡镇或交通较发达的村，而偏远或欠发达地区农村物流网点尚未建设、运力资源配置不足。特别是农村冷链物流体系不健全。大部分农产品产地缺乏预冷、初加工和商品化预处理设施。农村具备冷链功

能的运输车辆少,适合前端冷链收储、末端冷链配送冷藏车更是不足。目前,河南省农村运输车辆中冷藏车占比很少,远远不能满足全程冷链运输的需要。

(二) 小农户经营与农业全产业链的发展要求不适应

首先,小农户经营与农业全产业链的规模化要求不适应。农业全产业链的构建需要主导产业形成规模化经营,这是农业全产业链构建的基础。但是"大国小农"是我国农业生产经营的基本国情,小农户依然是农业经营主体,并且在未来会持续存在。根据第三次全国农业普查主要数据,全国小农户数量约为2.3亿户,经营耕地面积约占耕地总面积的70%,其中户均耕地10亩以下的农户约占农民总数的85.2%。对于河南这样的农业大省来说亦是如此,河南省共有1844.68万户农业经营户,全省耕地面积1.2亿亩,户均耕地面积不到7亩。农户经营规模小、土地以细碎化的特点与农业全产业链构建需要的规模化经营存在矛盾,虽然小农户经营并不意味着效益和效率低下,但是经营规模小且土地的细碎化不利于规模效益的形成,不利于农产品标准化的生产和经营,影响农户的农业产出和农业经营收入。

其次,小农户与农业全产业高质量生产的要求不够适应。农业全产业链的发展对其主导产业的发展有着更高的要求,绿色化生产对产地环境、生产资料的投入及生产技术的使用有着更高的要求;品牌化经营要以质量为核心,更要加大农产品品牌宣传推介力度;标准化生产过程中需要生产者严格遵循标准化流程开展农产品的生产、储运和加工等,这些农业生产环节对农户的能力和生产条件有着更高的要求。因此,小农户的生产能力与条件关系到能否与农业全产链生产实现对接,也关系到农业全产业链能否带动小农户生产实现提质增效和增收。但是,从河南省小农户的实际情况看,其文化水平和技能水平与农业全产业链的要求有一定距离。根据第三次全国农业普查主要数据,河南省农业生产经营人员中未上过学和小学文化程度的比例为2.6%和17.0%,其中有2.6%的人没有上过学,高中或中专以上的仅为28.3%,也就是说有71.7%的农业经营者是初中以下文化程度,这部分人接受农业专业技术培训的能力有限。小农户应用现代农业技术装备的思想认识和能力还存在一定的短板,如在调研中发现一些小农户认为无人机"飞防"作业效果不如农户人工喷药。小农户在素质能力与生产硬件方面存在不足,与农业全产业链发展的要求不匹配,制约了农业全产业链带动小农户发展能力。

(三) 规模农户参与农业全产业链存在成本压力

在对农业全产业链的实施主体进行分析时可以发现,农业全产业链的构建除了作为推动方的政府、主导产业发展的链主企业，以及相关联的研发企业、物流企业等，还包括数量较多的家庭农场、种养大户等。近年来，随着土地流转速度的加快和流转规模的增加，家庭农场和种养大户逐渐增多，他们也是农业全产业链的主体。2020 年，河南省行政村规模经营的耕地面积达到了 1575.6 万亩，种植规模户 13 万户，畜禽养殖规模户 9.1 万户，家庭农场达到了 3.6 万家；2021 年又新增家庭农场 1 万家。与小农户不同，以家庭农场和种养大户为代表的规模农户，其经营规模较大、有一定的资金实力和市场化经营能力。在参与农业全产业链中，其不仅是农业生产活动的执行者，甚至还成为某些环节的实施主体，作为农业全产业链中的一个环节并从中直接受益。但是，当规模农户作为农业全产业链的一环参与到其中时，则需要更高的生产标准和成本投入。成本的投入包括：规模化经营需要的农机投入，引入、种植新品种，参与建设高标准农田建设，按照绿色化标准生产和种植农产品，建设储运物流仓库及冷链物流设施，培育品牌及营销等。

规模农户在这些方面需要投入大量的资金，特别是固定资产的投资和建设，导致规模农户大量资金的流出。但是，高质量农产品或具有品牌效应的农产品被市场认可并产生效益需要一定的周期，规模农户从中受益具有一定的滞后性，使规模农户在早期面临一定的成本压力。此外，规模农户按照农业全产业链的要求采用新品种、新技术也隐藏一定的市场风险和生产风险。在生产成本大量投入的情况下，如果后期收益不能覆盖前期投入，那么规模农户可能遭受较大的风险损失，影响规模农户从参与农业全产业链发展中获取收益。

（四）农业全产业链的利益联结机制不完善

推动农业全产业链发展的目的在于，促进农业链在县域内循环起来，将更多的农业产业链增值收益留给农民，以县域为单位的农业全产业链发展，能够最大限度地惠及农户的发展。但是，农业产业化进程中各主体之间利益联结关系的形成及紧密程度，是由各主体之间通过平等协商及在产品交易中形成的。在实践中，尽管农业全产业链各主体之间的利益联结模式不断创新，但是基于小农户的弱质性、新型农业经营主体发展质量不优的现状，现阶段小农户与链主企业及新型农业经营主体的联结点依然是农产品的买卖及土地的租赁，利益联结形式以分红型、股权型、契约型等形式存在的还比较少，乡村产业的增值部分留在了链主企业及新型农业经营主体，留给小农户的较少，小农户分享乡村产业高质量发展带来的好处依然较少。

尽管政府在积极推动紧密型利益联结机制的建立，但是链主企业和农户都有一定的顾虑。对于农户来说，由于信息不对称及非农化的倾向，愿意以订单或收租金的方式获得固定收益,更希望签订合同后能直接获得收益。而对于链主企业而言,紧密型利益联结机制会增加沟通成本,如建立股权合作关系,链主企业在生产经营决策时需要将账务定期向农户公示、对一些事项需要开会协商,不如直接支付农户一定的租金。这种情况的出现,既与农村信用体制不健全有关,也与政府的支持政策有关,需要在完善农村信用体制的基础上,进一步健全政府对农业全产业链上主体之间利益分享、风险分担政策的支持和保障。

四、农业全产业链发展促进农民增收的对策和建议

(一)按照全产业链的发展理念完善工作推进机制

培育和发展全产业链是近年来我国产业经济领域发展产业的新思路,推动全产业链的发展和优化升级对于建设现代化经济体系、支撑高质量发展有着至关重要的作用。农业全产业链的发展亦要树立全产业链理念。培育发展农业全产业链要以消费和市场为导向,以主导产业为引领,以价值增值为目标,依据特定的产业耦合关系、利益联结关系、资源要素融合关系实现农业产业内部或不同产业间的多个市场主体的分工协作,是从农业产业链源头出发,涵盖技术研发、生产资料采购、农产品生产加工、农产品储运销售、品牌推广及消费服务等多个环节的产业链系统。发展农业全产业链就是要打破城乡界限、工农界限和产业界限,实现农业产前、产中和产后各环节的耦合衔接和交叉融合,推动劳动力、资本、土地、技术等要素的跨界渗透。从实践上看,推动农业全产业链的发展是农村产业结构调整与农村经济改革的重要手段,涉及农业农村经济的各产业和各领域,相关政府部门应形成合力,用改革创新的思维加强前瞻性和全局性谋划,用开放包容的心态开展整体性和合作性推进,建立沟通合作推进机制,形成合力共同推动农业全产业链的发展。逐步健全农业全产业链发展的政策支持体系,结合当前乡村产业发展的现实特征,谋划建立推动农业全产业链发展的新型政策框架,推动农业全产业链发展与共同富裕、县域融合发展有序对接,实现乡村产业的高质量发展。各地也要制定农业全产业链培育发展实施方案,优化区域产业布局,加强县域主导产业扶持,围绕延链、补链、壮链、优链出台相应配套支持政策,积极开展农业全产业链典型县建设工作。

（二）夯实优势主导产业，重点创建农业全产业链典型县

乡村产业是农业全产业链发展的根基。打造农业全产业链应以市场为导向，立足当地优势资源，优化调整农产品布局和产品结构，选择聚焦度高、影响国计民生的粮食和重要农产品及特色农产品作为主导产业，通过健全社会化服务体系、推广绿色化发展模式和叠加数字化赋能作用，推动主导产业的标准化原料基地建设、壮大农产品加工业、完善物流网络体系建设、强化品牌化市场营销等，实现乡村产业发展形态更高级、优势更明显、特色更突出。根据各地产业布局，建设国家、省、市三级农业全产业链典型县，从农产品加工业发达和乡村特色产业突出的重点县中筛选一批主导产业突出、龙头企业实力强、产业链条完善的县作为典型，持续推进以县域为单元的农业全产业链建设。建立县域"链长"制工作推进机制，协调农业全产业链发展中跨区域、跨环节和跨业态中遇到的制约因素，集中县域优势资源壮大主导产业发展和产业链条的延伸，统筹谋划县域主导产业的重点项目建设，解决县域乡村产业价值链低、主导产业链现代化水平不高的问题，做好延链、强链、补链工作，推动农业全产业链价值占县域生产总值的比重逐年提升，持续做大县域生产总值增量和总量。

（三）适应农业全产业链发展的要求提升小农户发展能力

一是不断完善小农户的生产设施条件，提高小农户参与农业全产业链的能力。按照农业全产业链的发展要求，从生产性基础设施和物质装备等方面入手，对小农户相对落后的生产实施条件进行改善。在基础设施建设方面，河南省1.1亿亩耕地中还有近1/3没有进行高标准农田建设，还有已建高标准农田的提升改造，需要加大高标准农田的建设力度及建设后的管护工作，推进产地仓储物流设施的建设，借助乡村数字战略提高小农户生产的数字化和信息化水平；在物质装备方面，研发和推广适合小农户使用的轻便型农机装备，出台针对小农户的农机具购置补贴政策，鼓励有条件的小农户提高生产设备的智能化水平，不断提升小农户的农业生产效率。

二是深入推进高素质农民培育工作，提高小农户的生产经营能力。立足当地实际，以农业全产业链主导产业为基础，围绕主导产业各个环节，精心设置特色专业，着力构建高素质现代农业产业生产经营队伍。择优选聘农业系统专家、职教中心知名教师、农业机械专家、基层实践经验丰富的技术员、土专家作为高素质农民培育师资，建立高素质农民培育师资库。创新培训方式，推行"培育机构+农民田间学校（实训基地）"的形式，将高素质农民培育全部放在农民田间学校进行，积极探索"集中授课、现场观摩、跟踪服务"三段式的培育模式。

适应农民学习特点采取"参与式互动式"双师教学，线上"网络课堂"和线下"专家授课"融合教学，技能实践操作"流动课堂"和田间"理论课堂"融合，极大地促进了培育实施。搭建互联网平台，借助智能手机，大力推广适合农民的APP或云平台，也可借助快手、抖音等录制农民喜闻乐见的技术推广、经营管理信息。

（四）降低规模农户参与农业全产业链的成本压力

一是为规模农户提供综合支持政策，减轻规模农户投入造成的成本压力。对规模农户在选用新品种、推广新技术时给予一定财税支持，以财政补贴的方式引导规模农户购置节能高效的现代农机具，为规模农户建设标准化生产基地提供财政奖补。鼓励金融机构创新涉农金融产品，放宽抵押物范围，开展以链主企业为核心的供应链金融产品。在保障粮食安全的基础上，满足规模农户开展仓储、物流、初加工等环节的用地需求。

二是构建投资风险分担机制。鉴于规模农户参与农业全产业链出现的可能性风险，要建立起由政府、链主企业、规模农户、银行、保险公司等共同分担的投资风险体制机制。如由政府牵头设立农业全产业链风险投资基金，明确风险补偿的范围和标准，对于规模农户当投资新品种、应用新技术或推广新品牌等发生风险损失时，可申请风险补偿金。鼓励期货公司、保险公司以县域为主体开展"保险+期货"业务，引导规模农户积极参与，提高风险化解能力。

三是推动规模农户抱团发展。家庭农场、种养大户等规模农户可抱团发展，组建合作社，解决单个规模农户实力弱小及面对市场和链主企业时的弱势地位。也可通过抱团发展形成更具规模的发展优势、在内部进行合理分工和优势互补，通过抱团发展降低生产成本和分散风险。

（五）以共同富裕为目标，建立紧密型利益联结机制

共同富裕是实施乡村振兴战略的引领目标，实现全体人民的共同富裕，是在"做大蛋糕"的同时，更加重视"分好蛋糕"，并完善"蛋糕分好"机制。农业全产业链发展中紧密型利益联结机制的建立，不是为了做大做强龙头企业而普通农户得到实惠不多，而是以保障农户的权益为核心，把增值收益、就业岗位尽量留给县域、留给农户，让农户更多地分享产业增值收益，不断提高农户收入。鼓励农业企业与小农户开展契约型、分红型、股权型等合作模式，创新利益黏合机制，将利益分配重点向产业链上游或产地倾斜，多手段促进农户增收。由于农业全产业链的模式多样化，参与主体复杂多元，紧密型利益联结机制的建立要结合区域产业类型，不能贪图形式上的"紧密"，导致利益联结机制缺乏可持续性。

因此，一是建立引导机制。对于现有的农业全产业链中被当地政府和广大农户认可的利益联结模式进行总结和提炼，加强宣传推介和推广移植，发挥典型模式的示范引领作用。二是建立激励机制。对紧密型利益联结模式中积极采取股份合作、利润返还、为农户提供担保的涉农企业，给予一定的财政激励或税收优惠；对为产业链其他主体提供技术支持、营销服务、品牌建设指导的涉农企业，予以一定的奖励。三是健全风险防范机制。在全球粮食供应紧张及经济下行压力较大的背景下，要进一步完善农业全产业链发展中风险防范机制建设，既要强化龙头企业的社会责任意识，也要提升小农户的信用意识，形成风险共担、互惠共赢的利益共同体。

参考文献

［1］赵培，郭俊华．产业振兴促进农民农村共同富裕：时代挑战、内在机理与实现路径［J］．经济问题探索，2022（9）：1-11.

［2］叶兴庆．以提高乡村振兴的包容性促进农民农村共同富裕［J］．中国农村经济，2022（2）：2-14.

［3］朱齐超，等．我国农业全产业链绿色发展路径与对策研究［J］．中国工程科学，2022，24（1）：73-82.

新发展格局下农民工返乡回流与区域新型城镇化建设的耦合机制研究[*]

一、引言

　　人口流动是促进新型城镇化建设的重要力量，与技术、资本和信息等生产要素的投入不同，在新型城镇化建设过程中，人口流入具有多元的关联效应和深刻的社会经济效应。当前受各种不稳定因素的影响，农民工"返乡潮"成为全国人口流动的主要方式，2016 年国务院办公厅印发的《关于支持农民工等人员返乡创业的意见》指出，推动农民工等人员返乡就业创业，通过"大众创业、万众创新"可以使乡镇地区产业兴旺，带动更多就业，提高乡镇人民收入，打开农业现代化、城镇化和新农村建设协调发展新局面。2021 年，国家发展改革委办公厅出台的《关于推广支持农民工等人员返乡创业试点经验的通知》提到，支持农民工等人员返乡创业的试点地区通过积极探索适合自身的特色返乡发展路径，形成了多层次多元化高质量的返乡就业创业发展格局，对带动其他人员就地就业、繁荣乡村产业、推动乡村振兴起到了强有力的促进作用。当前我国已进入新型城镇化发展的关键时期，农民工返乡回流作为新发展格局下构建区域统一市场的主要载体，对新型城镇化建设亦有着多元且深刻的积极效应。

　　关于农民工返乡就业创业和城乡协调发展的研究，李静（2010）认为，农民工返乡创业为就近就地转移农村剩余劳动力提供了大量就业渠道，推动了农村经济结构的调整。杨坚（2010）分析了返乡农民工对农业经济发展的相互促进和影响，认为农民工返乡就业创业对统筹城乡发展具有十分积极的作用。程业炳、周

---

* 作者简介：马银隆，河南省社会科学院乡村振兴研究中心助理研究员。

彬等（2014）在研究中指出，城乡二元体制、对家乡的情感、政府出台的政策以及产业转移的机遇是农民工回乡创业的动力。杜玲（2015）指出，农民工返乡创业的主要原因有三个：一是农民工在外学习了劳动技能，积累了经验、资金、人脉等创业资源；二是农民工对本地的资源、市场、商情等比较熟悉，有着较好的创业环境；三是他们中的大多数都认为返乡创业能带来比外出务工更高的收入。张秀娥与张梦琪（2015）指明新型城镇化发展与新生代农民工返乡创业之间存在相互影响、相互促进的耦合关系。潘晓（2017）基于城乡一体化发展和产业发展两个视角分析了农民工返乡创业和新型城镇化发展的现状及制约因素，并提出政策建议。彭言清（2021）通过研究发现，目前制约农民工返乡就业创业的因素主要表现在以下三个方面：一是农民工返乡就业机会相对较少；二是农民工返乡就业质量相对较差；三是农民工返乡就业环境相对较差。其中农民工返乡就业机会相对较少包括两个维度：一个是农村产业经济整体量较小，能够为农民工提供的岗位有限；另一个是由于农民工自身素质不高，适合其就业的机会较少。本文在以往学者研究的基础上，以新发展格局为背景，首先研究了农民工返乡回流与新型城镇化建设的耦合机制，其次分析了农民工返乡回流与新型城镇化建设耦合发展的现状和存在的问题，最后提出了有利于二者耦合发展的政策建议。

二、农民工返乡创业与新型城镇化建设的耦合机制

农民工返乡就业创业与新型城镇化建设不是"两张皮"，而是相互依存、相辅相成的有机统一整体，两者之间存在着深层次的耦合机理，并遵循一定的耦合路径。

（一）农民工返乡创业与新型城镇化建设的耦合机理

从农民工角度来看，返乡就业创业是自身顺应市场发展趋势，实现逻辑转型的内在要求，有利于实现其自身价值。从区域经济角度来看，在构建新发展格局背景下，农民工返乡回流作为连接区域和城乡的纽带，有利于构建区域和城乡统一大市场，促进市场、资本、信息、技术、人才等方面在区域、城乡和工农之间的深度整合，从而推动城乡一体化发展，并进一步促进新型城镇化的建设。从社会角度看，农民工返乡回流能够通过推动当地农民"就近城镇化"来加速农民市民化进程；新型城镇化建设作为中国经济高质量发展的重要路径，其核心理念是以人为本的城镇化，新型城镇化建设强调城乡统筹、城乡一体。首先新型城镇化发展能够为农民工返乡就业创业提供制度保障，其次新型城镇化建设能够给返

乡农民工提供更多的就业创业机会和更大的就业创业平台，并改善农民工返乡的生活发展环境。因此，农民工返乡就业创业与新型城镇化建设看似互不相关，实则相辅相成、互动共生，促进农民工返乡就业创业与新型城镇化建设不仅在具体措施上具有多维度交叉性，而且二者之间在要素功能、问题导向、目标引领等方面也存在着多维度的内在耦合关系。

(二) 农民工返乡回流与新型城镇化建设的耦合路径

本文从农民工返乡回流赋能新型城镇化建设和新型城镇化建设正向促进农民工返乡回流两个方面，研究农民工返乡回流与新型城镇化建设的耦合路径。

1. 农民工返乡回流赋能新型城镇化建设的具体路径

第一，农民工返乡回流能够为新型城镇化建设提供高层次、多元化的要素配置。新发展格局下，农民工返乡回流作为构建区域统一大市场的重要"抓手"，可以畅通东部发达地区与中西部欠发达地区之间的要素循环。首先，农民工返乡回流具有显著的关联示范效应，随着农民工返乡就业创业趋势的增强，返乡回流的群体不再是单一农民工群体，还包括本土知名企业家、各类商户老板、技术工人、高学历人才等，所以农民工返乡就业创业不是简单以劳动力为要素的人口流动，而是伴随着产业、信息、技术、资本、人才、理念等各种生产资源在区域间的流动。其次，返乡就业创业的人员能够将发达地区的新兴产业、市场信息、先进技术、过剩资本、高端人才和现代化管理理念等优质要素引入中西部地区。农民工返乡就业创业不是简单地、无差别地向欠发达地区输送先进的生产要素，而是根据地区社会经济发展、产业结构调整以及省际间产业转移和产业链分工的需求，有指向性地、系统性地向欠发达地区引入生产要素。农民工返乡回流以其显著、高效的资源整合机制为欠发达地区新型城镇化建设提供高层次、多元化的要素供给。

第二，农民工返乡回流能够促进回流地区城乡一体化发展。农民工返乡回流将发达地区的优质生产要素引入欠发达地区是省际间资源整合的过程机制，他们最终要落脚到回流地社会经济和产业发展上来。从区位视角来看，返乡回流人员并不局限于在城市地区就业创业，他们会在政府统筹规划下根据社会经济发展和产业结构调整的需求，并结合自身所掌握生产要素的特点选择有利于自身就业创业的区位，既可能是本省他乡，亦可能是返乡入城，更多的是依托城镇郊区、城乡之间的产业集聚区、产业园区和高新技术开发区进行就业创业，这有利于省内各地区之间、城乡之间实现区域协调发展；从产业视角来看，返乡回流人员以其一流的技术技能、先进的管理理念和前沿的市场信息，依托城市的设计研发、策划宣传、金融孵化等高端产业，大力发展休闲观光、医疗康养、食品医药、农产品深加工等现代化农业，这有利于促进城乡产业结构调整和城乡产业融合发展；

从社会角度来看，农民工返乡就业创业能够通过推动当地农民、农民工不离开本地，在户籍所属镇、县、市实现"就近城镇化"。县、镇作为城乡联结的纽带，"就近城镇化"更加强调依托县、镇实现农民、农民工市民化，这有利于促进城乡一体化发展。进一步地，通过加强县域经济高质量发展，吸纳本地剩余农民、农民工，实现市民化转换和非农就业，不仅能够减少农民工"候鸟式"大流动，解决"春运潮"和"返工潮"的交通压力，而且能够化解"空心村"所产生的留守儿童、空巢老人、夫妻分居等社会问题和矛盾。

第三，农民工返乡回流能够促进乡村地区经济的高质量发展。返乡回流人员能够促进乡镇治理现代化，返乡就业创业人员具有较为先进的经营管理理念、丰富的社会资源和较高的文化素养，他们在返乡就业创业的同时以村干部的身份进入村"两委"班子参与乡村治理，以农业经营者的身份参与农村集体经济发展，由此提升乡镇治理能力，增强乡镇经济发展活力，推动乡镇各项事务走向现代化。农民工返乡就业创业能够开拓农业经营新模式，返乡就业创业者以他们先进的经营理念通过农民专业合作社、"公司+农村+家"、集体农场等多种经营方式的农业经济联合体，从而显著提升乡镇农业经济效益，助力乡村振兴。农民返乡就业创业能够催生乡镇经济新业态，返乡就业创业者能够将现代生产经营理念与传统农业相融合，深入挖掘本地资源，利用本地特色资源开创一批集种养深加工、种养体验、观光旅游、休闲康养、文化教育、农产品深加工和生物医药于一体的乡镇立体经济业态，不断延伸扩展农业产业链，促进乡镇一二三产业融合发展。农民工返乡就业创业能够弘扬乡镇传统文化，返乡就业创业者的心灵深处对家乡传统文化的怀念与向往，是他们返乡就业创业的根本动力。返乡就业创业者以乡镇古建筑为基础，保留原有的风格，并注入现代理念，创办具有传统文化内涵的乡村小镇，并挖掘民间技艺，创建了一批以传统手工艺为特色的家庭工场和乡镇企业。农民返乡就业创业推动乡镇生态环境建设，返乡就业创业者以建设生态宜居乡村为根本理念，多利用乡村自然资源和"乡艺、农耕、古居"等乡村元素，开发种养体验、观光旅游、休闲康养等现代化乡村农业产业，让乡村的田园变成休闲公园、种养区变成观光游览区，不仅巩固了乡村脱贫成果，而且能够保护乡镇优美怡然的生态环境，为乡村振兴提供了生态支撑。

2. 新型城镇化建设促进农民工返乡回流的具体路径

第一，新型城镇化建设为农民工返乡回流提供制度保障。首先，新型城镇化要求深化户籍制度及相关制度改革，通过打破城乡间人口流动的壁垒推动进城农民工实现市民化转换。2022年7月国家发展改革委发布的《"十四五"新型城镇化实施方案》提出深化户籍制度改革，全面取消城区常住人口300万以下的城市落户限制、放开放宽除个别超大城市外的落户限制、试行以经常居住地登记户口制度,确保外地与本地农业转移人口进城落户标准一视同仁。其次,新型城镇化建设强调完善农地"三权分置"改革,建立城乡统一的土地流动市场,为农民工的基础要素禀赋提供合理公平的市场交易机制。最后,新型城镇化建设要求不断完善、健全公共财政体制,通过优化政府支出和转移支付方式合理调解城乡公共服务的分配规模,从而实现城乡公共服务均等化。

第二,新型城镇化建设为农民工返乡回流提供产业支撑。产业集聚区、产业示范区和高新技术开发区是新型城镇化建设的重要载体,在新型城镇化建设进程中,产业集聚区、产业示范区等产业园区的建设几乎覆盖了每个地市的郊区,这些产业集聚区为农民工返乡回流提供了更多的就业机会和更大的创业平台。首先,产业集聚区不仅本身具有庞大的产业规模和企业数量,能够为农民工返乡回流提供充足且优质的就业岗位,而且产业集聚区作为城乡产业协调发展的纽带,能够以其强大的旁侧效应加速农民工返乡回流。其次,产业集聚区的土地优惠政策、税收优惠政策、政府帮扶政策、企业孵化体系、财政金融支持极大降低了农民工返乡创业的创业成本和创业风险,提高了创业效率和创业成功度,从而极大地激励了农民工返乡创业。优化营商环境是新型城镇化建设的重要落脚点,新型城镇化建设完善和加强了县域治理的体制机制改革,提高了行政办事效率,完善了县域市场经济体系,从而显著地优化了县域营商环境,营商环境的优化又能进一步促进农民工返乡就业创业。

第三,新型城镇化建设为农民工返乡回流提供民生保障。农民工返乡回流不仅需要更大的就业创业平台和营商环境,他们更加关心与自身生活发展息息相关的医疗、养老、教育和住房等方面的社会保障。新型城镇化的本质是"以人为本"的城镇化,其更加注重在医疗、养老、教育等基本民生服务方面实现城乡均等化供给,从而使农民、农民工成为新型城镇化发展的红利分享者;"以人为本"的新型城镇化在强调实现民生物质服务均等化的同时,更加注重乡村地区的精神文明建设,新型城镇化建设通过大力发掘、弘扬和传承乡村传统文化,使返乡就业创业的农民工获得精神层面的价值认同,从而增强返乡农民工的归属感。新型城镇化"以人为本"的理念还体现在建立常态化的农民工素质技能教培机制,通过机械、计算机等现代基础应用技术的培训和法律、理念等文化素养的再教育,使农民工从本质上完成市民化转换。

综上所述,新型城镇化建设和农民工返乡回流并不是孤立运行、单独发挥作用的,而是相辅相成、相互作用,形成了一定的耦合效应。农民工返乡就业创业为新型城镇化建设提供了积极的拉动性力量,同时,新型城镇化建设为农民工返乡回流提供了显著的推动性力量,两种力量共同作用,这就是农民工返乡回流与新型城镇化建设之间的耦合机制。

三、农民工返乡回流与新型城镇化建设
耦合发展的现状

（一）农民工返乡回流的现状特征

总体来看，根据第七次全国人口普查统计，截至 2020 年底，在全国 2.72 亿农民工人口中，省内流动农民工为 1.9 亿，比第六次全国人口普查（以下简称"六普"）增加 11200 万，省外流动农民工为 8200 万，比"六普"时期增加了 2700 万。2021 年，我国农民工总数达 2.925 亿人，比 2020 年增加 690 万人，同比增长 2.4%，其中省内流动农民工增加至 2.1680 万人，比 2020 年增加 2600 万人，省外务工农民工 7632 万人，比 2020 年减少 570 万人，所以农民工返乡整体上呈省际回流的显著态势。从区域空间视角来看，中部五省河南、安徽、湖南、湖北和江西的外出务工农民工总数达 6630 万人，占全国总量的 86%，返乡回流农民工为 398 万人，占全国农民工返乡回流总量的 70%，由此可见中部地区是农民工输出和回流的主要地区；从省内县内和省内县外区位结构来看，2021 年底，省内县外流动农民工大约 9540 万，比 2020 年减少 1360 万，省内县内流动农民工约 12080 万，比 2020 年增加 3780 万，进一步地，可以发现在 3000 多万的省内县内农民工增量中，有 2680 万是在乡镇地区进行流动的，因此反映出相比省内县外，省内县内逐渐成为农民工流动的主要区位，并且从增长率角度来看，乡镇地区农民工流动是农民工省内流动的主体，乡镇就地创业就业开始成为农民工流动的主要方式。

（二）新型城镇化建设的现状特征

武汉大学经济发展研究中心发表的《中国新型城镇化发展水平的综合评价报告》，从人口城镇化、社会公共服务、基础设施建设和资源生态环境四个方面对我国新型城镇化发展进行了研究，报告指出以 2020 年我国新型城镇化发展目标水平为基准，2016 年我国新型城镇化发展水平达到了目标水平的 86%，比 2000 年增长了 89%。但是从发展速率来看，2000~2010 年，中国新型城镇化发展水平年均增长率为 4.8%，而 2011~2016 年，该增长率下降为 3.8%，尤其在 2016 年中国新型城镇化发展速度陡崖式下降到 0.8%。从区域空间视角来看，把中国新型城镇化发展水平分为四个梯队，在农民工输出和回流的主要地区中，湖北和江西位于第三梯队，河南、四川、安徽和湖南位于第四梯队，由此反映出农民工返乡回流的主要地区的新型城镇化发展水平处于相对落后的位置。

（三）农民工返乡回流赋能新型城镇化建设的能效不高

据农业部（现农业农村部）统计，2016 年农村人口累计创办农产品加工企业 46 万家、文旅农业经营主体 27 万家、电子商务等新型农业经营主体 253 万家，其中集体经济、专业大户、家庭农场等新型农业经营主体约占 1/3 以上，在农民工返乡回流的主要乡镇，新型农业经营主体近 1/2 是由返乡农民工创建，可见返乡回流的农民工已经成为乡村新型农业经营主体的重要组成力量，在促进乡村振兴和新型城镇化建设上发挥强大作用。但是由于资金来源有限，返乡回流农民工创办的企业中大部分以个体和私营为主，占比高达九成，且普遍规模较小，首次投资在 5 万元以下的约占七成，用工人数在 2 人以下的占四成，因此农民工创办的有影响力的企业较少，对促进新型城镇化建设的能效不高。

（四）新型城镇化发展促进农民工返乡回流的引力不强

由上文分析可知中部五省河南、安徽、湖南、湖北和江西的外出务工农民工总数占全国总量的 86%，但是返乡回流农民工却占全国农民工返乡回流总量的 70%，因此中部五省新型城镇化发展对农民工返乡回流的促进效率作用低于全国平均水平。根据调查数据，在农民工返乡创业群体中有 13.6% 取得了城镇户籍，在未取得城镇户籍的返乡农民工中，有 33.6% 希望获得长期城镇居住权，因此新型城镇化发展并未完全打破城乡二元体制下的人口流动壁垒。另外，大学生返乡回流占比从 2016 年的 1% 增长至 2021 年的 1.9%，虽然占比有所增加，但是增速缓慢，其原因不仅是农民工返乡回流的示范效应不强，而且更加体现在返乡回流地的新型城镇化发展对大学生的吸引力不强。

四、农民工返乡回流与新型城镇化建设耦合发展存在的问题

（一）农民工返乡回流存在的问题

从微观视角分析，首先，现阶段返乡回流的农民工自身存在文化素质不高和

技术技能不强的客观因素，他们在返乡回流时并不能完全实现就业创业。其次，返乡回流的农民工还未形成有效的示范效应，其返乡群体单一，技术人员、大学生和企业家等高层次人才占比较低。从宏观视角分析，首先，农民工返乡创业的实质是省际间劳动力要素的流动，同其他要素流动一样由市场起决定性配置作用，所以农民工返乡回流同样具有自发性、盲目性、滞后性。因为信息的不完全性和信息的不对称性，农民工对返乡就业创业形式没有一个全面系统的认识，他们大多数只是根据自己掌握的有限信息或者是以"随大流"的形式进行返乡就业创业，这很容易造成返乡农民工区域扎堆、行业扎堆等用工岗位与返乡农民工不匹配的现象。其次，返乡回流地对返乡就业创业的农民工缺乏省级层面的统一规划和调配，更多是各地市、县区各自为营，根据自身的产业发展需求、资源禀赋特点来吸收返乡回流的农民工，并没有考虑到全省经济发展和产业结构调整的需要，所以各地区对返乡回流的农民工只是"物为其用"，而不是"物尽其用"。最后，地方政府在吸纳农民工返乡就业创业的过程中存在着严重的形式主义，很多时候只是完成上级下达的指令和分配的指标，并没有切实统筹考虑本地区的经济产业发展需求。

（二）新型城镇化建设存在的问题

由上文分析可知，作为农民工返乡回流主要地区的四川、河南、湖北、湖南、安徽和江西等省份的新型城镇化发展水平都处于相对落后的位置，具体地，四川、河南、湖北、安徽和江西五省的基本公共服务均未达到全国平均水平。作为农民工返乡回流第一大省的河南在新型城镇化建设过程中存在着民生改善质量不高和区域不平衡的现象：在基本公共教育方面，河南省小学和初中阶段的师生比一直明显高于全国平均水平；在公共医疗卫生方面，河南省每千人口农村卫生医疗床位数、每千人口卫生技术人员数和每千人口助理医师数至今未达到全国同期平均水平；在人均可支配收入方面，豫北要高于豫南，豫西要高于豫东；在医疗卫生方面，河南每千人口城市医疗卫生机构床位数、每千人口城市卫生技术人员数一直高于农村同期水平。由此反映出，在中部地区的新型城镇化建设中基本公共服务和基础设施建设等民生改善工作需要进一步加强。

（三）农民工返乡回流与新型城镇化建设耦合发展存在的制约因素

从主观上看，自"返乡就业创业潮"以来，返乡主体农民工更多的是被迫转移就业的意识形态，缺乏返乡就业创业的主观能动性，地方政府面对农民工返乡就业创业更多是采取被动接纳的政策措施，在促进农民工返乡就业创业和吸纳返乡农民工的过程中存在着严重的形式主义。从客观上讲，政府促进农民工返乡就业创业工作和新型城镇化建设并没有有效融合，存在"两张皮"的现象，具体地，在理论政策和实践工作中没有将促进农民工返乡就业创业作为新型城镇化建设的新契机、新路径，也没有将新型城镇化建设作为促进农民工返乡就业创业的政策支撑和现实保障。所以，在主观和客观上农民工返乡回流与新型城镇化建设的耦合都存在着明显的制约因素。

五、政策建议

（一）强化农民工返乡就业创业技能培训服务

一是增强职业技能和创业技能培训的资源供给。充分调动各级各类职业学校承担技能培训任务的积极性，推动职业学校与帮扶乡镇建立结对帮扶关系，实现乡镇就业人员职业技能培训的全覆盖。二是坚持市场导向的理念，根据市场需求，立足乡镇特色资源，深入挖掘和开办特色创业培训机构。鼓励引导有条件的单位、组织团体和企业家兴办创业培训机构，挖掘社会培训机构的潜力，建立交叉式创业培训网络渠道，全方位组织返乡创业人员进行创业培训。三是打造更多劳务品牌。开展典型劳务品牌选树活动，组织相关宣传引导活动，发挥典型引领作用。四是加强就业创业技能培训。以职业技能提升行动为抓手，大力弘扬"工匠精神"，以农村新兴业态为契机，激发返乡创业有识之士的"企业家精神"。

（二）完善人岗精准对接服务机制

在农民工回流的过程中，各地正在由原来单纯的"抢高端人才"转变为现在的"抢人力资源"，下一步可能就是"抢人口"。所以，要统筹规划，加强组织领导，真正把农民工作为重要的战略资源，把农民工工作作为战略性工程，上升到提升区域发展竞争力的高度，摆到各级党委、政府议事日程的前列。一是完善返乡就业创业的监测机制。进一步落实重点省市《劳务合作备忘录》，搭建完善用工信息对接平台，建立跨区域实时动态就业信息共享机制，对返乡就业创业趋势进行常态化动态分析，规避返乡就业创业者的盲目性，防范规模性失业风险。二是完善返乡就业创业的联动服务机制。在信息共享、劳务对接、技能培训等方面实现联动，帮助返乡就业创业的农民工即时参加技能培训、享受临时生活救助，尽量将农民工稳在企业、稳在当地。

（三）加强中部地区县域统一市场的建设

县域作为连接大城市和乡村产业经济发展的"梗干"，是城乡一体化发展的重要支撑，因此在当前新发展格局下，新型城镇化的建设要以构建县域统一市场为契机。中部地区作为农民工返乡回流的主要地区，截至2021年底，中部地区县域常住人口占城镇常住总人口的68%，县城（县及县级市）占县级行政区划数的66%，县域是农民工返乡就业创业的主要回流地。现阶段中部地区县域发展差异大，县域功能产业特色不强，基础设施建设和公共服务体系滞后，因此建设县域统一市场首先要加强基础设施建设，完善公共服务体系。在劳动力流动方面，要建成自由、公平、统一的劳动力市场，为外来和本地就业人口提供同等的社会公共服务，并根据县域人口流动趋势，对人口流入和人口流出不同的县城采取相应的资源配置措施。在建设资本市场方面，要建立健全多元化、多层次、高效率的投融资机制，提高县域金融服务能力。在建设土地市场方面，关键是建立统一、高效、集约的土地流动市场，完善建设性用地的利用机制。

（四）激活中部地区乡村市场主体

构建新发展格局要以扩大内需为基点、夯实内需为基础，作为农民工返乡回流的主要地区，中部六省有1.47亿农村人口，占全国农村总人口的28.9%。研究表明，农民转市民在其收入不变的情况下，人均边际消费支出将增加27%，因此促进中部地区新型城镇化建设要以激活乡村市场主体为关键点。在供给侧方面，一要深化农地制度改革，完善农地"三权"分置运行机制，使农地实现高效流转。二要促进农村一二三产业融合发展，大力发展农业产业集群，重点培育特色农业。三要创新组织模式，通过跨所有权、跨区域、跨产业发展农业专业合作社，培育农村职业经理人，提高农业经营效益。在消费侧方面，一要鼓励支持农民工返乡就业创业，引导农民工根据自身优势善工择工、善农择农、善商择商。二要加快中部农民工农村户籍向城镇户籍的转换，从而激发乡村消费潜力。三要加强农村地区交通、住房、物流和通信等基础设施建设，完善教育、医疗、社保、金融等基本公共服务体系，从而为激活乡村市场主体"兜好底"。

参考文献

［1］ Shane S, Venkataraman S. The Promise of Entrepreneurship as a Field of Research ［J］. Academy of Management Review, 2000 (25): 217-226.

［2］ Zhongdong Ma. Social-capital Mobilization and Income Returns to Entrepreneurship: The Case of Return migration in Rural China. ［J］. Environment and Planning, 2022 (34): 1763-1784.

[3] 程业炳, 周彬, 张德化. 城市二元结构下农民工社会保障制度改革研究 [J]. 重庆科技学院学报 (社会科学版), 2014 (1): 53-55+70.

[4] 杜玲. 河南省农民工返乡创业现状及对策研究 [J]. 中国集体经济, 2015 (1): 11-12.

[5] 国家统计局. 2018 年农民工监测调查报告 [N]. 中国信息报, 2019-11-02 (2).

[6] 何鑫. 农民工返乡创业促动农业经济发展研究 [D]. 河南工业大学, 2013.

[7] 胡放之, 李良. 城镇化进程中民生改善进程问题研究——基于湖北城镇化进程中低收入群体住房、就业及社会保障的调查 [J]. 湖北社会科学, 2015 (2): 82-87.

[8] 金柏宏. 返乡创业助力吉林省乡村振兴的发展研究 [J]. 经济研究导刊, 2020 (17): 15-16.

[9] 李静. 农民工返乡创业问题研究综述 [J]. 现代商业, 2010 (33): 160-161.

[10] 廉志雄. 精准扶贫视域下农民工返乡创业对农村经济发展的影响分析 [J]. 营销界, 2020 (21): 103-105.

[11] 梁贤, 李达球, 林涛. 传统农区县域经济发展研究 [J]. 西南农业学报, 2006 (4): 747-750.

[12] 刘富刚, 袁晓兰. 传统农区县域城镇化与人口—经济发展协调关系分析——以德州市为例 [J]. 德州学院学报, 2016, 32 (4): 73-78.

[13] 刘溢海, 薛园园. 众创背景下农民工返乡创业实践模式调查 [J]. 河南科技大学学报 (社会科学版), 2015 (5): 70-74.

[14] 潘晓. 农民工返乡创业与新型城镇化建设耦合发展研究 [D]. 福建师范大学, 2017.

[15] 彭言清. 乡村振兴背景下农民工返乡就业困境及应对研究 [D]. 湘潭大学, 2021.

[16] 孙道助, 王圆圆. 农民工返乡创业对区域经济发展的影响 [J]. 阜阳师范大学学报 (自然科学版), 2020, 37 (4): 93-97.

[17] 王华丽. 提升品位促进发展改善民生——积极加快商水城镇化进程的一些思考 [J]. 内蒙古科技与经济, 2016 (4): 9+16.

[18] 王延资. 企业家队伍的发育与形成及其对传统农区工业化的影响 [D]. 河南大学, 2014.

［19］王泽莉，薛珂凝．论农民工"返乡回流"与乡村振兴的关系［J］．理论界，2020（5）：63-67+75．

［20］魏蔚．众创时代新生代农民工创业培训的困境与对策探析［J］．农业经济，2017（2）：103-104．

［21］徐梦倩．农民工返乡创业的经济带动效应研究［D］．安徽农业大学，2017．

［22］杨坚．农民工回乡创业与农村经济发展［D］．兰州大学，2010．

［23］张秀娥，张梦琪．新型城镇化与新生代农民工返乡创业互动机制探析［J］．内蒙古大学学报（哲学社会科学版），2015，47（1）：106-112．

基于人力资本和代际外部性的城乡人口流动过程研究[*]

一、引言

城乡人口流动一直是发展经济学和区域经济学研究中的焦点问题之一，其引发了两个基本且互补的经济过程，一是从农业到非农业的就业人口发生结构性改变，二是伴随城镇化进程的经济增长（Kim and Margo，2004）。改革开放以来，我国城乡二元经济结构特征依然突出，并没有随经济增长而不断转化，反而呈持续性波动性甚至阶段性强化的态势（高小明，2020）。城市居民在收入、教育、医疗等方面的福利优势，始终诱使农村人口流向城市。

中央农村工作会议明确要求，要牢牢守住保障国家粮食安全和不发生规模性返贫两条底线。若不及时改善农村人口持续净流出，必然会弱化农村人力资本累积，不仅会阻碍乡村振兴战略的推进，也会成为全面实现共同富裕的绊脚石（谢地和李梓旗，2020）。尽管随着城乡融合发展，城市与农村之间的人口流动初步出现了异质性，有城市人口流向农村"逆城镇化"的可能，但根据我国现阶段经济发展的核心特征，若无特殊说明，本文中城乡人口流动指农村人口向城市的单向流动。

在早期开创性的文献中（Lewis，1954；Ranis and Fei，1961），普遍认为人口流动是就业人口弹性供应条件下平衡的结果，剩余劳动力从农业部门流向位于城市的工业和服务业部门，促进了城市的资本积累和经济增长。Todaro（1969）和 Harris（1970）针对内罗毕在实施就业创造计划后城市失业人口不降反增的现实问题，提出了不同的观点，工资刚性和黏性使劳动力需求出现外生增长，刺激

---

* 作者简介：乔宇锋，河南省社会科学院农村发展研究所副研究员。

劳动力供给形成过度增长，导致农村人口向城市无序流动，反而恶化了城市就业，违背了政策的初衷，即 Todaro 悖论。

无论是 Lewis 模型还是 Harris-Todaro 模型，均认为城乡人口流动是对经济激励所做出的积极响应，是对未来在城市获得更高收入的期望。Harris-Todaro 模型特别指出，政策制定应充分考虑到城乡人口流动的影响，特别是对于贫困地区和欠发达地区，由于体制机制落后、劳动力市场不够健全等多种原因，有着更为直接的影响。不根据我国国情进行分析，直接套用 Lewis 模型是不能反映我国城乡人口流动的真实机制的（杨善奇，2021）。从农村人力资本和城乡融合政策的角度出发，本文采用 Harris-Todaro 模型。

城乡人口流动对农村人力资本的影响有两种观点：一是城乡人口流动会造成农村人力资本的流失，对农村是一种负面的影响（韩军和孔令丞，2020）；二是城乡人口流动会鼓励农村人口接受更多的教育，从而累积更多的人力资本（张军涛等，2021）。从人力资本的实际形成看，农村人口（尤其是接受过一定教育或技能培训的人口）的净流出，无疑对农村的经济社会发展是一种损失，但移居城市的效用提升又刺激着其去主动接受教育、建立更多的人力资本。Pires（2015）利用二分模型研究表明，如果过分限制人力资本的流动性，不仅会导致人力资本的浪费，也会由于削弱农村人口接受教育的动机。堵不如疏，保持较好的城乡人口流动机制更有助于农村人力资本的总体积累（杜启平，2020）。

同时，人力资本也会反作用于城乡人口流动。如果人力资本的可转移性较高，会增加农村人口流向城市的能力和动机，但同时也会降低农村人力资本累积（陆希刚和张立，2021）。并且人力资本的积累具有代际效应，过去几代人所累积的人力资本往往对当代人的人力资本形成具有积极的影响（孙永强和陈红姣，2021）。显然，人力资本形成具有随时间演化的特点，无论是从短期还是长期来看，农村人力资本的形成反之亦受城乡收入差距和人力资本流动性的影响。因此，在本文中，重点分析动态背景下人力资本及其代际效应对城乡人口流动的影响机制，以及农村人力资本的累积过程。

二、研究假设

假设一个具有异质性个体并考虑代际影响的农村经济体，与城市之间存在正常的人口流动。为简化分析，将个体的一生分为未工作和工作两个阶段，且每个阶段均有两代人。根据个体异质性，设个体 i 在每个阶段的初始内生能力为 a_i，

并服从在区间 $[a, \bar{a}]$ 的均匀分布，其中 $a>0$ 且足够接近 0，$\bar{a}>a+1$ 且足够大。

设个体 i 在未工作阶段自费接受教育、积累人力资本，从而能够为工作后阶段所利用，并且上一代积累的人力资本能够部分为下一代所用，即人力资本具有代际外部性。假设个体在未工作阶段仅接受教育产生消费，不产生额外消费；在工作阶段，无论在城市还是农村，都同时产生收入和消费。需要注意的是，由于人力资本不可能完全从农村转移至城市，因此个体在农村工作时可以利用其所积累的大部分人力资本，在城市则不然，这是我国农村社会现实结构下的必然结果。

此外，假设个体在未工作阶段借入资金以支付教育费用，在工作后阶段通过工作收入偿还借款。为了使工作阶段的收入和消费效用最大化，从经济人的角度看，个体会主动调整其所接受教育的程度以及为此付出的成本。人口流动是一个动态过程，个体移居城市的决策取决于最终效用。

三、人口流动的效用

（一）农村人口固守原籍的效用

设个体 i 在 t 阶段所拥有的内生能力为 a_i，由教育、培训等形成的外生能力为 $e_{i,t}$，在 t+1 阶段所积累的人力资本 $HC_{i,t+1}^R$ 可表示为：$HC_{i,t+1}^R = \beta(a_i+e_{i,t})+(1-\beta)HC_t$，其中：$HC_t$ 为阶段 t 在农村所拥有的人力资本总和，β 为权重系数且 $0<\beta<1$。设个体 i 拥有外生能力，而接受教育、培训等所需要的成本为 $ce_{i,t+1}^2/2a_i$，其中 c 为正常数，即在获得相等外生能力的情况下，内生能力越高则成本越低；反之，在内生能力相等的情况下，拥有更多外生能力会产生更高的边际成本。

个体 i 在 t 阶段借入 $ce_{i,t+1}^2/2a_i$ 并在阶段 t+1 偿还，因此在 t+1 阶段的净收入为 $HC_{i,t+1}^R w'_R-(1+r)ce_{i,t+1}^2/2a_i$，其中 w'_R 为农村的单位工作效率收入，且 $w'_R>0$，r 为资金借贷利率，且 $r>0$，不妨令 r 为常数。对个体而言，净收入越高，则效用 $U_{i,t,t+1}^R$ 也越高，即 $U_{i,t,t+1}^R = w_R HC_{i,t+1}^R - ce_{i,t+1}^2/2a_i$，其中 $w_R = w'_R/(1+r)$。

在内生能力确定的情况下，个体的最终效用大小取决于由接受教育、培训等所产生的外生能力。个体 i 在阶段 t 所形成的外生能力 $e_{i,t}^R = \dfrac{w_R \beta a_i}{c}$，则效用函数可表示为：$U_{i,t,t+1}^R{}^* = \left(\beta w_R + \dfrac{\beta^2 w_R^2}{2c}\right)a_i+(1-\beta)w_R HC_t$。可见，个体在 t+1 阶段的效用

与其内生能力和在 t 阶段积累的人力资本呈单调增加关系。

（二）农村人口移居城市的效用

农村人口流向城市受多种因素的制约，成功与否存在着一定的概率 p （0<p<1），即移居城市的概率为 p，继续在农村的概率为 1-p。尽管不同个体所拥有的人力资本不同，但由于人力资本本身的不可视性以及移居城市过程中的损失难以量化估算，为便于分析，令所有个体从农村流向城市的成功概率相同，且 p 在阶段 t 和阶段 t+1 均为常数。对城乡之间的收入差距，设城市的单位工作效率形成的收入为农村的 α 倍，在现实条件下 α>1。

对具有内生能力 a_i 的个体 i，在移居城市后的 t+1 阶段所拥有的人力资本为 $HC_{i,t+1}^{C,p} = \beta(a_i + \theta e_{i,t}) + \dfrac{1-\beta}{\alpha} HC_t$，其中 θ 表示由外生能力形成的人力资本的可转移程度，0<θ<1。实际上，由外生能力形成的人力资本能够在城市转移和使用的部分，很大程度上取决于外生能力的形成方式，如未工作阶段是在城市接受教育还是在农村接受教育。代际外部性则不然，其对人力资本的形成更多是间接作用，由此形成的人力资本可转移性在个体间的差异不大，故设其转移系数为常数 $\dfrac{1}{\alpha}$。也就是说，无论城乡收入差异如何，由代际外部性形成的人力资本所产生的收入在城乡是均等的。城乡收入差距越大，代际外部性的影响显得越不明显。

为便于分析，设个体流向城市所需的移居成本均为常数 C_M。对个体 i 在未工作阶段借入资金 $ce_{i,t+1}^2/2a_i + C_M$，并用工作阶段的净收入 $\alpha w_H HC_{i,t+1}^{C,p}$ 进行偿还，即在 t 阶段对未来 t+1 阶段预估的净收入为：$\alpha w_H HC_{i,t+1}^{C,p} - ce_{i,t+1}^2/2a_i - C_M$。若未能成功移居城市，则 t+1 阶段在农村可用的人力资本不变，仍为 $\beta(a_i + e_{i,t}) + (1-\beta)HC_t$，其净收入为 $w_R HC_{i,t+1}^{C,1-p} - ce_{i,t+1}^2/2a_i$。

则在阶段 t 的初始效用可表示为 $U_{i,t,t+1}^C = p\alpha w_R HC_{i,t+1}^C + (1-p)w_R HC_{i,t+1}^{C,1-p} - \dfrac{ce_{i,t+1}^2}{2a_i} - pC_M$，为使效用最大化，需要具有的外生能力为 $e_{i,t}^C = \beta(1+p\alpha\theta-p)\dfrac{w_R a_i}{c}$。可见外生能力需求随内生能力和单位工作效率收入单调递增，随常数 c 单调递减，并且移居城市的概率越高，对外生能力的需求也越高，尤其是当 αθ>1 时。现实中，接受的教育越多、越好，则越容易移居到城市，工作收入也越高。

需要注意的是，移居城市的概率越高，对外生能力的需求也一定越高，移居决策还是会受人力资本可传递性的影响。综合而言，对个体最终可得的效用可表

示为 $U_{i,t,t+1}^{C}{}^{*} = \left\{ \beta(1+p\alpha-p)w_R + \beta^2(1+p\alpha\theta-p)^2 \dfrac{w_R^2}{c} \right\} a_i + (1-\beta)w_R HC_t - pC_M$。由于存在约束条件 $\lim\limits_{p\to0} U_{i,t,t+1}^{C}{}^{*} = U_{i,t,t+1}^{R}{}^{*}$，不流向城市的情形可统一为城乡人口流动在移居概率 $p\to0$ 条件下的一个极端情形。

四、人力资本迁移与人口流动间的动态关系分析

农村人口决定移居城市，是在权衡预期效用和成本后的理性选择。在 Harris-Todaro 模型提出之后，通常认为城乡人口流动是对不同地区劳动力市场差异所带来差异的自然反应，城市的预期高收入起到了明显的拉动作用。对城乡人口流动进行建模，大多基于多项对数函数，但其前提假设是不相关选项的独立性，这实际上是相当不切实际的，即使采用非参数方法有可能避开这个问题，也难以在动态条件下完成人口流动的决策分析（Dahl，2002）。De la Roca（2017）的研究也表明，城乡收入差异与人口流动之间的正相关关系并非始终存在。为避免上述问题，并考虑到人力资本代际传递性的影响，本文选择效用的参数化方法作为城乡人口流动的建模和分析依据。

（一）人力资本对人口流动的影响

影响城乡人口流动的关键是效用与成本比，社会规范、制度、生活成本和机会成本都直接影响着农村人口的流动意愿。距离在农村人口向城市流动的决策中起着重要作用，通常不会离农村原籍太远。我国农村 "人情" 社会的结构特点，意味着个体一旦远离农村原籍，其所拥有的人力资本会很快衰减，增加了未来在城市生活的成本（包括机会成本）。特别是对于缺少技能或不富裕的农村人口群体，这种负相关关系更为明显。

农村人口的人力资本与其自身所拥有的社会网络密切相关，社会网络不仅能够提供初始的城市就业信息，也能够提供一定程度的兜底保障，对降低移居成本具有明显的作用，故成为现实中影响城乡人口流动的重要因素。到底是选择能够给予经济和社会支持的本地聚集性网络，还是选择能够收集和传递消息的异地扩张性网络，对流动成本的分析更倾向于对前者的考量。Kinnan 等（2018）的研究进一步说明了社会网络的支持和互助是如何促进城乡人口流动的，我国 20 世纪六七十年代的知青 "上山下乡" 运动，建立了农村人口与城市之间的长期社

会网络，在事实上刺激和支持了改革开放后的城乡人口大规模流动。

个体的社会网络是其人力资本的重要构成基础，从人力资本迁移的角度看，人力资本可迁移程度越高，个体移居到城市的意愿越强烈，形成了我国城乡人口流动事实上的路径依赖。随着我国移动互联网的发展，微信等社交软件在一定程度上强化了农村人口的社会网络构成基础，与高速公路、高铁等基础设施一起扩展了农村人口的人力资本可得范围，机会成本的降低又促使年青一代的农村人口更愿意也更容易移居到城市。

除了个体因素，影响城乡人口流动的因素还有公共政策和制度安排。我国的户口登记制度，在"家庭—出身—身份—秩序—控制—分配"的制度逻辑结构下，加之与其他制度的强关联，很长一段时期内事实上构成了农村人口向城市流动的壁垒，特别是对于非技术性人口的流动（郭东杰，2019）。持有农村户口的个体即使在移居到城市以后，仍难以享受到与城市人口同等的社会福利。政策壁垒给城乡人口流动和经济社会发展带来了高昂的成本，其中一个典型的例子是留守儿童，因难以负担子女在城市上学产生的额外费用，在移居城市后仍不得不将子女留在农村接受教育。无论从农村总人力资本累积来看，还是代际传递来看，都是不利于实现社会公平公正和全体人民共同富裕的。

（二）人力资本迁移与效用间的双向驱动机制

决定农村人口流向城市的决策关键在于效用，即移居城市的效用和定居农村的效用之差 $\Delta U = U_{i,t,t+1}^{C*} - U_{i,t,t+1}^{R*}$ 是否符合预期，可表示为 $\Delta U = \left\{ \alpha + \beta \left(p\alpha\theta - p + 2 \right) \right.$ $\left. \left(\alpha\theta - 1 \right) \dfrac{w_R}{2c} - 1 \right\} p\beta w_R a_i - pC_M$。当效用差为正时，农村人口会决定移居城市，反之则依然定居农村。当人力资本的可转移性很差，即 $\alpha\theta < 1$ 时，对任意个体，其 ΔU 均为负值，此时农村没有人会选择移居城市，城乡人口流动处于冻结状态。

与此相反，当人力资本的可转移性足够高，即 $\alpha\theta > 1$ 时，对任意个体，移居城市的影响仅取决于移居成本 C_M，当移居成本很低时，任意个体的 ΔU 均为正值，无疑农村人口都会流向城市；当移居成本很高时，任意个体的 ΔU 均为负值，人口流动不会发生。

在实际情况下，尽管存在 $\alpha\theta > 1$，但人力资本的可转移性既不会过高，也不会过低，故 ΔU 可正可负。此时，由于 $\alpha + \beta \left(p\alpha\theta - p + 2 \right) \left(\alpha\theta - 1 \right) \dfrac{w_R}{2c} - 1$ 为正值，ΔU 随内生能力 a_i 单调递增，可以推断，当 $\underline{a} \leq a_i \leq \tilde{a}$ 时 $\Delta U \leq 0$，当 $\tilde{a} < a_i < \bar{a}$ 时 $\Delta U > 0$，

其中转折点 $\tilde{a} = C_M / \beta w_R \left\{ \alpha + \beta \ (p\alpha\theta - p + 2) \ (\alpha\theta - 1) \ \dfrac{w_R}{2c} - 1 \right\}$。这个结果与我国农村人口流出的实际特征是相符的，移居城市表现为农村人口的主动自选择行为。

由于转折点 $\tilde{a}$ 在区间 $[a, \bar{a}]$ 的位置与 θ 呈负相关，这表明当人力资本可转移性较差时，会强化个体的主动选择行为；当人力资本可转移性较强且移居成本较低时，会弱化个体的主动选择行为，更容易表现为"随大流"的行为特征。为了改善和提高农村人力资本，无论是出自农村人口趋利避害的本能，还是出自政府治理的有意矫正，教育和职业技能培训成为不二之选。教育虽然会增加农村人口流向城市的能力，但同时也增加了农村实际持有的人力资本，对农村人力资本构成了对冲，间接地减少了农村人力资本流失。Fu 和 Gabriel（2012）基于我国 20 世纪 90 年代的城乡人口流动数据的研究表明，接受优质教育或具有较强技能的农村人口个体在流向城市的过程中，往往对目的地的人力资本的集中度更加重视，反之不然。

考虑到农村人口的个体以及家庭的异质性，农村人口移居城市的决策一定程度上还具有"自我保险"的机制作用。为了使家庭收入多元化，并缓解信贷、保险、气候等不利条件下农业生产的不稳定性，促使了个体向城市流动，以期通过家庭的共同安排，为整个家庭增加更多的人力资本。Meng（2012）的研究表明，我国在通过粮食补贴平抑了市场波动后，明显减少了农村人口向城市的流动。范子英（2020）基于我国 2010 年的县域数据，也证明了转移支付制度（特别是教育类）能够促进农村人口的人力资本获得。因此，为了保证乡村振兴战略的顺利实施以及农村人口结构的稳定，需要通过制度安排为农业生产和农村人口提供更多的正式保险。

五、农村人力资本的动态演化过程

研究城乡人口流动的目的不仅在于对个体及其家庭的效用分析，更重要的是研究在城乡人口流动的背景下，农村最终可以拥有的人力资本总和，从而发现城乡人口流动对整个经济社会的影响。农村总人力资本的增加，能够提高农村人口的消费能力，改善农村地区的生活质量。

（一）静态条件下农村人力资本

首先考虑 $\alpha\theta < 1$ 的情形，此时人力资本的可转移性很差，农村人口不会选择

流向城市，个体所拥有的人力资本都留在农村，我国在历史上的不同时期都具有此特点。设在阶段 t 农村的总人力资本为 THC_t^R，在阶段 t+1 农村的总人力资本为 THC_{t+1}^R，则有 $THC_{t+1}^R = \dfrac{\int_{\underline{a}}^{\overline{a}} HC_{i,t+1}^R da_i}{\overline{a} - \underline{a}} = \dfrac{\underline{a} + \overline{a}}{2}\beta\left(1 + \dfrac{\beta w_R}{c}\right) + (1 - \beta)THC_t^R$。在静态情况下，可知 $THC_t^R = THC_{t+1}^R$，故总的人力资本为 $THC^R = \dfrac{\underline{a} + \overline{a}}{2}\left(1 + \dfrac{\beta w_R}{c}\right)$。

在 $\alpha\theta > 1$ 的一般情况下，人力资本具有正常的可转移性，根据上述分析可知：对符合 $\underline{a} \leqslant a_i \leqslant \widetilde{a}$ 条件的农村人口，不会向城市移居，其人力资本会留在农村。同理，该部分的人力资本总和为：$THC_{t+1}^{R,1} = \dfrac{\int_{\underline{a}}^{\widetilde{a}} HC_{i,t+1}^{R,1} da_i}{\overline{a} - \underline{a}} = \dfrac{1}{\overline{a} - \underline{a}}\left\{\dfrac{\widetilde{a}^2}{2}\beta\left(1 + \dfrac{\beta w_R}{c}\right) + (1 - \beta)(\widetilde{a} - \underline{a})HC_t^{R,1}\right\}$。此外，对于符合 $\widetilde{a} < a_i \leqslant \overline{a}$ 条件的个体，仍有概率为 1-p 的个体选择留在农村，相应的这部分人力资本的总和为：$THC_{t+1}^{R,P,2} = (1 - p)\dfrac{\int_{\widetilde{a}}^{\overline{a}} HC_{i,t+1}^{R,p,2} da_i}{\overline{a} - \underline{a}} = \dfrac{1 - p}{\overline{a} - \underline{a}}\left\{\dfrac{\overline{a}^2 - \widetilde{a}^2}{2}\beta\left[1 + (p\alpha\theta - p + 1)\dfrac{\beta w_R}{c}\right] + (1 - \beta)(\overline{a} - \widetilde{a})HC_t^{R,p,2}\right\}$。

在静态条件下，$THC_t^{R*} = THC_{t+1}^{R*}$，故总的人力资本为：$THC^{R*} = \left\{\dfrac{1}{\overline{a} - \underline{a}}\left[\dfrac{\widetilde{a}^2 - \underline{a}^2}{2}\beta\left(1 + \dfrac{\beta w_R}{c}\right)\right] + (1-p)\beta\dfrac{\overline{a}^2 - \widetilde{a}^2}{2}\left[1 - (p\alpha\theta - p + 1)\dfrac{\beta w_R}{c}\right]\right\} \Big/ \left\{1 - \dfrac{1 - \beta}{\overline{a} - \underline{a}}\left[\widetilde{a} - \underline{a} + (1-p)(\overline{a} - \widetilde{a})\right]\right\}$。

（二）考虑代际效应的农村人口流动

我国目前的现实情况中，城乡人力资本的可转移性较高，有相当一部分农村人口愿意为移居城市付出必要的成本。在这种情况下，尽管城乡人口流动会带走一部分农村人力资本，但由于对外生能力的刺激，也会增加农村人力资本，从代际的角度看，表现为一个明显的动态过程。同时，与人力资本可转移性较低时相比，农村总的人力资本到底是净流出还是有所增加，这需要进行动态分析。

首先考虑在阶段 t，此时两种情况下农村总的人力资本差 $\Delta THC_t \lesseqqgtr 0 \Leftrightarrow \dfrac{\overline{a}^2 - \widetilde{a}^2}{2(\overline{a} - \underline{a})}\left[(1-p)\beta^2(\alpha\theta - 1)\dfrac{w_R}{c} - \left(1 + \dfrac{\beta w_R}{c}\right)\beta\right] - \left(1 + \dfrac{\beta w_R}{c}\right)\dfrac{(\overline{a} - \underline{a})(1 + \beta)(\overline{a} - \underline{a})}{2(\overline{a} - \underline{a})} \lesseqqgtr 0$。显

然，在人力资本具有较高可转移性时，ΔTHC_t 取决于单位工作效率的城乡工资差距，当 $\alpha\theta>1$ 但接近 1 时，$\Delta THC_t<0$，农村人力资本表现为净流出；当 $\alpha\theta$ 远大于 1 时，$\Delta THC_t>0$，在理论上表现为农村人力资本的增加。

如果将代际因素考虑在内，则在阶段 t+1 农村人力资本差 ΔTHC 可分解为常数项和系数项，分别进行分析，可得：$\Delta THC_{t+1} \lesseqgtr 0 \Leftrightarrow (1-p)\beta(\alpha\theta-1)\dfrac{w_R}{c} - \left(1+\dfrac{\beta w_R}{c}\right) \lesseqgtr 0$ 和 $\Delta THC_{t+1}<0 \Leftrightarrow -p\dfrac{(1-\beta)(\bar{a}-\tilde{a})}{\bar{a}-a}<0$。可见，常数项受单位工作效率收入差的影响；系数项为负值表明，当人力资本可转移性较高时，代际外部性对人力资本的形成影响较小。

因此，在人力资本可转移性较高的情况下，如果城乡收入差距不大，农村人口更愿意移居城市，在短期内会形成人口净流出。当城乡收入差距较大时，由于常数项为正，系数项为负，不容易简单判断 ΔTHC_{t+1} 的正负。当阶段 t 的人力资本 THC_t 很小时，$\Delta THC_{t+1}>0$，则在短期内农村人类资本表现为净累积；当阶段 t 的人力资本 THC_t 较大时，即农村人口已经获得了较好的发展，显然 $\Delta THC_{t+1}<0$，此时短期内农村人力资本为净流出。

（三）人力资本迁移对劳动力市场的影响

由于城市拥有更多的非农业生产活动，在人力资本可迁移性较高的情况下，受教育程度较高或具有一定专业技能的农村人口更愿意移居到城市，城市的发展也往往受益于这种外部聚集性。从社会的整体生产率来看，合理的城乡人口流动形成的人力资本迁移，提高了劳动生产率，反之则会阻碍生产率。我国 20 世纪末，由于户籍制度改革滞后于经济发展，客观上阻碍了我国城市规模的最优化进程，未能使劳动工人的产出最大化达到当期的最佳状态。根据 Fan（2019）的研究，户口制度所导致的较高的人力资本迁移成本，不仅造成了不同地区同类技能水平工人的不平等，也造成了同一地区内熟练工人和非熟练工人之间的不平等。

人力资本的可迁移性是形成人口流动聚集效应的前提，聚集效应形成的规模经济往往能够明显提高生产率。Combes 等（2017）利用我国 2000~2013 年的统计数据发现，城乡人口流动对我国人均可支配收入增收具有很强的正外部性。Tombe 和 Zhu（2019）的研究得到了一个量化结果，2000~2005 年，我国由于户籍制度改革降低了人口流动成本，劳动生产率增长 10%，贡献占比达到 28%。

从理论上看，随着农村人口流向城市，在城市整体就业人口增加时，新增劳动力供给通常会指向劳动力稀缺的公司，因为这些公司往往具有较低的全要素生产率。这和现实中农民工进城后更多选择到劳动密集型企业工作是相符合的。但如果长期如此，在经济惯性的作用下，企业会由于创新能力不足而难以适应市场，因此转型为技术密集型企业，又与我国经济创新发展所取得的成果形成了悖论。其中能够部分解释的就是，我国城乡人口流动的过程不只是人口的简单流动，更是人力资本的迁移以及社会总人力资本的累积提升。

这个解释从 Harris-Todaro 模型也可得出，在城乡劳动力市场二元、孤立的情况下，人口流动的主体是拥有较少人力资本的非技术工人。其结果是在移居城市后，大多数只能在劳动密集型企业从事简单、重复的底层工作，很容易拉低工作水平和就业率，这也是我国户籍改革之前形成农民工歧视的原因之一。随着劳动力市场的改善和农村人口人力资本的提高，人口流动成本降低、人力资本可迁移性提高，能够促进城乡劳动力市场一体化，从而减少了对城市就业和工资的冲击，制度的优化释放出人口的红利。这与 Howell（2017）的研究结论是一致的，城乡人口流动减少了我国区域经济发展的不均衡程度。

六、研究结论

城乡人口流动，既是农村人口基于效用自我选择的结果，也是制度安排下政策调节的结果。无论是农业农村高质量发展，还是实现乡村振兴、共同富裕，都需要大量人力资本的支撑，在我国城镇化还将增长的趋势下，农村人口势必会继续流向城市。如何保持农村人力资本的总体规模稳定与合理增长，是未来需要解决的重要问题。从政策制定的角度考虑，为了促进城乡之间和地区之间的平衡发展，保证全国 6 亿多农民能够享受到改革开放和高质量发展的红利，必须采用合理的措施，实现城乡之间人口的合理流动和有效流动。在政策制度和制度安排中，更加重视人力资本和代际效应的作用，更加重视人力资本的总体累积。

总的来看，当人力资本可转移性较高时，无论是当期还是短期内，在城乡收入差距较小时，都将会引起农村人力资本的净流出；当城乡收入差距较大时，农村人力资本的流出情况取决于农村人力资本的总体积累。值得注意的是，在静态条件下，较高的人力资本会对农村人力资本积累较为有利，在短期内则又会进一步促成人力资本向城市移动。

实际上，排除低水平的城乡收入差距，在城乡收入差距不大的情况下，农村人口流向城市是城镇化的必然结果，理论模型的结论也是如此。但是，在城乡收入差距较大的情况下，从农村人力资本积累的角度看，则有必要对当期和短期结果进行权衡，如果不能在当期内尽快改善城乡收入差距，农村人力资本的累积反而会加速农村人口的净流出,如农家子弟在接受较好的教育后,如果没有相关政策的扶持,主观上更愿意留在城市工作。

具体而言,本文提出如下政策建议:①进一步深化户籍制度改革,扫清城乡人口流动的制度障碍,保障农村人口在进城后能够享有同等的社会公共服务。②在住房、教育、医疗等方面给予适当的倾斜,用牢靠的社会保障替代不稳定的社会网络保障,降低不必要的流动成本。③为农村人口提供更多的技能性培训,包括适应现代工业和服务业的实用性技能,而不是单纯的农业生产技能,增加农民的个人人力资本。④加大农村地区的金融市场建设和社会救助体系建设,在保障农业生产稳定性的前提下,使农民进得了城、回得了村,不排斥农村人口的季节性迁移,建立城乡统一的劳动力市场。

参考文献

[1] Combes P P, Demurger S, Li S. Productivity Gains from Agglomeration and Migration in the People's Republic of China between 2002 and 2013 [J]. Asian Development Review, 2017, 34 (2): 184-200.

[2] Dahl G B. Mobility and the Return to Education: Testing a Roy Model with Multiple Markets [J]. Econometrica, 2002, 70 (6): 2367-2420.

[3] De la Roca J. Selection in Initial and Return Migration: Evidence from Moves Across Spanish Cities [J]. Journal of Urban Economics, 2017 (100): 33-53.

[4] Fan J. Internal Geography, Labor Mobility, and the Distributional Impacts of Trade [J]. American Economic Journal: Macroeconomics, 2019, 11 (3): 252-288.

[5] Fu Y, Gabriel S A. Labor Migration, Human Capital Agglomeration and Regional Development in China [J]. Regional Science and Urban Economics, 2012, 42 (3): 473-484.

[6] Harris J R, Todaro M P. Migration, Unemployment and Development: A Two-Sector Analysis [J]. America Economic Review, 1970, 60 (1): 126-142.

[7] Howell A J. Impacts of Migration and Remittances on Ethnic Income Inequality in Rural China [J]. World Development, 2017 (94): 200-211.

[8] Kim S, Margo A R. Handbook of Regional and Urban Economics [M]. Amsterdam: Elsevier, 2004.

[9] Kinnan C, Wang S Y, Wang Y. Access to Migration for Rural Households [J]. Economic Journal: Applied Economics, 2018, 10 (4): 79-119.

[10] Lewis W A. Economic Development with Unlimited Supplies of Labour

[J]. The Manchester School, 1954, 22 (2): 139-191.

[11] Meng L. Can Grain Subsidies Impede Rural-urban Migration in Hinterland China? Evidence from Field Surveys [J]. China Economic Review, 2012, 23 (3): 729-741.

[12] Pires A J G. Brain Drain and Brain Waste [J]. Journal of Economic Development, 2015, 40 (1): 1-34.

[13] Ranis G, Fei J C. A Theory of Economic Development [J]. American Economic Review, 1961, 51 (4): 533-565.

[14] Todaro M P. A Model of Labor Migration and Urban Unemployment in Less Developed Countries [J]. America Economic Review, 1969, 59 (1): 138-148.

[15] Tombe T, Zhu X. Trade, Migration, and Productivity: A Quantitative Analysis of China [J]. American Economic Review, 2019, 109 (5): 1843-1872.

[16] 杜启平. 城乡融合发展中的农村人口流动 [J]. 宏观经济管理, 2020 (4): 64-70+77.

[17] 范子英. 财政转移支付与人力资本的代际流动性 [J]. 中国社会科学, 2020 (9): 48-67+205.

[18] 高小明, 郭剑雄. 城乡经济结构转型的国际经验及启示 [J]. 经济纵横, 2020 (1): 123-132.

[19] 郭东杰. 新中国70年: 户籍制度变迁、人口流动与城乡一体化 [J]. 浙江社会科学, 2019 (10): 75-84+158-159.

[20] 韩军, 孔令丞. 制造业转移、劳动力流动是否抑制了城乡收入差距的扩大 [J]. 经济学家, 2020 (11): 58-67.

[21] 陆希刚, 张立. 区域差异和城乡梯度双重视角下的中国流动人口迁移空间模式 [J]. 城市规划学刊, 2021 (5): 66-73.

[22] 孙永强, 陈红姣. 城乡人口结构差异是否阻碍城乡经济一体化 [J]. 上海经济研究, 2021 (8): 60-71.

[23] 谢地, 李梓旗. 城镇化与乡村振兴并行背景下的城乡人口流动: 理论、矛盾与出路 [J]. 经济体制改革, 2020 (3): 39-45.

[24] 杨善奇. 中国城乡劳动力流动的政治经济学考察——兼对刘易斯拐点研究范式的反思 [J]. 理论月刊, 2021 (11): 72-80.

[25] 张军涛, 游斌, 朱悦. 农村劳动力流动对城乡二元经济结构转化的影响——基于经济增长中介效应的分析 [J]. 经济问题探索, 2021 (6): 125-137.

社会交换理论下农村生态环境治理内在行为逻辑与实践路径研究[*]

一、问题的提出

  社会经济在不断发展过程中伴随而来的是自然环境的不断恶化，农村生态环境的治理已经越来越受到国家、政府的重视，习近平同志 2005 年首次提出"绿水青山就是金山银山"的科学论断。2017 年，中国共产党第十九次全国代表大会把"坚持人与自然和谐共生"和"绿水青山就是金山银山"纳入了我国的基本国策。2021 年习近平主席在《生物多样性公约》第十五次缔约方大会领导人峰会中同样提到了"绿水青山就是金山银山"。在全球化一体化进程中，只有促进经济发展和生态环境双赢才是最根本之路。2021 年 9 月中共中央办公厅、国务院办公厅印发《关于深化生态保护补偿制度改革的意见》，提出全社会都要"尊重自然""保护自然""顺应自然"的思想，明确指出生态环境是关系党的使命宗旨的重大政治问题，也是关系民生的重大社会问题，对于生态环境治理的重要性也进一步得以凸显。农村生态环境的治理是一条全面实现乡村振兴之路，不仅可以实现生态宜居还可以在此基础上实现产业兴旺、治理有效、乡风文明和生活富裕。农村生态环境的治理是国家发展的重要抓手，也是实现国家治理现代化的重要基础。但农村生态环境治理仍存在短板，不仅无法实现乡村振兴，还有可能与国家政策相对立，也让农民无法从农村生态环境治理中得到收益，因此对于农村生态环境的治理不仅是推进农业农村现代化的基础，还给农民的收益增添了一条新渠道，促进农村生态环境和经济发展和

  * 作者简介：孙超，贵州财经大学硕士研究生。

谐共生。

社会交换理论被认为是社会交往的交换过程，其本质就是由特定资源、相互依赖、共同制约组成，其中特定资源是指交换双方都有特定的资源是对方所需要的。共同制约是指交换双方都需要遵守的一个规定。互相依赖是指交换双方互相依存，缺一不可，交换双方在交换行为中处于相对地位。基于以上三个组成因素作用，人们对所获得的回报进行评估，根据自己的最大利益进行选择，以此来支配自己的行为。对于得到的利益可以是实物报酬也可以是精神上的慰藉。农村生态环境的治理需要政府、社会、个人的广泛参与，是一种内在互动的行为体现，更是一种利益交换行为，互相依存不可分割，才能取得成功，充分体现社会交换理论的广泛应用。基于此使用社会交换理论对农村生态环境治理进行研究，不仅有利于协调各方资源和利益，取得有效的治理，还是实现乡村振兴战略，促进农村地区可持续发展的关键所在。

本文基于社会交换理论，从特定资源、共同制约、相互依赖三个维度出发。对农村生态环境的治理进行逻辑梳理，辨别当前治理的困境，并有针对性地提出解决措施，对于提升农村生态环境治理的有效性和实现经济与生态协调发展、促进乡村振兴战略的顺利完成都有十分重要的意义。

二、文献综述

农村生态环境的治理越来越受到学术界的广泛关注，目前国内学者针对农村生态环境的治理大多集中在以下三个方面：

一是农村生态环境治理是自治。有学者曾指出农村生态环境的治理已经严重阻碍美好乡村的愿望，村民应该发挥自己的作用打破这一阻碍。[1] 姚瑶认为，对于农村环境治理主体多元化引入农民利益，可以使农民从被动参与变为主动参与，提升农民的农村生态环境治理的参与性。[2] 同时农村生态环境治理的核心是帮助农村地区的人民更好地从环境中得到收益，农民的主体性参与是改善环境治理、巩固乡村振兴成效的基础。[3] 王芳和李宁指出，农户参与治理是当前进一步解决农村生态环境政府直控型治理模式困境，充分发挥农户的主观能动性，以赋权来培育居民的主体意识与参与自信。[4] 通过对国内部分学者的研究进行梳理，可以清晰地了解到激发农户参与生态环境治理的积极性是解决当前困境的最好形式。

二是农村生态环境治理是自然资源再使用的重要途径。农村生态环境治理为自然资源再利用增添了渠道，由于过度追求经济效益导致土地荒漠化、污水化、焚烧秸秆问题越来越严重，造成农村生态环境进一步恶化。范经云和韩隽指出，农村生态环境的治理是自然资源再利用的一个重要体现，可以弥补自然资源的不足，更好地向生产清洁化、废弃物资源化和产业模式生态化转变。[5] 因此在农村生态环境治理过程中，应该注重自然资源的再利用，实现变废为宝，并提高生态效益与经济效益。[6] 有些学者基于自然资源不足和自然资源再次利用不足，提出了自然资源再次使用发展，提升自然资源利用效率，发展循环经济破除自然资源不足的困境。

三是农村生态环境治理需要法治化和规范化相互配合。段晓亮和王慧敏指出，目前农村生态环境治理面临着法律监管体系、污染法律供给以及治理责任不明等诸多问题，因此在农村生态环境治理过程中出现了许多困难情况，例如农户责任分工不明导致农户缺乏主动性、政府工作人员针对农村生态环境治理认识不足，需要依靠政府和社会多方面参与来促进法治和规范化的形成。[7] 继而李秋霞指出，法律机制的完善是农村生态环境治理的重要保障。应建立更加完善、明确的法治体系为农村生态环境的治理提供重要支持和方向指导。[8] 温暖明确指出，在完善法治化的同时，也要根据当地情况因地制宜实现农村生态环境治理，不同地形、不同地区实现特色化发展[9]，因此，在农村生态环境治理中还需要坚持党的领导、政府支持、法律支持、人才保障、资金保障等方面，并进一步完善。于法稳立足于当前困境，充分认可农村生态环境治理的重要性的情况下，从可实现的法制化、规范化等方面都进行充分的讨论，从而在内在环境与外在环境双重协调下促进农村生态环境治理的可持续发展。[10]

通过以上学者们的分析，可以清晰地得出目前学术界针对农村生态环境治理主要从自治视角、资源再使用视角以及现实困境三个方面进行阐述，不仅丰富了农村生态环境治理的理论知识，还充分地体现出对于农村生态环境治理的高度重视。但目前学者们对于农村生态环境治理的研究主要还是从宏观角度出发，鲜有学者从多元主体配合的内在行为逻辑出发，来探究农村生态环境治理的实践路径。本文立足当前研究背景，以社会交换理论为切入点，从特定资源、共同制约、相互依赖三个维度出发，探究多元主体配合之间的内在行为逻辑，总结并分析农村生态环境治理实践路径以及可持续性发展的关键所在，以期丰富农村生态环境治理的理论研究，促进农村生态环境治理的发展与进步。

三、社会交换理论下农村生态环境
治理内在行为逻辑

（一）特定资源与农村生态环境治理主体

社会交换理论认定交易双方都存在对方所不具有的特定资源，这种资源可以是实物形式或精神形式，当交易双方都需要对方的特定资源时，就开始进行资源互换，以此满足自身需求。因此交换双方持有的特定资源是农村生态环境治理中的内在逻辑之一。在农村生态环境治理中交易活动主要由以下两个方面发生：

一是农村生态环境治理中地方政府和市场。针对农村生态环境治理过程中，政府和企业之间的互动也可以看作一个交换关系。政府掌握地域、财政等资源，而企业掌握特定技术、装备等资源，两个交互在一定程度上影响农村生态环境治理的有效性。因此在农村生态环境治理中，政府应积极与企业进行合作，提供财政、地域支持，以此对相关企业进行补贴，提升企业参与农村生态环境治理的积极性。而企业在政府的带动下也要投入特有的技术与装置来更好地完成农村生态环境治理，从而达到良性循环，政府实现了农村生态环境治理的目标，而企业也获得了相应收入和政策扶持。

二是农村生态环境治理中民间组织和农民。2020 年 3 月颁布的《关于构建现代环境治理体系的指导意见》指出，到 2025 年建立健全环境治理的全民行动体系，提高公众参与的积极性。针对农村生态环境治理中，民间组织发展出现越来越多的资源支持、能力支持和人才支持等各类支持型组织，初步形成一个有利于共生发展的生态链。民间组织在得到政府的支持下以其公益性或非营利性为目标，建设各种可持续发展的农村生态环境治理项目，但受到组织自身力量有限、农民数量庞大且自身资源有限的限制，导致获取生活来源的渠道较为单一。因而民间组织与农民之间所存在的特有资源完全形成交换，农民可以通过民间组织的项目拓展资金来源，获得更优质的生活，民间组织也可以通过数量庞大的农民参与来实现农村生态环境治理项目，更进一步拓展促进农村生态环境治理可持续发展的项目。

（二）相互依赖与农村生态环境治理网络

社会交换理论下，如果说特定资源决定着交换双方的社会交往行为，而相互依赖则决定着交换双方在交换行为过程中所处的交换地位。交换地位也很大程度地影响到交换行为的主导性，导致交换双方处于不平等地位。基于此如何在社会交换过程中使双方地位取得平等是一个关键问题。

一是农村生态环境治理之间的信任关系。在农村生态环境治理过程中，需要政府、企业、民间组织和农民这四方共同的努力才能得以实现，但农村生态环境的治理并不是一朝一夕就可以见到成效的，相反需要长期的跟踪监测，由于在农村生态环境治理中法律的缺陷以及监督的不力，导致各方主体普遍缺乏信任，即便农村生态环境治理项目看似有益，但也都存在质疑。随着时间的推移，农村生态环境治理中的供给动力不足，严重影响着治理供给的质量和效率，有可能导致生态环境进一步恶化。因此在社会交换理论的背景下，治理供给不足的动因得到识别，互相信任是最大的影响因素。当主体与主体之间具有较低的信任感时，会严重影响到整个治理项目的进程。因此如何平衡各主体间的信任关系，使之处于互利互惠的地位是一个值得研究的问题，解决此问题才能更进一步促使多元主体间的配合，从而提高农村生态环境治理的有效性。

二是农村生态环境治理之间的公平原则。公平原则主要体现在多元主体间利益分配公平原则，农民的行为往往都是根据与其他行动者的互动结果来决定自己未来的行为。但是，不同行动者的利益博弈往往导致农民被边缘化，由于信息不对称且技术不足等原因，导致其在利益分配中往往处于劣势地位。针对农村生态环境发展，农民往往是结果的承受者，他们非常容易将农村生态环境治理的成果简单地归因于政府政策的扶持，而非自身努力，进而丧失主动性。因此，随着时间的推移，不公平程度越来越大，导致治理主体积极性缺失，基于此，在社会交换理论下，研究针对农村生态环境治理带来的利益分配公平性是最值得思考和解决的问题之一。

（三）共同制约与农村生态环境治理体系

在社会交换理论过程中，共同制约是交换行为存在的重要保障，其可以是交换双方约定俗成的规矩，也可以是政府制定的相关政策、法规等措施。双方的交换都要在一个共同制约的环境下进行交换，从而满足彼此的需求。

一是农村生态环境治理的内在制约。内在制约是在交换双方之间约定俗成的，其主要特征是不受法律保护，在中国这个人情社会中，人与人之间的内在制约可以体现在地域所特有的文化、价值观、道德观或思想行为规范中。这种虽然不受法律保护但却都互相遵守的内在制约为农村生态环境治理多元主体之间相互配合提供了最基础的情感保障和社会支持。在农村生态环境治理中，农民作为农村生态环境治理中的关键一环，内在制约可以最为有效地规范农民之间的行为，从而进行环境治理。因此，通过人与人之间的内在制约，最大程度降低环境破坏的发生，规范人们的行为所带来的严重后果，从根本上进行农村生态环境治理。

二是农村生态环境治理的外在制约。农村生态环境治理的外在制约可以体现在相关法律法规、治理政策中。国家以明确的法律条文或相关规定来制约人们的行为规范，具有高度的法治性。2014 年《关于全面深化农村改革加快推进农业现代化的若干意见》中明确提出要建设一条生态环境可持续的中国特色新型农业现代化道路。到 2015 年《中共中央 国务院关于加快推进生态文明建设的意见》中提到农村生态环境治理是实现中华民族伟大复兴中国梦的时代抉择，这是国家层面对于农村生态环境治理的高度认可。继而在 2021 年《农村人居环境整治提升五年行动方案（2021-2025 年）》中将农村生态环境治理纳入到建设美丽中国的重要一环。再到 2022 年《"十四五"推进农业农村现代化规划》进一步把农村生态环境治理放在了首要位置，把农村生态环境明显改善作为规划主要目标。这些政策都更加明确农村生态治理的重要性，也指明了未来的农业发展方向，为农村生态环境治理提供了良好的社会支持。因此，农村生态环境治理的外在制约可以明确指出为治理方向提供一个多元主体协同发展的新道路。

四、社会交换理论下农村生态环境治理的实施困境

本文从社会交换视角探究农村生态环境治理的路径，从共同制约、相互依赖、特定资源三个角度进行研究，并从制约环境、社会环境、市场环境三个方面来研究农村生态环境治理的现实困境。

（一）外在制约环境不足，内在制约环境弱化

目前针对农村生态环境治理相关的法律条文还不是特别齐全，其主要存在于相关规划当中，对于具体明确性指向治理稍显不足。当前针对脱贫攻坚任务已全面完成，接下来进入乡村振兴时代，宜居环境是乡村振兴时代的主旋律，目前大多数农村生态环境治理相关政策"同质现象"严重，缺乏根据不同地区、地貌的针对性的农村生态环境治理相关政策。这就导致虽然出台了相关政策，但各个地方无从下手，只有方向却没有实际措施。没有明确的法律条文可能导致在多元化治理过程中主体责任不明确，监管责任不明确，最终会阻碍农村生态环境治理的发展。随着"空心村"和"妇女农村"等现象不断出现，农村劳动力人口也不断减少，农村生态环境治理内在制约环境逐渐弱化，现在农村大多数村规民

约、乡村文化等方面，只有一些老年人还在遵守，现在年轻人都是"挣大钱、挣快钱"的思维，导致内在制约效应也越来越弱。同村人没有相同的道德规范和价值观念，使农村生态环境治理也出现了难题。与此同时，国家政策层面也缺乏和当地文化相结合，如何将治理政策融入到当地内在制约中是一个不容忽视的问题。因此，对于现有外在制约的补充以及内在制约完善是关乎农村生态环境治理能否顺利完成的关键一步。

（二）社会信任环境较差、不公平现象较多

随着快速城镇化的发展，社会信任水平出现明显的下降。[11] 中国社科院蓝皮书课题组的相关研究显示，人们对于商业、企业信任度最低，政府和民众、政府和企业、企业和民众等的信任关系也在逐年下降。在市场化的进程中，虽然鼓励人们进行逐利和竞争，但随着竞争的加剧，人们受利益驱使和"理性经济人"影响，降低人们之间对于信任的预期，并且相应市场规则和相关条例尚不健全，更进一步导致社会信任环境变差。在农村生态环境治理中，农户不相信政府通过治理农村生态环境就可以使农民增加收入，而企业也不相信通过农民可以胜任真正农村生态环境的治理，在这种社会信任环境下降的情况下，将不利于多元主体协同配合完成农村生态环境治理的任务。农村生态环境治理中仍有不公平现象出现。主要体现在利益分配不公平、市场竞争自由不公平两方面，在政府发布任务和企业竞标过程中，存在重资金、轻技术，即劣币驱逐良币现象，过度重视投标时低价而忽视了企业本身所拥有的技术层面。一些企业将农村生态环境治理当作了福利工程，以低价竞标获取相关农业补贴，依然运用传统方法、运用人工来进行治理，这种低成本的方式使这些企业获得了较大的利益，而那些具有真正技术的企业由于竞价水平较高，无法获得项目，影响了农村生态环境治理效果，也在很大程度上导致了国家以及农民的利益受损，一项惠国惠民的项目失去了原有的目的。如何在现有社会信任环境较差、不公平现象较多中实现有效的农村生态环境治理，这也是后续研究的重要方面。

（三）可持续并可发展性治理不足

农村生态环境治理的可持续并可发展性治理不足，主要是以下两个方面：

一是农村地区生态环境污染源复杂。农村经济的快速崛起，现在农村生态环境治理中存在的最大问题就是污染问题。农村生态环境的污染不仅是生活污染，现在已经发展成为内部、外部共同污染。外部的城市废弃物、重金属废弃物等向农村地区转移。而内部的由于农业生产使用过量的化肥、农药导致的土壤污染、水污染，以及农产品加工污染等多方面污染问题也已经严重危害农村生态环境。

二是农村生态环境治理共同体意识薄弱。农村生态环境的治理需要政府、农民、企业、农村组织和社会组织等共同参与。而在现实活动中，农村生态环境治理主体大都由政府承担，而农民、企业、农村组织和社会组织等只发挥较少的作用。更有甚者，农户把农村生态环境的治理当作国家的事情。企业过度追求利益，也对农村生态环境造成不利影响，甚至逃避保护环境等责任，而在农村地区农村组织和社会组织知识水平不足，也没有发挥应有的作用。这就导致农村生态环境治理主体单一，共同体意识淡薄，无法搭建起多元共治、良性合作的生态治理共同体。

五、社会交换理论下农村生态环境治理的实践路径

（一）强化外在制约与内在制约协同并进

外在制约的强化是最为有效地促进农村生态环境治理的保障，明确农村生态环境治理路径，依据不同地方生态情况、污染情况、生活规律等实际情况提出与实际相吻合的治理道路。例如制定《农村生态环境治理法》，明确治理的内容，提供治理的方向和手段，健全和完善相关的农村生态环境治理的政策可以明确监管主体、明确监管责任，保障治理主体利益，最大化发挥外在制约作用。由于乡村是熟人社会，所以内在制约的重要性也是不可忽视的，加强村集体对于当地传统文化的传播，在村规民约中引进相关政策条文，加强内外制约相互配合，将共同促进农村生态环境治理的成功。

（二）树立农村生态环境治理的共享价值观念

从马克思和恩格斯的"真正的共同体"概念所发展出来的共享价值观念是推动中国特色社会主义发展的重要实践指南，更是农村生态环境治理中的重要推动因素之一。在社会主义核心价值观和共享价值观念的共同指导下，建立高效有序的农村生态环境治理共建平台，着力凝聚共享价值观念，联合农民、企业、政府、社会组织等多方共同参与，构建公平公正的共享机制。在这个共享经济的时代，树立农村环境治理的共享价值观念，可以最大程度解决社会信任环境较差和不公平现象，政府相信企业，企业相信农民，每个主体之间相互信任；企业之间出现良性竞争，技术使用也将达到最优化，将真正优质的生态环境治理技术应用于农村生态环境治理的各项活动中，真正实现物尽其用。政府应该起带头作用，

打破"熟人经济"把共享价值观念,通过互联网、多媒体等设备进行传输,使全社会都拥有共享价值观念,这是进行农村生态环境治理的关键一步。

(三)构建多元主体协同参与的治理格局

农村生态环境治理中,首要的是打破政府主导治理的局面,探索多主体协同治理的新格局。首先,政府在整个治理过程中起主导作用,健全相关治理环境和治理体系,加大资金投入和响应激励机制,同时发挥好在农村生态环境治理过程中的监督作用,积极引导社会资本参与治理。其次,企业也应该加大引入相关高层次人才建设,勇于承担社会责任,探索创新优质技术应用于治理活动中。再次,社会组织也应该加强与政府和企业之间的联系,建立农村生态环境治理共享信息与治理机制,填补政府组织职能空白。最后,农民作为农村生态环境治理的受益者,要积极学习环境保护知识,积极参与基层单位组织的各项治理活动,以自身经验为基础,为农村生态环境治理贡献自己的力量,在享受农村发展带来的经济效应的同时注重生态环境的恶化,减少对农村生态环境的破坏。构建多元主体协同参与的治理格局,既要建立平等的多元主体治理体系,也要明晰各类主体的责任和界限,注重发挥环境治理共同体的协同效应。[7]

参考文献

[1] 吕建华,朱梦瑶. 村民参与农村公共环境治理的集体行动探究——以山东省烟台市 W 村为例 [J]. 环境保护,2022,50(Z1):80-85.

[2] 姚瑶. 农村生态环境治理的现实困境分析 [J]. 农业经济,2021(4):51-52.

[3] 王晓莉,何建莹. 农民参与农业农村生态环境治理的内生动力研究——基于五个典型案例 [J]. 生态经济,2021,37(10):200-206.

[4] 王芳,李宁. 赋权·认同·合作:农村生态环境参与式治理实现策略——基于计划行为理论的研究 [J]. 广西社会科学,2021(2):49-55.

[5] 范经云,韩隽. 农村污染治理任重而道远 [J]. 生态经济,2022,38(6):9-12.

[6] 潘雅辉. 浙江地区农村生态环境污染问题及治理对策研究 [J]. 农业经济,2021(11):40-42.

[7] 段晓亮,王慧敏. 乡村振兴背景下农村生态环境治理的困境与对策 [J]. 农业经济,2022(4):62-63.

[8] 李秋霞. 新型城镇化进程中我国农村生态环境治理的法律机制研究 [J]. 农业经济,2021(9):25-27.

［9］温暖．多元共治：乡村振兴背景下的农村生态环境治理［J］．云南民族大学学报（哲学社会科学版），2021，38（3）：115-120.

［10］于法稳．"十四五"时期农村生态环境治理：困境与对策［J］．中国特色社会主义研究，2021（1）：44-51+2.

［11］曾希灵，刘志铭．快速城市化与社会信任——基于中国综合社会调查数据的实证研究［J］．当代财经，2021（7）：13-23.

II 新形势下的粮食安全

科技创新保障粮食安全的几点思考[*]

党的十八大以来，党中央始终把粮食安全作为治国理政的头等大事，提出了"确保谷物基本自给、口粮绝对安全"的新粮食安全观，确立了"以我为主、立足国内、确保产能、适度进口、科技支撑"的粮食安全战略。习近平总书记指出科技创新保障粮食安全的内容和方向，提出了"农产品保供，既要保数量，也要保多样、保质量"的要求①。这充分体现了以习近平同志为核心的党中央从大粮食观和全产业链方面全面谋划、全面布局的战略思想，这也对科技创新从大粮食观和全产业链方面保障粮食安全提出了新的要求。为此，我国迫切需要对科技创新保障粮食安全的问题进行重新思考，并对相关战略、制度和政策进行重新架构。

一、坚持自立自强，认清三个重要意义，充分认识新时期粮食安全特殊性

我国是人口大国、经济大国、农业大国，保障粮食安全和创新驱动发展都是国家战略，只有充分认识这两个战略的时代性、统一性、自主性、运动性，才能促进这两个战略更好的协同起来，让科技创新为粮食安全提供更加强大的支撑和保障。

只有站在大国经济视角，才能认清保障粮食安全的意义。从近年来的国际形势看，在气候变化、政治博弈等背景下，大国经济对韧性的需要愈发突出，在受到不确定性冲击时能确保稳定，就已经在基本面上确定了胜局。而大国经济的发

---

* 作者简介：赵光远，吉林省社会科学院农村发展研究所负责人、研究员；曲会朋，吉林省社会科学院农村发展研究所副研究员。

① 习近平 . 坚持把解决好"三农"问题作为全党工作重中之重　举全党全社会之力推动乡村振兴［J］. 求是，2022（7）：1.

展韧性在很大程度上取决于粮食安全：粮食安全能保障人民信心和社会稳定，能支撑经济建设和国防外交，能强化风险抵御和战略持久。当然，我们也必须认识到粮食安全是系统观和未来观下的粮食安全，不只是生产环节的事情，粮食的育、种、收、运哪个环节出了问题都不行；也不只是口粮安全的事情，生活用粮、工业用粮、储备用粮等都要保持在一定安全范围内。只有从大粮食观、全产业链对粮食安全进行分析和把握，才能立足于大国经济视角认清保障粮食安全的意义。

只有站在时代背景之前，才能认清科技自立自强的意义。经过一个多世纪的现代化进程，人类已经进入到了一个无比信奉或者崇拜科学技术的时代，甚至资本主义国家一度把科学技术作为新边疆或者新前沿，以之作为新型殖民的一种手段。当前一段时期，科技作为第一生产力的作用更加凸显，"卡脖子"问题能否解决，已经成为国家命运、产业命运、企业命运和个人命运的决定因素。而在大国竞争之下，针对科技发展关键资源的各种手段几乎没有底线，只有把决定科技自立自强的人才资源培养好、把实现科技自立自强的理想信念确立好，我们才能走出自己的模式、形成自己的核心竞争力。涉及粮食安全领域更是如此，只有以科技自立自强为支撑，才能保证粮食安全的基本面，才能形成制胜乱局的大信心。

只有站在人民立场之下，才能认清"根本出路在科技"。回顾整个中国近现代史可以发现，任何经济发展活动只有站在人民立场，才能不断扩大市场、提升效益。新技术新产品之所以能够打破垄断，取代旧的产品，最关键的地方就是让人民群众有了更好的体验，我国市场经济主体之所以能够全方位拓展全球市场，主要原因也在于此。粮食安全方面也是如此，如习近平总书记所强调的，粮食安全根本出路在于科技，中长期发展中土地资源的有限性、城镇化进程中农业劳动力资源的萎缩、生态环境建设所导致的农产品质量的提升等现实问题，都在倒逼粮食安全向科技创新寻找出路，甚至需要向粮食、农业以外的科技创新寻出路。

二、全局系统谋划，把握五个同等重要，整体提升粮食全产业链安全水平

我国处于经济社会向高质量发展的加速期，处于人民群众对高质量粮食产品需求上升的加速期，处于从传统粮食观向"大粮食观"转型的加速期。从"大

粮食观"、全产业链角度出发完整理解粮食安全内涵,有助于全方位提升科技创新对粮食安全的保障力。

多产一斤粮和节约一斤粮同等重要。很多地区谈到科技支撑粮食生产,都出于行政区划思维,把要点放在了生产、产量上,而缺少从全国的、粮食供应链层面考虑问题,缺少从为国家、为其他省份提供多少粮食方面进行全方位考虑。笔者认为,从区域生产和全国供应的角度看,生产一斤粮和节约一斤粮同等重要:一方面,短期内节约一斤粮远比多产一斤粮容易做到,且对生态环保方面不会形成压力;另一方面,从投入产出看,节约一斤粮的投入产出效率也要远远高于多产一斤粮。此外,必须看到多产一斤粮所需要的基建、科研等从投入到形成产出的周期过长,甚至还可能会影响气候变化,对于短期支撑或者中长期发展都会形成一些不可预知的结果。当前我国粮食损失浪费的比例在6%左右①,个别粮食生产大省的损失浪费比率可能还会更高一些;全国损失浪费的粮食规模相当于吉林省的粮食产量,吉林省每年损失浪费的粮食规模相当于一个粮食主产区县市的粮食产量,这些都需要引起关注。2022年《经济日报》已经提出了"减少粮食损失浪费等于增产"的观点,这一点尚需要得到地方政府的农业农村部门和粮食管理部门进一步重视。

开垦一亩地和保护一亩地同等重要。粮食增产主要还要靠土地来保障,这里既包括耕地面积扩大,也包括土地质量提升,还包括和耕地相配套的基础设施体系和技术操作体系进步等。特别是在第三次全国国土调查之后,也受制于生态环境保护的约束,新开垦一亩地的空间大幅减少,保障粮食安全更重要的任务落在了保护耕地上面。而就我国大多数粮食主产区的耕地质量而言,经过半个世纪以上的开发和耕种,在其他条件不变的情况下,单位耕地面积的产量能够保持不降低就已经不容易了。尽管2022年已有科技成果指出与低质量土壤相比,高质量土壤平均提高我国主要粮食作物产量10%,且作物产量的年际变异降低16%,②但是我们也要看到维持住高质量土壤(如黑土)质量或者促进低质量土壤改良的难度是以十年为周期的。在这种背景下,利用科技创新保障粮食安全既需要在保护耕地上下功夫,也需要在促进耕地质量提升上下功夫,更需要在城市耕地上下功夫(利用好闲置楼宇资源,发展好植物工厂以及楼顶农业等手段,每年可以推动实际可用耕地面积扩大万亩以上)。

谷物稳增产和肉菜稳增产同等重要。当前,很多地方还把粮食安全保障局限

① 刘慧.减少粮食损失浪费等于增产[N].经济日报,2022-07-28.
② 中国农大范明生教授团队评估了土壤质量对提高作物适应气候变化能力的重要作用[EB/OL].[2022-06-10].https://news.cau.edu.cn/art/2022/6/10/art_8769_866360.html.

在谷物增产上，这种认识和做法是与国家新时期粮食安全策略不协调的。《新时期中国粮食安全的理论辨析》一文指出，新时期保障粮食安全，需要协调考虑数量安全、营养安全、生态安全、能力安全等多元目标。[①]从这一意义上看，谷物增长与肉类增产、蔬菜食用菌增产等同等重要，要把肉类、蔬菜食用菌等产量纳入到粮食产量中统一衡量并且提高其可折算为粮食的相关系数。我们要把科技创新保障营养安全作为其保障粮食安全的重要组成部分，要把"端稳中国饭碗"分解成"装满中国饭碗""丰富中国饭碗""安全中国饭碗"等多重目标予以精准推进，要切实地推动科学技术从上述多重目标上进行支撑，而不是只抓数量安全和能力安全，要防止地方政府因为"增产冲动"忽视粮食营养、粮食多样性和粮食质量等目标。从实践上来看，这一点在当下十分重要，如吉林省"千亿斤粮食工程"有关内容，在营养安全、生态安全上涉及的很少。

创新赋农和数据赋农同等重要。科技创新保障粮食安全，不只要加强农业科技研发等工作，还需要让科技创新与农业应用之间缩短距离、需要大创新与大农业之间缩小距离，这就需要极大地提升数据赋农能力。我国当前有很多农业信息化、数据化平台和机构，但在发展过程中往往会遇到瓶颈，很大的原因是局限在用农业的数据来推动农业发展以及农业科技创新和科技推广等工作。而从科技创新保障粮食安全而言，不论是哪个学科前沿技术、重大产品的突破，都有可能在农业相关领域得到应用。提高科技创新保障粮食安全能力，需要的是把科技的数据向粮食安全领域进行推送和融合，用大科技、大创新保障大粮食、大安全的能力提升。我们必须看到的是，近年来很多粮食安全领域的科技创新成果来自于科技工作者自发的技术融合，而不是基于数据挖掘、数据发现的技术融合。这种模式如不改变，科技创新保障粮食安全的效率和能力很难得到本质的提升。在相关工作中，不仅要科技创新和制度创新两只手都要硬，还需要农业科技创新和科技数据赋能两只手都要硬。

国内产业链和国际产业链同等重要。仇焕广等也指出了粮食安全的自主安全和合作安全问题[②]，从科技创新保障粮食安全方面看，利用科技创新保障国内粮食产业链安全和国际粮食产业链安全也同等重要。我们需要兼顾科技保障的硬实力和软实力的同步提升：一是要通过科技创新维护好两个产业链各环节的顺畅衔接、风险防范、基地建设、适当储备等情况；二是要通过科技创新特别是可以"卡别人脖子"的技术提高国际粮食谈判和博弈的能力；三是要通过形成和输出科技保障粮食安全的中国模式来提高软实力和影响力。在此基础上，科技创新保障粮食安全，只有坚持打破行政区划界限，坚持全国粮食安全一盘棋意识，推动

①② 仇焕广，等. 新时期中国粮食安全的理论辨析［J］. 中国农村经济，2022（7）：2-17.

形成粮食领域的全国统一大市场、形成不同地区粮食供需之间的快速反应机制，才能同时兼顾两个产业链的稳中有进的发展。在这一过程中，大数据技术、卫星遥感技术、种质资源库共享等科技创新手段都能发挥关键作用。

三、坚持交叉融合，推进三大科创体系，实现更高水平科技创新保障能力

遵循科技创新规律，把握科技创新链重要节点，在现有基础上，围绕人才、资本和安全三件大事构建科技创新保障粮食安全的新体系，是实现更高水平科技创新对粮食安全的保障能力的重要内容。

围绕科技创新保障能力构建交叉融合的农业科学学科体系。如前所述，提升科技创新保障粮食安全能力，必须推动大创新与大农业两个体系的融合，快速解决学科体系、创新体系与农业体系之间的"脱节"问题。而解决这个问题首要的是抓好交叉融合的农业科学学科体系建设，要抓住"新农科"发展契机，在学科规划、人才培养、教材设计等科技创新的基础环节充分展示"大农业观""大粮食观""大科技观"等理念和内容，要推动农业科学的学生向外看、多角度了解其他学科内容，向远看、全方位融入未来场景和模式研究农业科技问题，不能停在农业科学本身研究农业科学。在"新学科"建设一些做法上也要拓宽思路、拓展思维，如让林业院校或者海洋院校等建设"新农科"，以发展特色农业；让工科院校建设"新农科"推进农业机械、农业工程建设方面的创新；让综合性大学建设"新农科"，更好地统筹多种资源以促进交叉融合的实现；让农业科研院所建"新农科"，推动农业科学和农业实践更好地结合在一起。

围绕科技创新保障能力构建交叉融合的涉农创投资本体系。科技创新在保障粮食安全过程中具有一定的试错属性，想要最快最好地发挥科技创新的作用，必须强化市场化机制，发挥创投资本的孵化器、加速器、敢于试错的关键作用，这也是遵循科技创新规律提升科技创新保障能力的重要选择。在农业发展资金的使用上，要拿出一部分经费做农业创投资本，用天使投资、风险投资的方式支持一批科学技术向农业领域加速应用。针对市场化的创投基金、天使投资、风险投资等，要鼓励其向农业和科技融合的领域进行投入，并完善相关的风险补偿、风险化解机制。省级以上财政资金，要鼓励其创业引导基金参与成立农业领域的创投基金，并在投资回报、放大效应等方面设置符合农业发展规律的考核指标体系。对引入、建立创投资本的决策者以及创投资本的操作者，要建立起免责容错机

制。同时，还要建立完善的政策体系，引导农村市场主体、集体经济组织等引入创投资本，或者联合创投资本共同推动科技创新和农业农村发展相融合，提高科技创新对粮食安全方面的保障能力。

围绕科技创新保障能力构建交叉融合的农业风险化解体系。由于近年来粮食安全的外部冲击越来越多，而且我国以小农为主的生产方式在抵御外部冲击时能力不足，未来，科技创新保障能力建设要向保障构建农业风险化解体系倾斜。这一体系建设既包括传统农业生产领域的基础设施能力提升，也包括利用大数据、元宇宙、生物技术等对产业链进行模拟、预测和风险预判等，还包括培养一批具有复合型知识特征、善于快速化解多种风险的人才和团队。短期内要加快推进智慧农业、智慧农村建设以化解农村劳动力数量和知识存量不足等风险，中长期则还要围绕生态风险、能源风险、金融风险、信用风险、灾病风险等构建全方位的农业风险化解体系。我们要立足于降风险就是最大水平的降成本的思维来推动这项工作，让农业从业者、投资者的经营能力稳步提高，才能让粮食安全等问题得到更大的保障。

四、不断深化改革，推动五个重大转变，全方位激发科技创新的保障效能

坚实时代属性和未来属性，全方位解放思想，在更宏大的空间、时间背景下加快推动能够促进科技创新和粮食安全相向而行的重大改革，探索推进五个重大转变，全面提升科技创新保障粮食安全的效果和能力。

推进农业的科技向科技的农业转变的改革。坚持推动大科技为大农业进行赋能，坚持在大科技体系中寻找支撑农业的新要素，推动在农业范围内做科技向在科技范围内做农业加快转变。这需要强化科技部门、科研院所主动服务科技的意识、路径和手段。中国科学院长春光机所近年来主动推动"光+农业"就是这样一种探索，要推动各类新技术主动地去农业领域进行应用，而不是把科技创新局限在农业里面。种子研究要结合生命科学、农机研究要结合信息科学甚至遥感科学等，都是如此。

推进农业的人才向人才的农业转变的改革。要坚持以人才为中心进行农业创新，而不是以农业人才为中心进行创新，特别是在"新农科"建设中要强化人才的整体概念，而不是农业人才这样的部分概念。农业的人才是围绕农业做事情的，很难跳出农业进行创新，人才的农业是围绕人才做农业，是可以充分发挥人

才配置资源的综合能力的。这就需要农业部门与人才部门协同起来，处理好产业与人才之间的关系，推动农业资源向人才汇聚，依托人才的配置能力、组合能力带动农业走向新的高度。

推进农业的企业向企业的农业转变的改革。要坚持以企业为主体实现科技创新对粮食安全的更好的保障能力，但是这并不意味着要推动农业企业搞创新。纯粹的农业企业面临的不确定性太多，而且利润率波动较大，支撑不了创新。真正要做农业的科技创新，要发挥大集团、大国企的稳定作用，推动其成立农业创新子公司或者农业创新的事业部，才能更加有效。这里涉及在农业里面孵化企业还是在企业里面孵化农业的逻辑问题，需要农业部门、创新部门、国资部门等进行深入思考和高度重视。

推进花钱的农创向赚钱的农创转变的改革。当前农业创新领域处在一个以投入为主的花钱阶段，而且国务院发展研究中心发布的《构建中国特色的农业科技创新体系》指出了"农业科技创新外部性更强、获利更难，创新激励更为不足"的特征，但是这不意味着农业创新不能向赚钱方面转变。特别是在金融市场、房地产市场等原有的高回报率市场风险增大或者回报率降低的大环境下，进一步突出农业领域可中长期、稳定性回报的特征，现有农民补贴资金（在农民绝对数量不断下降的情况下农民补贴资金）再增设对引进农业创新企业的风险补偿补贴或者对农业创投领域的风险补偿等，有望提高资本市场对农业创新的支撑能力。要在新时期重新思考农业补贴补给谁、怎么补的问题，若问题得到解决，则可望推动农业创新向"赚钱"转变。

推进解题的农创向引领的农创转变的改革。这是一个科技创新模式转变的问题，我们不能因为习近平总书记提倡"要把论文写在祖国大地上"，就把农业科技创新搞成解决问题的工程技术式创新，我们还要在祖国大地上发现更多的基础性问题、规律性问题、前沿性问题予以解决和突破，从而让我们实现从跟跑到并跑和领跑的转变。农业科技创新不完全意味着要把论文写在耕地上、农田里，"要把论文写在祖国大地上"需要我们读万卷书、行万里路，广泛地吸收各行各业的经验以推动农业科技创新的大突破。这需要我们的科技管理部门、农业科研院校深度学习，把握"要把论文写在祖国大地上"内涵，从而让我们的农业科技创新在走向引领中提升保障粮食安全的综合能力。

重构粮食主产区利益补偿机制，
确保国家粮食安全*

保障粮食安全事关国家安全和发展大局，是推进农业农村现代化的首要任务。习近平总书记高度重视粮食安全问题，多次作出重要讲话和指示。目前全国有 13 个粮食主产区，生产了全国 80% 的粮食，为国家的粮食安全做出了重大贡献。但近几年来粮食价格一路走低，种粮效益低下，粮食主产区农民收入水平较低，同时地方财政困难重重，而现有粮食补偿政策难以解决上述问题。基于此，要重构粮食主产区的利益补偿，加大对粮食主产区的利益补偿。

一、粮食主产区为国家粮食安全做出了重大贡献

所谓粮食主产区是指黑龙江、吉林、辽宁、内蒙古、河北、河南、山东、江苏、安徽、江西、湖北、湖南和四川 13 个省（区）。粮食主销区是指北京、天津、上海、浙江、福建、广东和海南 7 省（市）。粮食平衡区是指山西、宁夏、青海、甘肃、西藏、云南、贵州、重庆、广西、陕西、新疆 11 个省（区）。

多年来，我国粮食主产区为国家粮食安全做出了重大贡献。2020 年 13 个粮食主产区人口占全国人口 56.41%（见表 1），但生产的粮食占有量为全国的80.47%（见表 2）。2020 年粮食主产区人均生产粮食为 660 千克（见表 3），为全国平均的 142.44%，调出粮食 7882 万吨（见表 4），占总产量的 15%。

表 1　全国人口在粮食主产区、主销区及平衡区分布

地区		1950 年	1960 年	1970 年	1980 年	1990 年	2000 年	2010 年	2020 年
主产区	人口数（万人）	34632	41552	52311	61748	62552	67787	78196	79660
	占全国比（%）	64.61	63.23	63.20	60.02	56.76	55.55	58.67	56.41

---

* 作者简介：张谋贵，安徽省社科院城乡经济研究所副所长、研究员。

续表

地区		1950 年	1960 年	1970 年	1980 年	1990 年	2000 年	2010 年	2020 年
主销区	人口数（万人）	7767	10335	12656	14928	17521	21125	25986	30329
	占全国比（%）	14.49	15.73	15.29	14.51	15.90	17.31	19.50	21.48
平衡区	人口数（万人）	11204	13832	17799	26196	30134	33120	29096	31024
	占全国比（%）	20.90	21.05	21.50	25.46	27.34	27.14	21.83	21.97

资料来源：历年的《中国统计年鉴》。

表 2 全国粮食主产区、主销区及平衡区粮食总产量

地区		1950 年	1960 年	1970 年	1980 年	1990 年	2000 年	2010 年	2020 年
主产区	总量（万吨）	8852	8800	16029	21368	31857	32911	41184	52598
	占全国比（%）	67.49	66.45	67.16	67.50	71.67	71.59	77.01	80.47
主销区	总量（万吨）	1737	2085	3543	4546	5229	4549	3323	2871
	占全国比（%）	13.24	15.74	14.84	14.36	11.76	9.89	6.21	4.39
平衡区	总量（万吨）	2527	2359	4297	5741	7363	8515	8970	9897
	占全国比（%）	19.26	17.81	18.00	18.14	16.57	18.52	16.77	15.14

资料来源：历年的《中国统计年鉴》。

表 3 全国粮食主产区、主销区及平衡区粮食人均产量

地区		1950 年	1960 年	1970 年	1980 年	1990 年	2000 年	2010 年	2020 年
主产区	人均产量（千克）	256	212	306	346	509	486	527	660
	占全国比（%）	104.46	105.09	106.25	112.46	126.27	128.87	131.26	142.44
主销区	人均产量（千克）	224	202	280	305	298	215	128	95
	占全国比（%）	91.40	100.11	97.06	98.96	73.99	57.15	31.87	20.42
平衡区	人均产量（千克）	226	171	241	219	244	257	308	319
	占全国比（%）	92.16	84.61	83.72	71.23	60.58	68.24	76.83	68.82

资料来源：历年的《中国统计年鉴》。

表 4 全国粮食主产区、主销区及平衡区粮食调入、调出量

地区		1990 年	2000 年	2010 年	2020 年
主产区	生产总量（万吨）	31857	32911	41184	52598
	调出量（万吨）	6139	7396	6326	7882
主销区	生产总量（万吨）	5229	4549	3323	2871
	调出量（万吨）	−1975	−3403	−8261	−14153

续表

地区		1990 年	2000 年	2010 年	2020 年
平衡区	生产总量（万吨）	7363	8515	8970	9897
	调出量（万吨）	−5026	−3951	−4001	−7518
国外进出口	净进口（万吨）	862	−42	5935	13900

资料来源：历年的《中国统计年鉴》。

二、粮食主产区的困境

（一）农民收入水平较低

尽管粮食主产区农民为国家粮食安全做出了重大贡献，但是粮食主产区农民没有得到相应的回报。2014~2020 年，粮食主产区农民可支配收入仅相当于全国平均水平（见表5）。如果去掉主产区内发达省份江苏和山东，大多数主产区的农民可支配收入皆低于全国平均水平。粮食主销区的农民可支配收入较高，相当于全国平均的 1.5 倍。粮食主产区与主销区农民可支配收入差距呈逐年扩大的趋势：2014 年粮食主产区与主销区农民可支配收入的差为 5148.62 元，而 2020 年扩大到 8462.52 元，6 年增长 64.36%。

表5　粮食主产区与主销区农民人均可支配收入差距　　单位：元

年份	全国	粮食主产区		粮食主销区		主销区−主产区
		数值	与全国比	数值	与全国比	
2014	10488.90	10744.92	1.02	15893.54	1.48	5148.62
2015	11421.70	11645.25	1.02	17341.60	1.49	5696.35
2016	12363.40	12564.38	1.02	18875.13	1.50	6310.74
2017	13432.40	13599.75	1.01	20541.61	1.51	6941.87
2018	14617.00	14759.39	1.01	22315.77	1.51	7556.38
2019	16020.70	16151.15	1.01	24329.06	1.51	8177.90
2020	17131.5	17246.14	1.01	25708.66	1.50	8462.52

资料来源：历年的《中国统计年鉴》。

造成粮食主产区农民收入不高的原因有两方面：一是种粮收益较低；二是粮

食主产区农民粮食经营收入占比较大，打工收入占比少。

从粮食收益看，2012年以来，我国粮食生产利润逐年下降，2018年、2019年三种粮食的利润分别为 -85.59元、-30.53元（见表6），粮食生产不仅不赚钱，反而亏本。如果是小农户，不算土地租金和人工成本，有一定的现金利润；如果是大户，计算租金和人工成本，经营亏本。因此，有的种粮大户靠地方政府补贴维持经营。

表6　全国三种粮食亩平均成本收益情况

项目	2012年	2013年	2014年	2015年	2016年	2017年	2018年	2019年
产值（元）	1104.82	1099.13	1193.35	1109.59	1013.34	1069.06	1008.18	1078.36
总成本（元）	936.42	1026.19	1068.57	1090.04	1093.62	1081.59	1093.77	1108.89
物资与服务费（元）	398.28	415.12	417.88	425.07	429.57	437.18	449.55	462.24
人工成本（元）	371.95	429.71	446.75	447.21	441.78	428.83	419.35	413.4
土地成本（元）	166.19	181.36	203.94	217.76	222.27	215.58	224.87	233.25
利润（元）	168.40	72.94	124.78	19.55	-80.28	-12.53	-85.59	-30.53
成本利润率（%）	17.98	7.11	11.68	1.79	-7.34	-1.16	-7.83	-2.75

资料来源：《全国农产品成本收益资料汇编2013~2020》。

造成粮食收益下降的主要原因是粮食市场销售价格增长缓慢，而种粮成本，尤其是人工成本和土地租金成本上涨过快。2012~2019年三种粮食平均销售价格仅增长5.45%，而同期CPI增长上升了18.42%。同期人工成本增长了53.45%，土地租金成本增长了40.36%，种粮收益低是必然的。

从粮食主产区农民农业收入结构看，粮食主产区农民挣钱少的经营收入（种粮）占到总收入的40%~50%，而外出打工挣钱多的工资性收入仅占30%多一点。这与粮食主销区正好相反，粮食主销区农民挣钱多的工资性收入占到总收入的60%左右，而挣钱少的农业经营收入仅占到20%多（见表7）。

表7　粮食主产区与主销区农民可支配收入结构

年份	单位	粮食主产区				粮食主销区			
		工资	经营	财产	转移	工资	经营	财产	转移
2014	元	3759.38	4920.03	246.52	1819.00	9660.36	3777.49	502.75	1952.93
	%	34.99	45.79	2.29	16.93	60.78	23.77	3.16	12.29

年份	单位	粮食主产区				粮食主销区			
		工资	经营	财产	转移	工资	经营	财产	转移
2015	元	4158.20	5213.08	273.06	2000.90	10607.71	3970.49	589.46	2173.94
	%	35.71	44.77	2.34	17.18	61.17	22.90	3.40	12.54
2016	元	4542.97	5345.01	297.40	2378.98	11520.46	4200.27	646.54	2507.86
	%	36.16	42.54	2.37	18.93	61.04	22.25	3.43	13.29
2017	元	5007.99	5589.99	328.33	2673.45	12506.56	4451.16	721.28	2862.61
	%	36.82	41.10	2.41	19.66	60.88	21.67	3.51	13.94
2018	元	5444.57	5978.73	364.86	2971.19	13161.93	4675.84	801.54	3676.49
	%	36.89	40.51	2.47	20.13	58.98	20.95	3.59	16.47
2019	元	5945.35	6475.22	394.26	3336.34	14227.21	4912.86	925.26	4263.74
	%	36.81	40.09	2.44	20.66	58.48	20.19	3.80	17.53

资料来源：历年的《中国统计年鉴》。

（二）地方财政困难

粮食产业是弱质产业，不仅没有税收收入，反过来还要地方政府投入更多的人力和财力扶持它。粮食主产区工业化、城镇化落后，财力本来就比较薄弱，扶持粮食生产使财政更加困难，尤其是承担粮食生产中的各种配套资金，让地方财政不堪重负。2019年全国13个粮食主产区人均地方财政收入仅相当于全国地方人均财政收入的79%，为粮食主销区人均财政收入的42%。2019年13个粮食主产区人均地方财政支出仅相当于全国地方平均财政支出的86%，相当于主销区地方人均财政支出的67%，甚至比中西部的粮食平衡区人均财政支出（15876元）低11%。可见，"粮食大省财政穷省，粮食大县财政穷县"的状况依然没有改变，这种情况如果长期不改变，一定会影响粮食主产区政府抓粮的积极性。全国各地区人均财政收入和全国各地区人均财政支出如表8和表9所示。

表8 全国各地区人均财政收入   单位：元

地区	2012年	2013年	2014年	2015年	2016年	2017年	2018年	2019年
全国地方	4511	5072	5547	6038	6309	6580	7016	7220
主产区	3822	4307	4659	4917	5070	5233	5559	5724
与全国比	0.8473	0.8492	0.8399	0.8143	0.8035	0.7953	0.7923	0.7928

续表

地区	2012 年	2013 年	2014 年	2015 年	2016 年	2017 年	2018 年	2019 年
主销区	7782	8700	9657	11096	12056	12583	13334	13703
与全国比	1.7251	1.7155	1.7408	1.8376	1.9108	1.9122	1.9005	1.8980
平衡区	3425	3852	4211	4445	4384	4676	5067	5154
与全国比	0.7593	0.7596	0.7590	0.7361	0.6949	0.7106	0.7221	0.7139

资料来源：历年《中国统计年鉴》。

表9　全国各地区人均财政支出　　　　　　　　　　　　单位：元

地区	2012 年	2013 年	2014 年	2015 年	2016 年	2017 年	2018 年	2019 年
全国地方	7916	8800	9447	10937	11597	12462	13487	14553
主产区	7106	7917	8436	9450	9990	10712	11643	12563
与全国比	0.8976	0.8997	0.8930	0.8641	0.8614	0.8596	0.8632	0.8633
主销区	9440	10619	11485	14622	15652	16667	17728	18792
与全国比	1.1926	1.2067	1.2158	1.3370	1.3497	1.3375	1.3144	1.2913
平衡区	8692	9493	10272	11527	12156	13236	14459	15876
与全国比	1.0980	1.0788	1.0874	1.0540	1.0482	1.0621	1.0720	1.0910

资料来源：历年《中国统计年鉴》。

三、现有粮食主产区利益补偿机制及问题

21 世纪以来，国家通过粮食补贴、最低收购价、产粮大县奖励、粮食保险补贴等政策，建立了对粮食主产区的利益补偿机制，但这种利益补偿机制只是初步的，非常不完善。主要存在以下问题：

（一）补偿额度较少

相比较国外，我国对农业的补贴额度较小，尤其对农民的直接补贴较少。如 2012~2014 年，日本的农业支持量达到年均 535.5 亿美元，相当于国内农业总收入的 52.3%。1992~2002 年，美国政府对农业的直接支付占农业净收入比重平均约为 28%，其中，最高的年份为 2000 年，达到 48%，美国农民的收入 40% 来自农业补贴。欧盟为了加强对农业实施补贴，建立欧洲农业指导保证基金，大约每

年花费 550 亿欧元，占到了欧盟预算的 40%。每个农户平均每年拿到补贴 15 万元人民币，农民收入中 40% 来自于直接补贴。当前我国种粮农民从国家拿到的现金补贴主要是农业支持保护补贴（以前为直接补贴、良种补贴、农资综合补贴三项）（见表 10），自 2010 年后，农民粮食补贴增长缓慢，当前种粮补贴收入不足以弥补农民种粮成本的上涨。近几年国家对农民的直接补贴每年不到 2000 亿元，全国平均每亩不到 100 元，在农民收入中占的比重非常小。

表 10　我国历年农业"三项补贴"情况　　　　　单位：亿元

年份	2004	2005	2006	2007	2008	2009	2010	2011	2012	2013	2014	2015	2016~2019
粮食直补	116	132	142	151	151	190	151	151	151	151	151	151	1400
农资综补	—	—	120	276	638	756	835	860	1078	1071	1071	1071	
良种补贴	28.5	37	41.5	55.7	120.7	198.5	204	204	220	261.5	214.45	203.5	

资料来源：根据《中国粮食年鉴》（2005~2020）整理。

（二）补偿没有考虑到种粮农民的机会成本

粮食主产区农民每年用大量耕地来种植粮食，但种植粮食的收益非常低，而同期种植水果和蔬菜等经济作物的收益非常高（见表 11），农民的土地种粮机会成本较高。另外，粮食主产区农民如果选择外出打工，获得的收入比在家种粮的农民收入多得多（见表 12），农民劳动力种粮的机会成本也较高。粮食主产区利益补偿政策对粮农补偿较少，没有考虑到农民种粮机会成本。

表 11　全国各种种植业的平均收益　　　　　单位：元/亩

品种	2012 年	2013 年	2014 年	2015 年	2016 年	2017 年	2018 年	2019 年
花生	675.20	124.60	143.78	96.71	270.44	58.08	32.24	371.06
粮油	296.48	13.25	-8.98	-81.67	-30.22	-75.10	-79.99	92.55
棉花	25.26	-214.98	-686.44	-921.55	-488.30	-470.28	-460.90	-659.54
甘蔗	405.95	116.81	-150.04	117.80	410.45	406.40	331.31	180.48
苹果	4026.89	3246.72	3480.85	2128.34	896.80	1909.61	2614.02	1413.07
蔬菜	2455.00	2852.27	2069.78	2187.89	2022.53	2126.80	2126.80	3749.51
烤烟	224.45	-37.30	-146.08	278.57	-112.13	-102.18	83.61	116.59
粮食	168.40	72.94	124.78	19.55	-80.28	-12.53	-85.59	-30.53

资料来源：根据《中国农村统计年鉴》（2013~2020）整理。

表12　全国农民工平均工资　　　　　　　　　　单位：元

年份	2012	2013	2014	2015	2016	2017	2018	2019
人月平均	2290	2609	2864	3072	3275	3485	3721	3962
人年平均	27480	31308	34368	36864	39300	41820	44652	47544
家庭年收入	54960	62616	68736	73728	78600	83640	89304	95088

资料来源：根据《国民经济社会发展统计公报》（2012~2019）整理。

（三）补偿没有完全考虑粮食主产区政府利益

由于国家的耕地保护政策和主体功能区规划，粮食主产区的耕地被限制大规模的经济开发，导致粮食主产区工业落后，城镇化水平低，税源较少，尤其支撑地方政府运转的房地产土地出让金收入少，地方财政收入少。当前国家对粮食主产区的补贴仅是通过产粮大县奖励政策对粮食主产区的补偿，额度非常有限，根本难以解决粮食主产区的财政困难。现有粮食主产区利益补偿机制对地方政府利益补偿考虑不足。

（四）缺乏市场机制作用

当前国家调控粮食安全更多地通过行政手段和法律手段，如粮食安全省长负责制、耕地保护、耕地用途管理、主体功能区规划实施和农业"两区"的划定等。对粮食主产区的补偿也是主要依靠中央财政，财政资金非常有限，没有体现"受益与受损对等补偿"的原则，粮食主产区和主销区的责、权、利不相匹配，缺乏市场机制作用。如粮食主销区每年从粮食主产区调进大量的粮食，直接受益较多，但没有对粮食主产区进行补偿。

四、重构粮食主产区利益补偿机制

针对现有粮食主产区利益补偿机制的不足，借鉴国外粮食补偿和区域协调发展经验，提出两种路径加大对粮食主产区利益补偿。第一，建立国家粮食安全补偿基金制度，通过基金运作实现对粮食主产区粮食生产者的利益补偿。第二，建立区域协调发展基金制度，统一解决粮食主产区及欠发达地区政府财政困难。

（一）建立粮食安全补偿基金制度

该基金是为确保粮食安全，针对粮食生产者利益损失进行补偿的一种调节基金。该项基金运作的思路是所有粮食安全受益者都应该为基金作贡献，且受益多要多作贡献；所有为粮食安全遭受损失者应该得到补偿，且损失多要多得到补偿。通过粮食安全补偿基金运作，使中央政府、粮食主销区等多出资金，粮食主产区得到更多的补偿资金。

（1）粮食安全补偿基金的规模。粮食安全补偿基金的规模取决于三个方面：一是取决于上年的全国粮食生产总量。如果全国农民生产的粮食多，基金的规模就大一些。二是取决于当时的物价水平。如果物价水平较高，基金的数量也就多一些。三是取决于国家经济发展和居民的生活水平。如果国家经济发展水平高，人们的生活富裕，基金的规模也就要大一些。如每斤粮食补偿 1 元钱预算，2020年，我国粮食安全补偿基金规模为 13390 亿元，仅占农业增加值的 17.2%。粮食安全补偿基金规模始终要保持动态调整，应随着形势的变化进行调整。

（2）粮食安全补偿基金的来源。当前粮食生产的补偿资金主要来源于中央政府的财政支付，总体规模不大，对粮食生产的补偿，尤其是粮食主产区的补偿有限。因此，要拓宽粮食生产补偿资金的来源，通过中央财政支付、粮食安全税、粮食进出口关税等方式多种渠道筹集粮食安全补偿基金。

（3）粮食安全补偿基金的使用。设置耕地保护补贴、粮食生产直接补贴、粮食价格和储备补贴、粮食生产设施补贴、粮食生产规模经营补贴、粮食结构调整补贴、粮食生产保险补贴等，对粮食生产者进行补偿。以此，使粮食主产区粮农得到更多的补偿（见图1）。

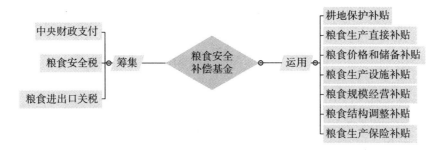

图1　粮食安全补偿基金筹集与运用

（二）成立全国区域协调发展基金统一解决粮食主产区和欠发达地区财政困难

改革开放 40 多年来，我国通过非均衡发展战略，让一部分地区优先得到发展。但地区间差距也在拉大，长期下去，有悖共同富裕要求。在现有的财政管理体制下，仅靠中央财政难以平衡地区间的财力差距。因此，有必要加快国家的宏观调控，让各个地区发展差距变小。建议成立区域协调发展基金，协调全国各地区财力差距。

（1）基金的规模。区域协调发展基金的规模取决于国家财政状况和区域间的公共服务差距。如果国家财政规模发展快及地区间的财政支出差距大，基金的规模就大一些。

（2）基金的来源。基金来源于中央财政和地方财政每年增量资金的一部分，国家财政拨款，整合现有一般转移支付的项目资金，将均衡性转移支付、重点生态功能区转移支付、县级基本财政力保障机制奖补资金、产粮大县奖励资金等资金整合到区域协调发展基金（见图2）。

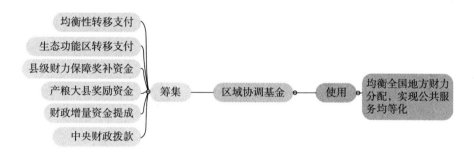

图 2　区域协调基金筹集与使用

（3）区域协调发展基金的使用。区域协调发展基金主要用于协调区域财政资金均衡配置。近期过渡阶段，可以保持原有的一些项目进行资金分配，但要逐渐扩大均衡性转移支付的规模，加强区域协调发展基金的调控力度，尽可能实现地区间公共服务均等化，解决粮食主产区和欠发达地区的财政困难。远期要对现有财政转移方式进行改革，加强财政转移支付方法研究，运用因素法等方法设计一套科学公平合理的区域协调发展基金分配公式，做到全国地区间的人均财政支出水平差别不能过大，大致相当。

参考文献

［1］钱佰慧，郭翔宇，张翔玮，逯一哲，姚江南．省域农村现代化水平评价与区域差异分析［J］．农业现代化研究，2022，43（5）：769-779.

［2］田桂山．美国家庭农场的形成及其收入比较［J］．世界农业，2013（10）：46-47+58.

［3］潘刚．建立粮食主产区利益补偿机制问题研究［J］．中国农业信息，2010（9）：4-6+8.

新疆环塔里木盆地县域农业生态效率时空格局及影响效应研究[*]

全球变暖及能源枯竭等重大问题受到了国际社会的广泛关注。生态系统的破坏带来了极端天气和洪涝等诸多灾害，其一部分源于自然因素，但更重要的是人类生产生活导致的污染排放量增加引起的全球变暖。据《中华人民共和国气候变化第三次国家信息通报》报道，农业温室气体排放量占全国排放量由2010年的8%增至2018年的17%[①]。其中，农业产生的CH_4和N_2O分别占全国总量的50%和90%[②]。截至2017年，中国农业碳排放总量约占亚洲农业碳排放量的29%，占世界农业碳排放量的12%[③]。传统农业生产率的评价方式忽视了经济增长对社会福利的外部性，无法反映出农业生态效率的真实绩效，甚至会造成政府决策偏误，对农业生产和农户利益产生负作用[④]。新疆环塔里木盆地作为丝绸之路经济带的重要组成部分，对新疆及干旱区农业经济增长和实现绿色生态化转型至关重要。新疆环塔里木盆地粮食总产量由2000年的$3.88×10^6$吨提高到2020年的$5.41×10^6$吨[⑤]，增幅近39.43%，在推动农民增收和保障粮食供给等方面发挥了重要作用。但在气候条件干旱和生态环境脆弱的刚性约束下，如何有效推进农业向优、向稳发展成为新疆环塔里木盆地县域亟待解决的问题。

---

* 作者简介：穆佳薇，新疆农业大学经济管理学院硕士研究生；乔保荣，新疆农业大学经济管理学院硕士研究生；余国新，新疆农业大学经济管理学院教授、博士生导师。

① 夏四友，赵媛，许昕，等．近20年来中国农业碳排放强度区域差异、时空格局及动态演化 [J]．长江流域资源与环境，2020，29（3）：596-608.

② 李波，张俊飚，李海鹏．中国农业碳排放时空特征及影响因素分解 [J]．中国人口·资源与环境，2011，21（8）：80-86.

③ 田成诗，陈雨．中国省际农业碳排放测算及低碳化水平评价——基于衍生指标与TOPSIS法的运用 [J]．自然资源学报，2021，36（2）：395-410.

④ 樊胜根．中国农业生产与生产率的增长新的测算方法及结论 [J]．农业技术经济，1998（4）：27-35.

⑤ 新疆维吾尔自治区统计局．新疆统计年鉴2019 [M]．北京：中国统计出版社，2019.

近年来，在农业资源面临刚性约束同时将环境纳入分析框架的农业生态生产效率成为热点议题。有学者认为农业生态效率是将农业碳排放纳入非期望产出的一种环境效率，又称为农业碳排放效率。但也有学者认为农业生态效率是在保证经济增长和促进节能减排双重目标下单位农业碳排放产生的经济效益，农业碳排放效率强调的是在单位时间内要素投入引起农业碳排放效率变动情况。基于此，本文结合环塔里木盆地农业发展现实，将农业生态效率界定为在可持续发展理念下通过转变农业生产方式，在保证农作物高产稳产的前提下减少环境负外部性对农业造成的冲击，以保障农产品的安全性和市场竞争力。有关农业生态效率的研究主要聚焦在四个层面：①变量选取方面。程琳琳等人基于单要素视角考察了经济效益和农业碳排放之间的关系，但体现的政策内涵较弱，割裂了农业"生产—生态—经济"之间的多重属性；[1] 黄景裕等[2]、徐明庆等[3]人将经济效益视为期望产出，将农业碳排放作为环境产出较为全面地反映了农业生态效率的变动情况。②方法选择方面。随着农业生态效率测度研究不断深入出现了适宜农业多投入产出的方法，尤以数据包络分析（DEA）与随机前沿法（SFA）为主，由于选择方法不同得到的结果也各异[4]。③时空特征方面。曾福生等人发现板块间存在差异，东部、中部、西部农业生态效率呈现出"U"型发展格局，省际间差异表现为农业生态效率整体呈上升趋势但省际差异较大。[5] 特定区域农业生态效率时空特征的研究成果主要体现在粮食主产区的农业生态环境效率在时间上总体呈波动上升趋势，空间 DEA 有效区域由西北、西南转向东北和华北地区[6]。④影响变量方面。祝宏辉等人得出以节水农业技术为核心的绿洲农业技术体系对区域生态效率改善产生显著正向影响。[7] 姜智强等人发现财政环保支出引起农业生态效率提高的动因在于减少农业面源

① 程琳琳，张俊飚，田云，等. 中国省域农业碳生产率的空间分异特征及依赖效应 [J]. 资源科学，2016，38（2）：276-289.
② 黄景裕，尧波，胡启武，等. 鄱阳湖生态经济区农作物生产碳效率的时空变化 [J]. 中国生态农业学报，2014，22（10）：1231-1239.
③ 徐明庆，刘军弟. 农户异质性对种植碳效率的影响研究 [J]. 管理现代化，2022，42（3）：132-139.
④ 许波，卢召艳，杨胜苏，尹鹏，杨丽琳，莫京龙. 湖南省农业生产效率演变与影响因素 [J]. 经济地理，2022，42（3）：141-149.
⑤ 曾福生，郭珍，高鸣. 中国农业基础设施投资效率及其收敛性分析——基于资源约束视角下的实证研究 [J]. 管理世界，2014，51（8）：173-174.
⑥ 张利国，鲍丙飞. 我国粮食主产区粮食全要素生产率时空演变及驱动因素 [J]. 经济地理，2016，36（3）：147-152.
⑦ 祝宏辉，杜美玲，尹小君. 节水农业技术对绿洲农业生态效率的影响：促进还是抑制？——以新疆玛纳斯河流域绿洲农业为例 [J]. 干旱区资源与环境，2022，36（10）：34-41.

污染、提高农业技术进步。①

综观已有研究成果发现：①从研究对象看，现有研究重点讨论了工业和广义农业生态效率发展水平和增长源泉，从种植业视角切入探讨农业生态效率发展水平、溢出效应和空间异质性的文献较少。②从研究尺度看，已有研究在干旱区环塔里木盆地农业绿色发展的研究上关注较少，有学者在耕地效率和水质演变的生态效应方面进行研究，而直接关注环塔里木盆地农业生态效率的文献较少，且由于数据可得性，鲜有研究区考虑环塔里木盆地县级层面。故在汲取前人研究成果的前提下，该文尝试从三个方面进行拓展：一是以农业碳排放和农业面源污染为环境产出，借助非期望产出的超效率 SBM 模型测度环塔里木盆地县域农业生态效率水平和内生动力；二是介于农业空间的流动性，运用趋势面分析和空间自相关等探索农业生态效率的县域差距和空间关联性；三是基于空间杜宾模型和地理探测器考察各变量对农业生态效率的邻地效应和空间异质性，为干旱区协同农业绿色发展政策提供借鉴。

一、研究区概况

环塔里木盆地坐落于新疆南部，行政位置涵盖了新疆南疆五地州即阿克苏地区、喀什地区、和田地区、克孜勒苏柯尔克孜自治州（简称克州）和巴音郭楞蒙古自治州（简称巴州）共计 44 个县市，行政区占地面积约为 1.06×10^6 平方千米，占新疆总面积的 64%。气候极为干旱，大多数县市年均降水量小于 50 毫米，土壤贫瘠且盐碱化现象严重。但区域光热资源供给充裕为区域农业生产创造了得天独厚的条件，是重要的优质瓜果生产基地和棉花主产区。有研究表明，种植业 CO_2 排放占中国碳排放总量 16%~17%，成为农业领域内的重要节能减排对象。环塔里木盆地目前农业生产仍以种植业为主，因此选取环塔里木盆地作为典例进行探索，有助于探寻新疆乃至干旱区农业绿色化发展的经验证据。

---

① 姜智强，刘伊霖，曾智，等．财政环保支出对农业生态效率的影响研究——来自长江经济带发展战略的经验证据［J］．经济问题，2022（6）：113–122.

二、数据与方法

（一）数据来源及预处理

农业生态效率中的农膜、翻耕、灌溉、农业从业人员、机械总动力、农业总产值和农业影响因素源自 2001~2021 年《中国县域统计年鉴》《新疆统计年鉴》《喀什地区统计年鉴》《阿克苏地区统计年鉴》《克州统计年鉴》《和田地区统计年鉴》《巴州统计年鉴》并辅以各市县的统计公报等；环境产出中的农业碳排放系数采用 IPCC 发布的碳排放系数，将农业碳源的投入量和对应的碳排放系数相乘得到农业碳排放量。农业碳源包括农药、化肥、农膜、翻耕和灌溉，其中农药和化肥的数据源自《新疆农牧产品成本收益资料汇编》，计算方法参考李波等[①]的研究思路；农业污染排放参考崔叶辰等[②]的做法以熵值后的化肥氮磷流失量表征；部分缺失值采用插值法进行填补。

（二）指标构建

1. 因变量

构建农业生态效率测度模型有助于正确评估县域农业绿色增长质效。为化解城市化进程中农业增长方式粗放和增长动力不足的困境，环塔里木盆地县域农业发展模式迫切需要绿色转型，本质是农业发展方式和发展动力的转变，即以农业生态效率为内生动力的质量增长。结合环塔里木盆地县域生态系统特征，依据指标普适性原则，最终从土地、劳动、资本三个维度选取 7 个变量为投入指标；选取农业总产值为期望产出；从农业碳排放量和农业面源污染双视角考察农业生态效率的环境产出，并构建环塔里木盆地县域农业生态效率测算指标体系（见表1）。

---

① 李波，张俊飚，李海鹏. 中国农业碳排放时空特征及影响因素分解［J］. 中国人口·资源与环境，2011，21（8）：80-86.

② 崔叶辰，韩亚丽，吕宁，等. 基于超效率 SBM 模型的农业生态效率测度［J］. 统计与决策，2020，36（21）：87-90.

表 1　环塔里木盆地农业生态效率指标体系及描述性统计

维度	类别	变量说明	单位	平均值	标准差
要素投入	土地投入	农作物播种面积	千公顷	48.64	40.47
	劳动投入	农业从业人员	人	43204.09	44175.80
		有效灌溉面积	千公顷	42.68	180.91
		化肥折纯施用量	吨	16705.99	15888.50
	资本投入	农用机械总动力	千瓦	172630.30	156521.60
		农药施用量	吨	125.44	220.05
		农用塑料薄膜施用量	吨	1984.04	2558.92
期望产出	效益产出	以2000年不变价调整的农业总产值	万元	135718.70	139873.00
环境产出	农业碳排放量	农药、化肥、农膜、灌溉和农业耕作的碳排放量	吨	41943.27	37601.60
	农业面源污染	熵值处理后的化肥氮磷流失量	吨	462.09	402.77

2. 自变量

从农户福利、社会经济和政府行为三个维度选取 7 个变量考察。首先为避免数据多重共线对回归造成的干扰，对各变量进行 VIF 检验发现方差膨胀因子均小于 10。其次对各变量进行归类，参考汪亚琴等①的研究将人均生产规模和机械化使用强度利用 ArcGIS10.8 软件中的等间距法进行划分；人口城镇化水平借鉴尹旭等②的做法以 10%、30%、50% 和 70% 作为间断点分为 4 个类别；其余变量均依据自然断点法进行归类（见表 2）。

表 2　农业生态效率探测因子

变量维度	因子	探测因子	指标	因子分类
农户福利	X_1	农民收入水平	农民人均纯收入（元）	自然断点法
	X_2	经济发展水平	地区人均 GDP（元）	自然断点法
	X_3	人均生产规模	农作物播种面积/乡村从业人员（公顷/人）	等间距分类
社会经济	X_4	机械化使用强度	农业机械总动力（kw）/农作物播种面积（khm^2）	等间距分类
	X_5	工业化水平	工业增加值/地区生产总值（%）	自然断点法

① 汪亚琴，姚顺波，侯孟阳，等．基于地理探测器的中国农业生态效率时空分异及其影响因素［J］．应用生态学报，2021，32（11）：4039-4049.

② 尹旭，王婧，李裕瑞，等．中国乡镇人口分布时空变化及其影响因素［J］．地理研究，2022，41（5）：1245-1261.

变量维度	因子	探测因子	指标	因子分类
社会经济	X_6	人口城镇化水平	城镇人口/常住人口（%）	<10%；10%~30%；30%~50%；50%~70%；≥70%
政府行为	X_7	财政支农力度	农林水事务支出/地方财政一般预算支出（%）	自然断点法

（三）研究方法

1. 超效率 SBM 模型

Schaltegger 和 Sturm[1] 提出将环境产出纳入生产可能集的超效率 SBM 模型。该模型设定新疆环塔里木盆地县域农业生态效率是通过土地、资金等多重要素投入得到多重效益产出，在环境技术框架下构建同时包含期望产出与环境产出的生产可能集。模型为：

$$\rho_0 = \min \frac{1 - \dfrac{1}{N}\sum_{n=1}^{N}\dfrac{s_n^x}{x_{e'i}^{t'}}}{1 + \dfrac{1}{M+1}\left(\sum_{m=1}^{M}\dfrac{s_m^y}{Y_{e'm}^{t'}} + \sum_{i=1}^{I}\dfrac{s_i^b}{b_{e'i}^{t'}}\right)}$$

$$\text{s. t.} \begin{cases} \sum_{t=1}^{T}\sum_{k=1}^{K} z_e^t x_{em}^t + s_n^x = x_{e'n}^{t'}, & n = 1, 2, \cdots, N \\ \sum_{t=1}^{T}\sum_{k=1}^{K} z_e^t x_{em}^t - s_m^y = y_{e'n}^{t'}, & m = 1, 2, \cdots, M \\ \sum_{t=1}^{T}\sum_{k=1}^{K} z_e^t x_{ei}^t + s^b = x_{e'n}^{t'}, & i = 1, 2, \cdots, I \\ z_e^t \geqslant 0, \ s_n^x \geqslant 0, \ s_m^y \geqslant 0, & e = 1, 2, \cdots, E \end{cases} \tag{1}$$

式（1）中，N、M、I 分别为要素投入、效益产出与环境产出。s_n^x、s_m^y、s_i^b 为投入、期望产出和环境产出的松弛变量；ρ_0 为县域农业生态效率值；目标函数 ρ 严格遵守 s_n^x、s_m^y、s_i^b 的单调递减规律。当 $s_n^x = s_m^y = s_i^b = 0$，即意味着决策单元完全有效；若 $0 \leqslant \rho < 1$，则表明农业生态效率存在损失。为进一步考察农业生态效率的动态特征，采用 Malmquist-Luenberger 指数考察 2000~2020 年县域农业生态效率，运用 Zofio 分解方法将 ML 指数分解为纯技术变化（PTC）、规模技术变化

---

① Schaltegger S, Sturm A. Kologische Rationalist［J］. Die Unternehmung, 1990, 4（4）：273-290.

（STC）、纯技术效率变化（PEC）及规模效率变动指数（SEC），测算公式为：

$$ML(x_t, y_t, x_{t+1}, y_{t+1}) = \{[D_0^t(x_{t+1}, y_{t+1})/D_0^t(x_t, y_t)] \times [D_0^{t+1}(x_{t+1}, y_{t+1})/D_0^{t+1}(x_t, y_t)]\}^{1/2} = \{[D_0^t(x_{t+1}, y_{t+1})/D_0^{t+1}(x_{t+1}, y_{t+1})] \times [D_0^t(x_t, y_t)/D_0^{t+1}(x_t, y_t)]\}^{1/2} \times [D_0^{t+1}(x_{t+1}, y_{t+1})/D_0^t(x_t, y_t)] = TC \times EC \times (x_t, y_t, x_{t+1}, y_{t+1}) = PTC \times STC \times PEC \times SEC$$

$$(2)$$

式（2）中，(x_t, y_t) 指县域农业生态效率在 t 时期的投入产出向量；D_0^t 是在 t 时期的距离函数。

2. 空间计量模型

为规避由于忽视区域间空间关联造成的估计偏误，引入空间计量模型以考察变量之间的影响路径。即：

$$Lcp_{it} = \gamma_i + \beta_i \sum_{i, j=1}^{42} W \cdot Lcp_{it} + \alpha_i \sum_{i, j=1}^{42} W \cdot x_{it} + \nu_i + \tau_t + \mu_{it} \quad (3)$$

式（3）中，Lcp_{it} 为 i 县市 t 年的农业生态效率；x_{it} 为影响变量；γ、β、α 为回归系数。空间计量的一般形式是空间杜宾模型（SDM），空间滞后模型（SLM）和空间误差模型（SEM）是空间杜宾模型的特殊表现形式。当 $\delta=0$、$\beta=0$ 且 $\rho \neq 0$ 时，公式可简化为 SLM 模型；当 $\rho=0$、$\beta=0$ 且 $\delta \neq 0$ 时，公式可简化为 SEM 模型。

3. 地理探测器模型

空间计量模型在分析时将空间因素纳入分析框架，但并未考虑县域农业生态效率的空间异质性，而地理探测器既能从异质性视域探讨影响因子的空间分异特征，还能避免变量间互为因果的内生性问题。因此，运用地理探测器识别县域农业生态效率时空变动的影响因子和交互作用（探测因子作用依据见表3）。具体模型为：

$$q_{QF} = 1 - \frac{1}{\delta_F^2} \sum_{i=1}^{e} n_{Q, i} \delta_{Q, i}^2 \quad (4)$$

式（4）中，e 为因子分层，q 为解释力度，值域为 $[0, 1]$，表征变量对县域农业生态效率空间分异的解释程度。

表3 探测因子作用依据

交互作用	交互类型
$q(X_a \cap X_b) < \min(q(X_a), q(X_b))$	非线性减弱
$\min(q(X_a), q(X_b)) < q(X_a \cap X_b) < \max(q(X_a), q(X_b))$	单因子非线性减弱
$q(X_a \cap X_b) > \max(q(X_a), q(X_b))$	双因子增强

续表

交互作用	交互类型
$q(X_a \cap X_b) = q(X_a) + q(X_b)$	独立
$q(X_a \cap X_b) > q(X_a) + q(X_b)$	非线性增强

三、结果分析

（一）环塔里木盆地农业生态效率时序演变

图 1 显示了各指数的变动趋势，2000~2020 年环塔里木盆地农业生态效率呈波动上升趋势，年均增长率为 1.39%，意味着在考虑到农业面源污染和农业碳排放后农业生态效率明显低于农业总产值的增速，表明农业污染程度会对农业生态效率产生抑制作用。分时段来看，农业生态效率在 2006 年、2014 年、2017 年和 2019 年呈负向增长趋势。其中最大降幅为 23.36%，最小降幅为 0.87%，可能由于区域城镇化水平不断加快，农村老龄化现象严重，弱势劳动力在有效的耕地面积大量使用化学品以保证经济产出的预期目标，导致农业环境产出问题加剧。从 ML 分解指数看，纯技术变化、规模技术变化和规模效率变动指数均表现为交替波动下降的特征，年均降幅分别是 0.73%、6.02% 和 7.99%；而纯技术变化效率以年均 1.29% 的速度增长。纯技术变化效率指数变化幅度高于其他指数的变化

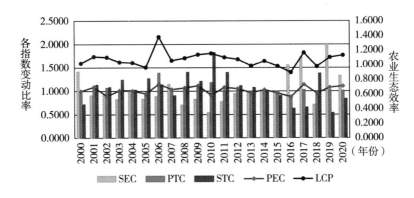

图1　环塔里木盆地农业生态效率指数及 ML 分解指数变动趋势

幅度，且环塔里木盆地农业生态效率指数和纯技术变化效率指数变化趋于一致，说明纯技术变化效率是环塔里木盆地农业生态效率提高的主要成因。

由图2可以得出，环塔里木盆地各地区2000~2020年农业生态效率变动差异较为显著。盆西农业生态效率均值为0.7677，高于盆地东中部但距离生产技术前沿面仍有23.23%的改善空间。2010年盆地西部农业生态效率低于盆地东部，自2010年开始盆地西部规模效率和纯技术效率之间的矛盾加剧导致农业生态效率下降。盆地东部在研究期间呈波动上升态势，由2000年的0.4367增到2020年的0.7011，增幅近60.54%。其中规模效率的年均增长率为6.49%，成为前期中部农业生态效率提高的主要源泉，但在2016年农业生态效率有所下降，这主要是由于纯技术效率的下降导致农业生态效率表现为下滑趋势。盆地中部农业生态效率排名靠后但整体表现为波动上升趋势，农业生态效率均值为0.6461，年均增幅为0.16%，其中规模效率的年均增长率为1.01%，说明中部农业生态效率的提高得益于规模效率的影响。从空间演变看，盆地间形成"西部—东部—中部"凹形递减的分异格局，分化现象有所缓和。

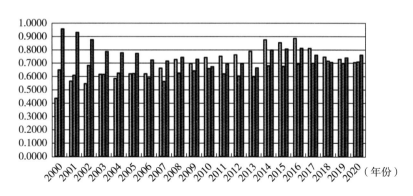

图2　环塔里木盆地东部、中部和西部地区农业生态效率变动趋势

从县域视角看，在测度环塔里木盆地县域2000~2020年农业生态效率的指数中位居前五的是塔什库尔干县（1.7783）、于田县（1.4609）、乌恰县（1.3924）、莎车县（1.3514）和伽师县（1.3242），其中乌恰县和于田县农业生态效率提高主要受纯技术效率变化作用；塔县、莎车县和伽师县农业生态效率的提高受规模效率变动影响。此外，研究期间位居最后的县域多数受纯技术变化指数下降的影响。由PEC可知除于田县和乌恰县外，乌什县（1.4090）受纯技术效率变化的影响也较高，年均增长率为13.65%，说明纯技术效率对该县市农业

生态效率的贡献度较高；由 SEC 可知除伽师县和莎车县外，阿克苏市（1.3160）的农业生态效率受规模效率变动的影响明显，指数年均增长率为 63.31%；由 PTC 可知温宿县（1.4487）、墨玉县（1.3214）和巴楚县（1.3043）的均值排名靠前，年均增长率分别为 31.89%、19.30% 和 28.95%；由 STC 可知乌恰县（1.3892）、塔什库尔干县（1.3735）和民丰县（1.2797）指数均值位居前列，年均增长率分别为 12.87%、36.07% 和 21.46%，说明规模技术变化对以上县市农业生态效率的提振作用显著（见表4）。

表4 2000~2020 年环塔里木盆地 42 个县市效率值及分解项

地区	LCP	PEC	SEC	PTC	STC	地区	LCP	PEC	SEC	PTC	STC
库尔勒市	1.0740	1.0231	1.0622	1.0852	1.1163	乌恰县	1.3924	1.2289	1.0883	0.9745	1.3892
轮台县	1.1680	1.1227	1.0572	1.2722	1.0443	喀什市	1.1952	1.1616	1.0151	1.2058	1.0398
尉犁县	1.1760	1.2154	1.2095	1.1727	1.1206	疏附县	1.0829	1.1083	1.0503	1.2986	0.9593
若羌县	1.0992	1.0062	1.0295	1.0377	1.0047	疏勒县	1.1202	1.1051	1.0241	1.2478	1.0012
且末县	1.1218	0.9921	0.9956	1.2047	1.0059	英吉沙县	1.0559	0.9912	1.0040	1.0421	1.0135
焉耆县	1.1090	1.0173	1.0264	1.2066	1.0408	泽普县	1.0322	1.1105	1.0848	1.1932	0.9979
和静县	1.1264	1.0807	1.0079	1.2434	0.9659	莎车县	1.3514	1.1377	1.3610	1.2387	0.9543
和硕县	1.0696	1.1488	1.1138	1.2008	1.0470	叶城县	1.2152	1.0957	1.2071	1.2327	0.9868
博湖县	1.1111	1.0465	1.0065	1.1454	1.0097	麦盖提县	1.2668	1.1818	1.0665	1.1993	1.0334
阿克苏市	1.1177	1.1241	1.3160	1.1729	1.1447	岳普湖县	1.0520	1.0366	1.0120	1.1027	1.0067
温宿县	1.1524	1.1635	1.1111	1.4487	0.9071	伽师县	1.3242	0.9983	1.2403	1.1834	1.1818
库车县	1.2105	1.1765	1.0581	1.2387	1.0044	巴楚县	1.1450	1.1316	1.1294	1.3043	1.0310
沙雅县	1.0722	1.1585	1.0143	1.1979	0.9933	塔县	1.7783	1.2006	1.4720	1.0121	1.3735
新和县	1.0546	1.1306	1.0119	1.2201	0.9867	和田市	1.1233	1.0534	1.0473	1.1339	1.0004
拜城县	1.0917	1.0785	0.9925	1.1844	0.9786	和田县	1.1770	1.0902	1.0109	1.2182	0.9923
乌什县	1.1013	1.4090	1.1339	1.2308	1.0097	墨玉县	1.1015	1.0711	1.0612	1.3214	1.0005
阿瓦提县	1.1043	1.1312	1.0070	1.1920	1.0092	皮山县	1.2342	1.0771	1.0381	1.2114	1.0440
柯坪县	1.1762	1.0709	1.1467	1.1610	1.0676	洛浦县	1.0958	1.0983	1.0043	1.1380	0.9982
阿图什市	1.0319	1.0042	0.9994	1.1047	1.0428	策勒县	1.2077	1.1039	1.0240	1.1824	1.0481
阿克陶县	1.0449	0.9831	1.0001	1.0910	1.0273	于田县	1.4609	1.4957	0.9920	1.1708	1.0217
阿合奇县	0.9856	0.9518	0.9895	0.9828	1.1466	民丰县	1.2172	1.0532	1.1023	1.0313	1.2797

为剖析县域农业生态效率空间变化趋势，运用 ArcGIS10.8 软件以典型年份为例进行绘制，其中 Z 表征农业生态效率；X 表示正东方向；Y 表示正北方向（见图 3）。

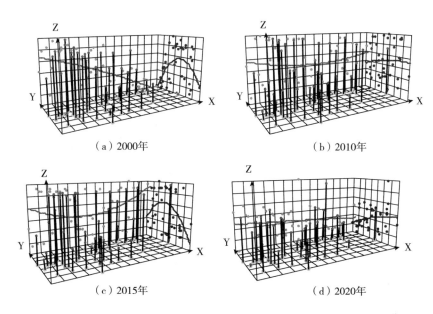

（a）2000年　　　　　　　　　　　　　（b）2010年

（c）2015年　　　　　　　　　　　　　（d）2020年

图3　环塔里木盆地县域农业生态效率空间变动趋势线

由图 3 可知，2000 年县域农业生态效率的空间投影呈"西高东低，南北低中部高"的空间特征且变化显著，说明该段时间县域农业生态效率差异较大，这与盆地西部的克州耕地资源难以有效利用有关；2010 年空间投影在南北方向和东西方向变动有所缓和，说明随着盆地东部对资源的可持续利用使东西方向的差距缓解，效率得到一定程度的改善；2015 年和 2010 年相比变动明显，在东西方向上的变动与 2015 年基本一致，在南北方向的变动较大，说明农业生态效率在南北方向的差异扩大；截至 2020 年县域农业生态效率在南北和东西方向上的变动趋势更加平滑。

（二）空间溢出效应

1. 空间自相关检验

变量间存在空间相关性是空间计量分析的前提条件，Moran'I 因具有较强的稳定性且对偏离正态分布的情况不敏感。故运用 stata16.0 软件对 2000~2020 年县域农业生态效率的全局 Moran'I 进行计算（见表 5）。结果表明环塔里木盆地县域农业生态效率均在1%的水平上显著为正，性质相似的空间单元产生集聚，强烈拒绝 "无空间相关性" 的原假设，满足空间计量分析的前提假设。

表5　新疆环塔里木盆地县域农业生态效率 Moran' I 值

年份	Moran' I	年份	Moran' I	年份	Moran' I
2000	0.349***	2007	0.331***	2014	0.301***
2001	0.364***	2008	0.323***	2015	0.278***
2002	0.367***	2009	0.316***	2016	0.310***
2003	0.365***	2010	0.364***	2017	0.324***
2004	0.361***	2011	0.370***	2018	0.300***
2005	0.354***	2012	0.379***	2019	0.299***
2006	0.339***	2013	0.368***	2020	0.285***

注：***、**、*分别表示在1%、5%、10%水平上显著。

2. 空间模型设定

运用 Elhorst 的检验思路进行模型估计和相关检验（见表6）。首先，通过 Hausman 检验判断应采用固定效应或随机效应，结果表明模型在1%的显著性水平上拒绝采用随机效应的原假设，且时间和空间的 LR 检验均在1%的水平上显著，意味着该模型既存在时间效应又存在空间效应，应选择双向固定效应模型；其次，通过 LM 和 R-LM 判定模型选择形式，结果表明 SEM 和 SAR 的 LM 和 R-LM 均在1%的水平上显著拒绝原假设，表明不能忽略变量对农业生态效率的空间作用；最后，通过 LR 和 Wald 检验发现，SDM 模型在1%的显著性水平上拒绝简化为 SAR 和 SEM 的原假设。综上所述，该文运用空间 SDM 模型探索各变量对农业生态效率的空间效应。

表6　模型检验结果

检验方法	统计值	P value
LM lag	105.316	0.000
LM error	111.449	0.000
R-LM lag	21.494	0.000
R-LM error	27.627	0.000
Wald spatial lag	199.72	0.0000
LR spatial lag	181.13	0.0000
Wald spatial error	163.18	0.0000

续表

检验方法	统计值	P value
LR spatial error	146.77	0.0000
Hausman	20.23	0.000

3. 空间回归结果分析

表7汇报了基于邻接权重矩阵下的各变量对农业生态效率的空间影响。

表7 空间杜宾模型回归结果

变量	空间杜宾模型					
	空间固定模型		时间固定模型		时间空间双固定模型	
	统计值	Wx	统计值	Wx	统计值	Wx
$\ln\ (X_1)$	0.745 ***	0.074	0.250 *	−0.026	0.795 ***	1.068 ***
	(5.53)	(0.42)	(2.45)	(−0.16)	(6.04)	(4.80)
$\ln\ (X_2)$	0.759 ***	−1.440 ***	0.191	−0.657 **	0.885 ***	0.270
	(4.73)	(−5.32)	(1.59)	(−2.72)	(5.53)	(0.74)
X_3	−0.171	0.317	−0.118	0.148	−0.139	0.187
	(−1.95)	(1.90)	(−1.86)	(1.08)	(−1.73)	(1.17)
X_4	0.197 ***	0.522 ***	0.231 ***	0.517 ***	0.227 ***	0.587 ***
	(9.29)	(11.68)	(11.49)	(10.71)	(11.55)	(13.31)
X_5	−1.856 ***	5.915 ***	−2.902 ***	1.949 *	−1.625 ***	3.969 ***
	(−3.65)	(5.68)	(−7.97)	(2.14)	(−3.44)	(3.78)
X_6	1.227 ***	−0.152	0.741 ***	0.056	0.510	−0.710
	(4.80)	(−0.38)	(4.39)	(0.12)	(1.94)	(−1.40)
$\ln\ (X_7)$	−0.564 ***	0.093	−0.419 ***	0.228	−0.459 ***	0.410 *
	(−5.28)	(0.56)	(−6.68)	(1.92)	(−4.41)	(2.00)
Spatial rho	0.381 ***		−0.189 **		−0.271 ***	
	(9.49)		(−3.02)		(−4.49)	
Variance sigma^2_e	0.633 ***		0.923 ***		0.512 ***	
	(20.85)		(21.00)		(20.94)	
R^2	0.484		0.520		0.403	
N	882		882		882	
Log-likelihood	−1066.8234		−1212.0216		−949.2118	

注：***、**、*分别表示在1%、5%、10%水平上显著。

由此得出，农民收入水平在1%的水平上通过显著性检验，且系数显著为正，说明农民收入水平提高对县域农业生态效率具有正向作用，这源于农民收入水平的高低影响了农业生产要素投入力度，同时收入水平提高也有助于农民生产和销售绿色农产品，在满足消费者追求健康的高品质生活同时实现增收，继而有效提升农业生态效率。经济发展水平在1%的水平上显著为正，说明经济发展水平对县域农业生态效率的提高具有正向作用；人均生产规模对县域农业生态效率的提振作用微弱；机械化使用强度对县域农业生态效率产生促进效用，说明机械化提高显著提高了劳动生产效率，释放出更多的劳动力以节约劳动成本，对增加经济期望产出具有明显成效；工业化水平对县域农业生态效率具有显著的负向作用，表明工业化水平的提高会抑制农业生态效率的增长，由于工业化发展吸纳了农村富余劳动力，导致农民在时间约束下密集使用化学投入以替代劳动力短缺，引起农业环境的外部性；人口城镇化水平对农业生态效率影响不显著；财政支农力度对农业生态效率在1%的水平上显著为负，由于过多价格干预造成农产品和要素市场价格波动及供需失衡，产生资源冗余，不利于农业绿色化发展。

4. 溢出效应分解

为精准地呈现变量对农业生态效率的影响，基于偏微分法对各指标进行无偏处理，将其分解为直接效应、间接效应与总效应（见表8）。

表8　效应分解结果

变量	直接效应		间接效应		总效应	
$\ln(X_1)$	0.812 ***	(6.05)	0.650 ***	(3.94)	1.463 ***	(8.03)
$\ln(X_2)$	0.880 ***	(5.72)	0.042	(0.16)	0.921 ***	(3.10)
X_3	-0.128 *	(-1.66)	0.179	(1.47)	0.051	(0.37)
X_4	0.235 ***	(12.20)	0.403 ***	(10.00)	0.639 ***	(14.50)
X_5	-1.553 ***	(-3.48)	3.428 ***	(3.93)	1.876 *	(1.96)
X_6	0.506 *	(1.95)	-0.678 *	(-1.79)	-0.172	(-0.36)
$\ln(X_7)$	-0.453 ***	(-4.19)	0.419 ***	(2.59)	-0.034	(-0.18)

注：***、**、*分别表示在1%、5%、10%水平上显著。

可以看出，农民收入水平对农业生态效率具有显著的空间溢出效应，直接效应和间接效应均显著为正，表明农民收入水平的提高对本地区及邻接地区农业生态效率均起到促进作用；经济发展水平的直接效应和总效应在1%的水平上显著，说明环塔里木盆地县域经济发展水平的提高对本地区具有显著的正向作用，对邻接地区的溢出效应微弱；人均生产规模对农业生态效率的溢出效应不显著；机械化使用强度既对本地区农业生态效率具有正向溢出效应，还对邻接地区具有正向溢出效应；工业化水平和财政支农力度的直接效应显著为负，间接效应为正，说明工业化水平和财政支农力度的提高对邻接地区具有正向溢出效应；人口城镇化在 10%的显著性水平上显著为负。

5. 稳健性检验

为验证估计结果的稳健性，利用地理距离权重矩阵对模型再检验（见表9）。结果表明与邻接权重矩阵相较而言，基于地理距离权重矩阵的各变量效应回归系数和作用方向基本一致，可以证明估计结果是稳健的。

表9 基于地理距离权重矩阵的环塔里木盆地县域农业生态效率影响变量效应分解

变量	直接效应		间接效应		总效应	
ln（X_1）	1.073 ***	(7.09)	0.051	(0.12)	1.124 **	(2.82)
ln（X_2）	0.914 ***	(5.42)	−0.152	(−0.36)	0.762	(1.79)
X_3	−0.228 **	(−2.69)	−0.071	(−0.32)	−0.299	(−1.33)
X_4	0.205 ***	(9.70)	0.095	(1.01)	0.301 **	(3.24)
X_5	−1.532 **	(−3.05)	−0.622	(−0.40)	−2.153	(−1.39)
X_6	1.091 ***	(3.87)	0.904	(1.24)	1.995 **	(2.80)
ln（X_7）	−0.321 **	(−2.68)	0.472	(1.77)	0.151	(0.53)

注：***、**、*分别表示在1%、5%、10%水平上显著。

（三）基于地理探测器的县域农业生态效率影响因子

1. 探测因子分析

由于农业生态效率具有显著的空间分层异质性，需借助地理探测器进行分析。本文选取 2000 年、2010 年、2015 年和 2020 年共计 4 个典型年份的农业生态效率探测，具体包括农户福利、社会经济和政府行为三个维度共计 7 个探测因子，运用 ArcGIS10.8 软件中的自然段点法和等间距法对因子进行离散化处理，并识别各因子对农业生态效率的影响程度（见表10）。

表10 2000 年、2010 年、2015 年和 2020 年探测因子作用强度和排名

变量	2000 年	排名	2010 年	排名	2015 年	排名	2020 年	排名
X_1	0.158	1	0.389	1	0.060	7	0.130	6
X_2	0.130	2	0.097	7	0.457	1	0.187	2

续表

变量	2000 年	排名	2010 年	排名	2015 年	排名	2020 年	排名
X_3	0.103	4	0.245	3	0.315	3	0.049	7
X_4	0.047	7	0.287	2	0.408	2	0.172	4
X_5	0.062	6	0.129	5	0.064	6	0.146	5
X_6	0.115	3	0.104	6	0.070	5	0.187	3
X_7	0.073	5	0.168	4	0.307	4	0.376	1

由表 10 可知，各因子对农业生态效率的影响具有显著差异。横向看，2000 年影响县域农业生态效率空间分异的主导因子为农民收入水平（0.158）、经济发展水平（0.130）和人口城镇化水平（0.115）；2020 年除经济发展水平（0.187）和人口城镇化（0.187）保持主导地位外，财政支农力度（0.376）也成为影响县域农业生态效率时空分异的决定性变量。纵向看，农民收入水平和人均生产规模的 q 值由 2000 年的 0.158 和 0.103 降到 2020 年的 0.130 和 0.049；而机械化强度、工业化水平和财政支农成为影响县域农业生态效率空间分异的潜在因子。

2. 交互作用分析

为考察因子间的交互作用对县域农业生态效率的影响度，选取综合并列前五的农民收入水平（X_1）、经济发展水平（X_2）、人均生产规模（X_3）、机械化使用强度（X_4）和财政支农力度（X_7）分析（见表 11）。

表 11　环塔里木盆地探测因子的交互作用

交互因子	2005 年		2010 年		2015 年		2020 年	
	q	Type	q	Type	q	Type	q	Type
$X_1 \cap X_2$	0.428	NE	0.587	NE	0.636	DE	0.333	DE
$X_1 \cap X_3$	0.240	DE	0.580	NE	0.542	DE	0.325	NE
$X_1 \cap X_4$	0.332	NE	0.681	DE	0.895	NE	0.394	NE
$X_1 \cap X_7$	0.450	NE	0.713	NE	0.689	NE	0.691	NE
$X_2 \cap X_3$	0.187	DE	0.597	DE	0.448	NE	0.384	NE
$X_2 \cap X_4$	0.227	NE	0.635	NE	0.723	NE	0.464	NE
$X_2 \cap X_7$	0.552	NE	0.465	NE	0.469	DE	0.543	DE
$X_3 \cap X_4$	0.187	DE	0.707	NE	0.475	NE	0.304	NE
$X_3 \cap X_7$	0.209	DE	0.574	NE	0.501	NE	0.616	NE
$X_4 \cap X_7$	0.369	NE	0.442	DE	0.619	DE	0.573	DE

横向看，2005 年 $X_1 \cap X_3$、$X_2 \cap X_3$、$X_3 \cap X_4$ 和 $X_3 \cap X_7$ 为双因子增强型，说明两种因子的交互作用高于其中任何一种因子的空间解释力，其余均为非线性增强型；2020 年 $X_1 \cap X_2$、$X_2 \cap X_7$ 和 $X_4 \cap X_7$ 为双因子增强型。

四、结论与建议

（一）结论

（1）从时序演变看，2000~2020 年环塔里木盆地农业生态效率总体表现为波动递增的发展趋势，其中纯技术变化效率是环塔里木盆地农业生态效率提高的主要成因。盆地之间形成"西部—东部—中部"凹形递减的分异格局，盆地间的分化现象有所缓和。

（2）从空间演变看，环塔里木盆地县域农业生态效率具有显著的空间自相关性且在空间上呈现出集聚性。空间投影由"西高东低，南北低中部高"的空间特征逐步向"南北和东西平缓发展"的趋势转化。

（3）从空间 SDM 模型回归看，农民收入水平和机械化使用强度对县域农业生态效率具有显著的正向溢出效应；经济发展水平对县域农业生态效率具有正向直接效应；人均生产规模和人口城镇化对县域农业生态效率具有显著的负向溢出效应；工业化水平和财政支农力度对农业生态效率具有显著的负向直接效应。从地理探测器模型看，环塔里木盆地县域农业生态效率影响因子的交互类型总体表现为增强型，说明新疆环塔里木盆地县域的农业绿色发展受多重因子作用日益显现。

（二）建议

（1）由于环塔里木盆地农业生态效率受纯技术变化效率的作用显著，环塔里木盆地政府应在统筹全面发展层面上积极投入资金扶持农业技术研发和创新，促进盆地农业通过技术进步实现农业生态化发展。由于规模效率对农业生态效率的提振作用不显著，环塔里木盆地应持续提高农业经济总量，优化并调整农业产业结构，提高农业生产规模效率，助力环塔里木盆地乃至新疆农业实现内生性协调增长。

（2）由环塔里木盆地呈现"西部—东部—中部"凹形递减的分异格局可知，东部地区应释放纯技术效率对农业生态效率的提振作用；中部地区应发挥规模效率对农业生态效率的正向影响；西部应鼓励农业类企业通过创新驱动发展，并设计适宜的绿色发展政策为县域之间创造通道，以减少政策运行的阻力。

（3）环塔里木盆地政府应制定差异化政策，加强县域之间资源要素和技术人才的交流协作，发挥各要素的空间溢出效应；由于空间分层异质性的存在，相关部门也应重视经济要素对农业生态效率的影响；环塔里木盆地县市应结合地方禀赋优势，形成具有特色的农业产业体系。

粮食收储体制改革的问题与对策

——以江苏为例[*]

习近平总书记多次强调，粮食安全是关系国计民生的"压舱石"，是维护国家安全的重要基础，"手中有粮、心中不慌"在任何时候都是真理。江苏粮食安全总体情况是好的，以全国 3.8% 的耕地生产 5.5% 的粮食，确保了占全国近 6% 人口的粮食安全，粮食安全省长责任制考核连续多年名列全国前茅。但在粮食生产、流通等环节仍存在不少隐忧。

一、粮食收储体制基本内涵与现实意义

理清粮食收储基本内涵与现实意义是研究粮食收储体制改革的基础。

1. 相关概念界定

与粮食收储体制相关的概念主要有粮食收购、粮食收储、粮食安全、党政同责等。

一是粮食收购。粮食收购是指生产者和经营者对粮食进行交易，是粮食进入市场的最初阶段。《粮食流通管理条例》中定义粮食收购，是指为了销售、加工或作为饲料、工业原料等直接向种粮农民或其他粮食生产者批量购买粮食的活动。粮食收购政策的目的是通过相关政策制定、实施来保护生产者的利益，保障粮食生产稳定，粮食流通有序进行。

二是粮食收储。粮食收储是国家为保证非农业人口的粮食消费需求，调节国家粮食供求平衡、稳定粮食市场价格、应对重大自然灾害或其他突发事件而建立

　＊作者简介：徐志明，江苏省社科院农村发展研究所所长、研究员；李丹，江苏省社科院农村发展研究所助理研究员、博士；张良，江苏省社科院农村发展研究所助理研究员、博士。

的一项物资储备制度,其本质是"最低粮食库存"的内容。联合国粮食及农业组织(FAO)将其定义为:在新一年度粮食作物开始时,相关部门能够从上一年度中收获的粮食储备(包含进口粮食)。

三是粮食安全。1974年,联合国首次公布了粮食安全的含义是保障任何人在任何区域都能获取足够的食物来满足生存与健康,着重强调粮食数量上的安全;20世纪80年代,联合国进一步补充,既强调粮食数量安全,又突出消费者是否拥有购买能力。20世纪90年代,国际营养大会强调粮食质量安全与营养安全的内容。综上所述,本文认为,粮食安全包含三个方面:粮食数量、粮食价格、粮食质量。国际上一般是从消费端来界定粮食安全,核心内容是保障任何人在任何时候任何地区能够获得充足、安全、营养且能够满足健康生活的食物。中国则是从粮食供给端来界定,且在不同时代存在异同,可以分为三个阶段:加入世界贸易组织以前,中国粮食安全核心内容是解决吃饱饭的问题;加入世界贸易组织后,强调粮食自给率和供给保障能力;再到新时代国家粮食安全,就是要把中国人的饭碗牢牢端在自己手中。根据习近平总书记有关粮食安全的论述,中国新时代国家粮食安全的本质内涵不仅从消费端强调保障人们食物数量、质量、营养、安全,并且更加突出中国的供给端。总之,现阶段粮食安全不仅要强调粮食收储数量,更要突出粮食收储质量,要求在粮食生产、收购、运输、仓储等过程中进行监督。

四是粮食安全党政同责。针对开展某项工作,强调党委和政府要一起管、一起抓、一起负责、一起承担责任。此前,党中央在生态环境、食品安全和安全生产上已经明确要党政同责,2021年以来又包含新冠肺炎疫情防控与粮食安全。实行党政同责,充分体现党以人民为中心的初心使命和执政理念。习近平总书记在2020年中央农村工作会议上作出指示:"地方各级党委和政府要扛起粮食安全的政治责任,实行党政同责,'米袋子'省长要负责,书记也要负责。"把粮食安全提升到崭新的政治高度。

2. 粮食收储对粮食安全的意义

粮食储备最基础的作用是"备荒救灾、以丰补歉"。美国粮食储备是通过稳定粮食价格来保证粮食生产者的利益。大多数发展中国家的粮食收储是为了满足人民生活的需要,而我国粮食储备的作用主要表现在以下两个方面:

一是稳定粮食价格,保障种粮农民的收益。若粮食产量出现波动,将会打破粮食市场供需平衡,导致粮食市场出现粮食价格波动;当粮食产量增加时,则导致"谷贱伤农",相关部门会通过略高的价格收购粮食增加粮食储备,以保障种粮农民的收益,提高农民的种粮积极性。

二是救灾备荒,应付突发事件。若发生自然灾害,保障灾区口粮、安定人民生活、帮助复工复产是储备粮的重要功能。特别是发生严重的水灾时,针对部分灾区粮食歉收,中央储备和省级储备粮可以解决灾区粮食短缺。粮食作为生活必需品,在突发事件中受到的影响最为明显,部分地区出现的集中购粮的现象,会导致粮食在短期内的供需失衡,省级储备能够维持市场粮食的供给平衡。

二、江苏粮食收储体制现状及问题分析

粮食收储体制机制存在安全与效率难兼顾、政府与市场边界难理清、中央与地方职责难分解,以及市场机制作用发挥不充分、腐败案件频发等问题。

1. 最低收购价政策导致价格机制难以发挥作用,产粮大县收购和财政负担加重

2004 年初,中央为调动农民种粮积极性,宣布对市场紧缺的主要粮食实行最低收购价等政策。最低收购价是指承担最低收购任务的收储库点向农民直接收购三等标准品粮食的到库价。最低收购价政策在促进粮食生产、保护农民利益、壮大国有粮库、确保供需平衡等方面起到重要作用,但随着国际国内粮食形势的变化,也带来了一些新的问题。一是价格机制难以发挥作用。当市场供过于求、粮价下跌时,最低收购价发挥了保护粮农利益和生产积极性作用,但抬高了原粮价格,导致生产量、进口量、库存量“三量齐增”,以及粮食加工、流通企业高价进、低价出,一段时期出现“稻强米弱、麦强面弱”的局面,不利于加工产业的升级和发展。二是产粮大县收购任务重但财力弱。江苏省内重点帮扶的苏北 12 个县区均为产粮大县,但恰恰都是财政弱县。产粮县区为确保粮食安全和守住“农民种粮卖得出”底线,需投入粮食生产和收储基础设施建设资金,增加了产粮大县的收购量和财政负担。三是中央与地方收储职责不匹配。一方面,目前最低收购价政策执行主体为中储粮集团公司,在收购库点确定、资金拨付、入库验收、销售出库等环节,均由中储粮各分公司及其直属库主导。收购预案中明确中央部门、中储粮公司、地方政府均有监管责任,但界限不清,而且在执行中存在职能交叉和权责不对等问题。另一方面,最低收购价政策落实是粮食安全省长责任制考核的重要内容,而被考核的地方政府无权负责,考核对象错位。

2. 储备设施布局不合理,地方储备费用补贴不足

针对国家储备改革的新要求,以及全省粮食购销领域专项整治和巡视巡察发现的问题,粮食储备改革还存在一些不足。一是仓储设施布局不合理。江苏仓储设施建设仍存在阶段性、区域性、结构性矛盾,尤其是销区粮食储备能力不足。2021 年,全省 13 个设区市中粮食自给率低于 100% 的有 6 个市,其中 4 个在苏南。这些大中城市若自身储备不足,若新冠肺炎疫情传播形势加重,交通受阻,

粮食保供、社会稳定将会遇到严峻挑战。二是地方储备费用补贴不足。江苏各地储备粮费用补贴体制不同,除苏州、无锡两市和南通的启东市、海门区采取财政兜底外,省级储备粮和其余地方储备粮均实行费用补贴定额包干制。定额包干制的优点是能促进企业适应市场、调动降本增效的积极性,但在执行过程中若粮价持续下跌,粮食收储企业普遍资产质量不好,将会面临生存危机。同时,储备粮轮换费用补贴仍执行 2004 年的标准,在工资、运营成本涨幅较大的背景下,显然是不合理的。

3. 国有粮食企业小而散,政策性经营与商业性经营难分开

国有粮食企业改革不到位,没有建立现代企业制度,"等、靠、要"的思想比较重,靠政策性收储吃饭,盈利能力和抗风险能力较差,生存面临较大挑战。一是国有粮食企业小而散。粮食收储企业是粮食统购统销、"一乡一站所"的历史产物,2000 年前后经历较大力度的改革,但总体上单体规模偏小,资产负债率较高。截至 2021 年底,从全省 14 个统算单位(13 个市加省属企业)来看,9 个单位出现不同程度的经济效益下滑,其中有 3 个单位出现统算亏损。二是政策业务和经营业务难分开。2019 年,国家要求地方储备粮管理机制实行"政策性职能和经营性职能分开",政府储备粮企业储备运营业务与商业经营实行分离,即"两分离四分开"改革。分开模式的优点是进一步增强了储备粮食安全保障能力,加强了政策性粮食日常监管。缺点是原来未分开,在同一企业是互补,分开后有可能产生政策性公司和经营性公司行业内部竞争;政策性公司由于收入来源单一,仅靠保管费和轮换费生存,在苏北一些储备规模较小的县区,员工待遇和仓房、机械维修维护等费用无法得到有效保障;经营性公司在政策执行、为农服务和市场规律之间产生两难,市场景气时得不到政策支持无法创收,市场低谷时由于资产质量差和单体规模小,价差亏损使企业难以生存。

4. 部分地方党政领导对粮食安全不够重视,粮食安全责任不落实

粮食流通监管存在"真空"区域,基层粮食储备部门工作力量严重不足,监管执法和其他部门衔接机制不健全。一是部分地方党政领导对粮食安全重视不够。一些市县党政领导口头上重视粮食安全,实质上对粮食安全不重视,对粮食流通政策不了解。一些产区政府领导觉得粮食生产和流通不能增加地方财税收入,主动重视不够;一些销区政府领导觉得市场粮食充裕,无须担心供应。粮食安全责任考核存在指标前瞻性不够、板块积极性不高、部门协同性不强的问题。二是对粮食仓储设施投入不足。全省地方国有粮食企业 1185 个库点、仓容 2520 万吨,其中 2.5 万吨以下仓容占库点的 73.6%,1999 年前建的仓容占总仓容的 26.6%,需大修仓容占总仓容的 3.99%。国有粮仓拆建新建、布局优化面临粮仓项目用地落实难、建设资金筹措难等问题。三是对国有粮企监管不力。由于监管

缺失，粮食收购、储存、销售、轮换等基层粮库运营关键环节，均为涉粮腐败问题多发地带。省委巡视办归纳总结了"转圈粮""空气粮""升溢粮""损耗粮""价差粮""坑农粮"等七种"靠粮吃粮"腐败典型。此外，粮食流通设施建设等，也是腐败易发多发点位。

三、国际粮食收储体制改革的经验及启示

美国、日本政府粮食收储体制改革的成功做法，为粮食收储体制改革提供了有益经验。根据联合国粮农组织（FAO）统计，21世纪以来，全球谷物产量、谷物食品消费总量、全球粮食储备总量均呈波动上升的趋势。全球历经三次"粮食危机"，分别发生在2006~2008年、2010~2011年、2020年至今。"粮食危机"直接推动了世界粮食价格的上涨，促使多国（地区）加强本国粮食储备。粮食储备是维持市场稳定和保障粮食安全的重要手段，也是各国（地区）的普遍做法。通过梳理主要国家（地区）的粮食收储政策的演化路径，发现差异性背后潜藏着一定规律性。例如，主要发达国家在粮食短缺时期，普遍由政府主导收储，政府直接干预价格；而在生产过剩时期，随着政府体制改革和财政支出的增加，政府将粮食储备的重点从政府储备转移到社会储备。

1. 主要国家（地区）的粮食收储体制的历史沿革

当前美国、日本等发达国家以农场、农户、合作社等为代表的社会储备占据主要地位而政府储备极低甚至趋于零（见表1）。与此同时，中国、印度等发展中国家则拥有相当规模的战略储备、且有不断强化之势。

表1　主要国家粮食收储模式

	美国	欧盟	日本	中国
储备主体	社会（农场、粮食企业）	社会（农庄、合作社、粮商）	政府和民间（农协等）共同负责	政府（中储粮）
储备总规模	大	小	小	大
政府储备规模	极低	极低	较低	极高
政府储备手段	对农场建立粮仓进行贷款及补贴	托市收购，对粮商进行补贴	对民间储备给予补贴，重视仓储技术	托市收储
政府调控力度	强	强	强	强

一是美国收储体制的历程与现状。美国是粮食生产大国，也是粮食储备大国。1920~1990 年美国收储体制主要经历了以政府托市收储，海外去库存的过剩时期；发展民间储备，缓冲市场波动的波动时期；政府战略收储，托市收储萎缩的特殊时期。

第一次世界大战后美国面临粮食过剩的局面，相继出台了《农业营销法案》（1929 年）与《农业调整法案》（1933 年），建立了国有商品信贷公司（CCC），以政府价格托底收购，加强了政府干预。在此政策体系下，政府储备快速积累，导致库存高企，财政负担骤增。1950 年，美国通过国际多边粮食援助计划和国内实施学校午餐等项目在海内外展开去库存。1970 年，美国政府开始鼓励农民增加自有储备，扩大民间、私人储备规模。1977 年，美国《食品与农业法案》通过了农场自持储备（FOR）项目。受到冷战影响，美国推迟了政府完全退出储备环节的计划。1979 年，建立了粮食安全小麦储备（FSWR），确立了 400 万吨规模的小麦国家储备对发展中国家进行粮食援助。1990 年以来，美国政府持续调整储备规模，不断降低储备管理成本。2008 年以后美国不再补充实物储备，仅持有现金储备。当前美国政府不再直接经营储备粮，主要采用委托方式储粮，向被委托方支付或补贴所有者仓储费用。为强化民间储备，美国政府还出台了专门针对农场储备设施的设施信贷。可以说，民间储备在美国占据着主导地位。

二是日本收储体制的历程与现状。日本由于人多地少，历来极为重视粮食安全问题。尤其是 2011 年东北大地震后，粮食储备受到全体国民前所未有的重视。日本粮食储备制度自 20 世纪 40 年代至今经历了 4 个发展阶段。分别为 1942~1994 年粮食管制体制下的政府全量管控期；1995~2000 年《粮食法》下的储备制度初建期；2001~2009 年现行粮食储备制度基本形成期；2010 年至今粮食储备制度调整完善期。

以下根据日本农林水产省的资料梳理了战后日本粮食储备政策发展历程及主要内容。为应对战后粮食短缺的局面，日本颁布了《粮食管理法》（1942 年）。根据该法第 3 条规定，以国家全量管理为基础，生产者有义务向政府出售粮食。这一时期虽然还没有粮食储备的概念，但政府在歉收或青黄不接期可通过延迟出库等手段调节供给。由于大米的价格、销售均由政府直接管理，因此也被称为"政府米"。1960 年底，随着粮食管制的松动，逐渐出现了"自主流通米"。1993年，由于粮食歉收造成大米库存水平严重低下，在民众间造成极大的恐慌，被称为"平成米骚动"。日本政府紧急从美国、中国等国进口 259 万吨大米。

以平成米骚动及乌拉圭回合农业协议等为契机，1995 年《主要粮食供求及价格安定法》（简称粮食法）的实施标志着"粮管法"时期的结束和粮食储备制度的正式确立。该法规定了政府的职责仅限为储备米的运用和最低库存米的利用，此外明确了收购国产米的基本方针。

粮食法实施之初确定了 150 万吨的储备量，同时允许有 50 万吨上下的浮动。然而，连年的丰收和生产过剩加之储备时间的增加导致库存水平远超 200 万吨储备上限和销售时间大幅度延长，粮食储备相关的财政负担急剧增加。为避免大量的政府米库存影响自主流通米的价格，1997 年新的《大米政策改革大纲》颁布实施，为平衡储备米的购销，调整了如减少政府收购量等储备粮的运营规则。

上述措施的实施也未能减轻政府粮食储备库存的压力，2001 年 12 月，经过储备运营研究会的长期讨论，日本政府开始采用动态轮换的储备方式，同时将储备规模降低至 100 万吨。为避免影响市场价格，政府储备米一般不会直接流入主食市场。其基本运营规则为每年播种前签订 20 万吨订单，持有 5 年后作为饲料进行销售。至此，日本粮食储备制度基本确立。

政府储备米的年度轮换停滞不前导致库存高企、陈米积压，当初为陈米数年后变为饲料所设计的轮换储备方式使财政负担加大。近年来，为改善上述情况，日本政府将储备米主要用于加工用米、饲料用米、对外援助或无偿提供给儿童食堂、食物银行等机构。

2. 粮食收储体制的国际经验对我国的启示

通过回顾美国、日本两个国家粮食收储政策的演变历程，可以发现，在战时、战后等粮食严重短缺时期或经济发展水平较低阶段，粮食作为重要的生存资源不仅深刻地影响着民生、国运，也关系到其他行业的存亡。为确保粮食安全，政府主导粮食收储的情况极为普遍。为激发生产者积极性、提高粮食产量，收储政策往往与支持价格紧密联系。通过价格支持，一方面保障农业者收入，另一方面发挥战略安全保障作用。

社会经济水平的提升致使粮食消费量不断下降，而价格支持政策下粮食产量居高不下。因此粮食过剩、库存高涨、财政支出扩大、大规模的政府储备影响市场调节功能的情况愈发严重。为缓解国内压力，发达国家争相走上海外"去库存"之路，大力实施出口补贴政策，其结果往往是加剧了贸易摩擦。在此背景下，各国着手调整政府收储制度。例如，以美国、欧盟为代表的农业强国（地区）逐步以社会储备取代政府储备，政府通过补贴、信贷、保险等措施对社会储备进行调控。而以日本为代表的农业小国在逐步减少政府储备的同时，积极发挥民间储备的功能，十分重视相关政策的法律化、制度化和仓储技术的革新。

我国自 2014 年起针对托市收储政策带来的诸多问题进行了一系列市场化改革，但仍残留诸多问题和不足。通过梳理和借鉴国外收储政策的经验，可以为完善我国的粮食收储政策提供有益启示。首先，控制政府托市收购规模。例如，日本按照应对十年一遇歉收或者连续两年普通歉收的标准，设定固定的收储量。我国可根据以往经验或近十年行情确定收购总量。其次，推动粮食储备主体的优化和多元化。积极推动政府储备为主向政府与社会储备相结合转变。根据区域差异性，针对粮食主产区农户进行补贴和培训。在强调借鉴国外粮食收储制度、模式的同时，也应借鉴国外的粮食收储技术体系、技术经济效益评价和管理体系。最后，推动粮食仓储技术创新。针对我国目前存在的库存高，陈粮出库难、损耗大，农户收储手段落后，企业分类保鲜收储难等具体问题，借鉴国外的收储理念、科学储粮技术体系和强化全程收储技术集成研发。

四、完善江苏粮食收储体制的政策建议

始终牢记粮食安全是"国之大者"，把粮食收储体制改革作为落实粮食安全责任制的关键举措。粮食收储体制改革的总体思路是"在强化粮食安全党政同责的基础上，发挥市场在资源配置中的决定性作用，形成各级政府分工合理、各司其职的粮食收储体制，不断提高粮食流通效率"。

1. 完善粮食最低收购价配套政策，加大对产粮大县的政策扶持力度

粮食收购体制改革的总体目标是逐步建立农产品目标价格制度，实现价补分离，发挥市场决定性作用。目前而言，最低收购价政策仍有保留必要，但需要进一步完善价格形成机制。一是完善最低收购价配套政策。最低收购价政策回归"保成本、兜底线、稳预期"的定位，真实反映粮食生产成本，促进粮食价格由市场形成、有效反映市场供求、保护粮农利益和积极性、稳定粮食生产。鼓励各级政府通过农业提质增效、加大生态补偿、发展农业保险、完善收储调节制度等调动农民种粮积极性。二是加强对产粮大县的政策扶持力度。省级政府加大对产粮大县的政策扶持力度，避免出现产粮越多，收储量越大，财政负担越重的局面。如增加产粮大县的生态补偿、加大仓储设施投入等。鼓励销区与产区建立长期购销合同、建设生产基地、发展订单农业、共同投资开发，鼓励政府间、企业间建立长期合作关系，形成稳定的购销渠道。

2. 成立各级储备粮公司，构建地方储备补贴标准动态调整机制

认真落实国家粮食体制机制改革要求的同时，革新现行体制，建立健全粮食储备制度体系，强化地方储备调控市场、保障供应、应对突发事件的基础性作用，推动粮食经济高质量发展。一是成立各级储备粮公司。成立省级储备粮公司，统一管理省级储备粮，增强省级调控能力和企业的经营能力。市县可根据主产区、主销区、产销平衡区三类，参照省级公司成立相应的公司，分别运作，垂

直管理，不搞"一刀切"。苏北一些政策性储备规模较小的县，可以不成立储备粮公司，但需要整合归并，集中承储和管理。二是构建地方储备补贴标准动态调整机制。建立储备粮轮换价差财政兜底和随成本上升的地方储备费用补贴标准动态调整机制，确保承担政策性储备的国有粮企正常的运营活动。同时对非政府储备粮承储企业在粮食收购资金、发展要素等方面给予支持，助力健康发展，提高市场竞争能力。三是调整粮食风险基金使用办法。省粮食和物资储备局配合财政部门，在调研全省粮食问题基础上，围绕提高粮食安全保障能力，调整粮食风险基金的用途，既可以支付存储和调运等费用，也可以支持粮食储备库绿色升级改造、市县级高标准粮库建设、规划建设粮食应急供应网点等。

3. 稳慎推进国有粮食企业公司制改革，积极推动粮食企业兼并重组

围绕"党建引领、畅通机制、效益优先、安全托底"工作思路和目标，进一步深化改革，充分发挥国有粮食企业市场主体的主观能动性，抓住提升核心竞争力的根本，运用好国有粮食企业基础、仓容、筹资等优势，积极适应政策调整和市场化收购的趋势，确保能在激烈的市场竞争中求得生存和发展壮大。一是稳慎推进国有粮食企业公司制改革。粮食是国家战略物资，是特殊商品，要吸取种子、油脂加工企业改制被外资控股的教训，国有粮食企业是各级政府粮食安全宏观调控的载体，不能等同于其他一般企业完全市场化，改革应坚持国资控股和适度保护，以利其发展壮大，履行"农民种粮卖得出"和稳定市场供应兜底之职责。鼓励和支持民间资本参与国有粮食企业改制重组，发展混合所有制经济，规范企业运行，提高经营效率。二是积极推动粮食企业兼并重组。按照"一县一企、一企多点"模式，促进粮食资产的优化与整合，大力支持多元化的市场主体进入粮食行业，鼓励优势粮食企业兼并收购，建立区域性龙头企业，培育和扶持大型的粮食企业集团，促进资产、资源向优势企业集中，切实提高企业融集资金、掌控粮源和抵御市场风险的能力，同时建立高效、规范、有序、安全的竞争机制。

4. 完善党政同责粮食安全考核办法，强化内外协同粮食储备监管机制

涉粮问题不再仅是粮食问题、经济问题，是政治问题、社会问题，更是安全问题、发展问题。要发挥好粮食作为经济社会发展重要保障的"压舱石"作用，进一步落实粮食安全责任，完善考核监督机制。一是完善党政同责考核办法。严格落实粮食安全党政同责，建议将粮食安全责任考核指标列入市县高质量发展考核体系，对地方党委政府落实粮食安全责任不到位，储备改革、应急体系建设不到位的实行一票否决。对承担政策性收储职能的国有粮食企业，弱化企业经济指标考核，主要考核其政策性粮食收储完成情况，尽最大可能发挥其社会公益职能。二是强化内外协同监管机制。针对"七种粮"问题，按照全覆盖、零容忍、

重实效的原则，持续组织系统自查和纪委巡视巡查，对矛盾问题突出的地区和企业进行突击检查。粮食行政管理部门可以联合财政、审计、市场监管等部门或者委托专业监督的第三方机构，对粮食收储企业进行检查监督。深入调研制定针对性整治措施，健全粮食购销管理监督长效机制，强化基层粮食监督检查执法能力水平建设。加强信息化建设，构建全程即时在线穿透式监管体系。

推动高标准农田提质升级　保障国家粮食安全

——基于江西的调研与思考[*]

习近平总书记强调，粮食安全是"国之大者"，不能有丝毫麻痹大意。当前正值秋粮产量形成的关键期，南方持续高温干旱对秋粮形成严重威胁，而高标准农田是应对干旱、洪涝等灾害，贯彻落实"藏粮于地"战略，保障国家粮食安全的基础性、长远性、战略性工程。近年来，江西大力推进高标准农田建设，取得了显著成绩，巩固了粮食主产区地位。面对可能越来越多的极端天气，如何更好发挥高标准农田作用是一个重大挑战。通过与省农业农村厅、省水利厅、省自然资源局等单位的有关同志访谈和赴丰城、泰和、鄱阳、高安、余干等7个县（市）实地调研，江西省高标准农田建设、管护、利用仍存在一些实践困境，亟待破解。相关报告如下：

一、取得显著成效

近年来，江西在高标准农田建设组织形式、工作机制、资金筹措和实施模式等方面形成了一些好做法，2019~2021年连续三年获国务院督查激励，成为"全国样板"，转向"建改并重、高效管用"的提质升级阶段。

（一）粮食生产能力明显增强

截至2022年，全省累计建成高标准农田2622.7万亩，完成中央下达江西省

---

* 作者简介：龚剑飞，江西省社会科学院副院长；张宜红，江西省社会科学院农业农村发展研究所副所长、副研究员；万红燕，江西省社会科学院农业农村发展研究所副研究员。

到 2025 年、2030 年累计建成高标准农田任务的 85.18%、78.76%。建成的高标准农田田间基础设施显著改善，基本达到了"田成方、渠成网、路相通、沟相连、旱能灌、涝能排"的标准，耕地质量等级平均提高 0.5 等，农业生产条件显著改善，抗灾减灾能力明显提升，有效应对了 2022 年上半年洪涝多雨和当前持续高温干旱等灾情。截至 2022 年 8 月 6 日，江西累计收购新季早稻 26.2 亿斤，比 2021 年同期增加 3.5 亿斤；尤其部分地区高标准农田为勃勃生长的水稻"止渴清热"提供了重要保障，江西粮食主产区地位得到巩固。

（二）建设管理水平明显提升

江西省委、省政府专门成立了统筹整合资金推进高标准农田建设领导小组，出台了《江西省高标准农田建设规划（2021—2030 年）》，在全国从省级层面统筹整合中央和省级财政资金，在全国发行高标准农田建设专项债，制定并完善了高标准农田建设规范、考评办法等系列文件，建立健全了"定期调度、对接督导、挂点督查"的任务落实机制和"县负总责、乡镇监管、村为主体"的建后管护机制，辅以县级自验自评、设区市级全面验收和省级抽查三级评价体系，有效提升了建设管理水平，高标准农田建设周期由 2017 年之前的 2~3 年才能完成竣工验收，变为 1 年建成并完成"上图入库"。

（三）农田综合效益明显增加

通过高标准农田建设，降低了农业生产成本，提高了产出效率，促进了农业机械化、规模化发展，显著提高了农田综合效益。据农业农村部调查，高标准农田项目区比非项目区的机械化水平提高 15~20 个百分点，规模经营土地流转率提高 30 个百分点，新型经营主体占比提高 20 个百分点以上。本文的调研也佐证了上述结论，2017~2020 年，全省已建成高标准农田项目区土地流转率达 78.72%，高出全省平均水平近 30 个百分点，亩租金平均增加 150 元以上，惠及农户近 13.37 万余户。

二、面临五大实践困境

对照高质量发展要求，江西省高标准农田建设面临着五大实践困境。

（一）任务目标与实际需求不相适应

一是新建任务落实难度加大。"好搞的基本上搞的差不多了，剩下的主要是犄角旮旯难啃的'骨头'",这是调研中听到最多的声音。经过多年建设,江西省基础条件好、相对集中连片、容易建设的地块基本实施过高标准农田建设,但全省仍有 35.7% 的耕地没有开展高标准农田建设,大多位置偏远、地块零碎、水源保障较难。要完成中央下达的新建任务难度不断加大,加上物料、运输、人工等成本的大幅增加,若仍按原亩均补助标准,难以保质保量完成高标准农田建设任务。

二是改造提升攻坚任务更重。据测算,全省有 77% 的高标准农田亟须改造提升,大于中央下达的任务。其中,2011~2016 年建成高标准农田 1128.82 万亩,占已建成的 43%,因建设时间较久且管护机制缺失,绝大部分设施设备损毁严重、功能减退,常年带病运行,亟须改造提升;2017~2019 年建成高标准农田 889.68 万亩,占比 34%,因管护标准偏低存在沟渠破损、杂草丛生、淤泥堆积,甚至损后无人修复的情况。此外,由于缺乏财政资金的定向支持,地方自主实施的积极性普遍偏低。

(二) 任务倒挂与资金需求不相适应

一是地方筹资压力加大。高标准农田建设任务重的地方主要是粮食生产功能区、重要农产品生产保护区,这些地区往往也是"产粮大县、财政穷县"。近年来,虽然中央财政资金总额增加,但亩均投入金额不增反减,2021 年亩均中央投资 955 元,较 2019 年减少 99 元,减幅近 10%。有农业农村干部反映:"按 3000 元/亩的投资标准,上级财政补助不增反降,意味着地方筹资压力将不断加大。"随着对地方政府在融资、新增耕地核定等方面的严格监管,地方政府筹资渠道更加单一,形成了资金投入能力不足与建改任务较重的"倒挂"现象。此外,一些县(市)财政部门反映,高标准农田建设周期长且多安排在"冬修期",一般来年才完成,现有财政直达资金拨付进度审计不合理。

二是专项债存在筹措难与偿还难"双重"困扰。专项债是地方筹集高标准农田建设资金的重要渠道,如 2017~2021 年泰和县、鄱阳县用于高标准农田建设的专项债分别达 3.52 亿元、8.4 亿元,分别占总投资的 38.9%、40%。但同时也存在筹措难与偿还难"双重"困扰,一方面,专项债发行愈发收紧,面临筹措难困扰。调研发现,2021 年江西省有 25 个县高标准农田专项债没有获得国家发展改革委和财政部批准。另一方面,专项债偿还压力大,面临一定风险隐患。专项债可用新增耕地跨区域调剂收益、土地出让收入等偿还,但效果有限,仍需承担高标准农田建设的县(市)分摊偿还,受新冠肺炎疫情影响,各县(市)面临刚性支出增加与财政增收困难的双重压力,偿还中央专项债的负担将越积越重。

（三）职顺力弱与管理需求不相适应

一是统筹协调机制尚不健全。新一轮机构改革明确了农业农村部门高标准农田建设统一管理的职责，总体改变了"五牛下田""分散管理"的局面，但从"物理变化"到"化学反应"的协调机制仍未健全，农业农村部门与水利、自然资源等部门联动共管不够。如大型水源工程与高标准农田项目区衔接的干渠、支渠，因其建设管理职能不明晰而处于"无人管"的状态。此外，因高标准农田建设涉及财政资金投入、新增耕地指标核定、耕地质量等级评定、土地生态环境保护等方面，亟须强化农业农村部门的统筹能力。

二是基层队伍能力较弱。机构改革后，虽然将发改、自然资源、水利等部门职能合并到农业农村部门，但具体实践中存在编随事走、人随编走的现象，原从事农田建设管理的人员特别是一些专业技术人员没有转入到农业农村部门，导致农业农村部门农田建设技术和管理人员配备明显不足。江西省某县反映，该县水利部门在编人员平均年龄超过 50 岁，经常出现"忙不赢、管不来、不会管、不愿管"现象。

（四）系统监管与智慧需求不相适应

一是系统管理理念亟待增强。根据调研，高标准农田建设监管中重视田间道路、灌溉水利、土地平整等"显性"硬件设施，轻视地力提升、农业科技配套与应用、后续跟踪服务等"隐性"软件设施，忽视晒场、烘干、机具库棚、有机肥积造等"刚性"配套设施，从而导致一些高标准农田建设项目"适地化"特征不强、"宜机化"标准不高、"生态化"衔接不紧、"科技化"措施不明。

二是智慧监管水平亟待提升。高标准农田建设量多面广，传统的人工监管方式很难适应当前管理需要。根据调研，江西省高标准农田立项、实施、验收、管护等全过程监管仍以人力为主，不仅费时费力，而且不同程度存在"监管盲区"；尚未将高标准农田建设同数字乡村建设统筹起来，数字化或智慧化建后管护监管体系尚未建立，尤其对已建高标准农田撂荒、"非农化"、"非粮化"问题难以有效监管。

（五）重建轻管与利用需求不相适应

一是管护主体"履责不力"。高标准农田建后管护通常是按照"县负总责、乡镇监管、村为主体"的要求和"谁使用、谁管护，谁受益、谁管护"的原则来实施的。但调研发现，财政收入状况好的县（市）能较好落实管护资金；但财政收入较差的县（市），往往也是高标准农田建设管护任务重的县（市），其中部分县（市）仅对当年建成的高标准农田给予管护资金支持，后续管护资金需村集体自筹，村集体有心无力，想管而"管不了"，新型农业经营主体大多"只用不管"。

二是管护资金"捉襟见肘"。鉴于目前高标准农田建后管护属于地方事权，需由地方政府筹集管护资金，但非常有限。以江西为例，全省已建成的 2622.7 万亩高标准农田，按 15 元/亩的标准计算，每年需近 4 亿元建后管护资金，仅靠当前建后管护引导性奖补资金难以满足，缺口较大，导致管护人员因工资偏低甚至难以保障而出现"巡护随意"现象。某县农业农村局分管领导反映："县里难以负担每年 2500 多万管护资金，2021 年管护员工资（5 元/亩）都还没着落。"

三是"护而不修"时有发生。当前管护主要依靠发动村民理事会或督促实际种植主体人工巡视，由于缺乏管护标准和闭环机制，维修情况难以进一步追踪监督。

三、破解之策

（一）科学推进，提升高标准农田建设质量与实效

一是制定新建与改造提升行动方案。在完成新建任务基础上，对存量高标准农田开展第三方评估，摸清存量高标准农田的质量等级和需要改造提升的规模和边界，制定高标准农田改造提升时间、区域优先序，按照"缺什么、补什么"原则分类分步骤分区域进行针对性改造提升。二是健全新建与改造提升地方标准。依据《高标准农田建设通则》等国家和行业标准，率先细化和规范江西省高标准农田项目建设、改造提升、投入标准、建设内容、组织实施、建后管护和监测评价等工作标准体系。三是建设和改造提升要与其他规划衔接。在与全国、省级建设规划纵向衔接和本地区国土空间规划、水资源利用等规划横向衔接的基础上，各县（市、区）高标准农田建设规划还要与乡村振兴战略、数字乡村建设和农村人居环境整治等项目统筹规划，实现政策叠加效应。

（二）聚焦任务，实现资金多元化投入与合理化使用

一是突出问题导向，加大财政投入。根据不同区域、不同地貌、不同建设难度等因素，制定出台高标准农田新建与改造提升的差异化补助标准，在强化成效考评基础上允许各地根据实际情况适当调整切块下达资金的投入方向和补助方

式。二是突出需求导向，拓宽投资渠道。继续发挥金融工具的杠杆作用，鼓励支持以高标准农田建设项目未来的收益为担保的"投贷结合"模式；协商优化新增耕地指标产生、认定与交易中的政策制度，通过新增耕地指标跨区域调剂统筹和收益调节分配；参考湛江红树林碳汇交易成功经验，探索形成土壤碳汇市场交易机制。三是突出实用导向，提高使用效能。细化预算内投资、土地出让收入，支持高标准农田建设等政策规定，便于县级执行。对于中央预算内资金审计，结合建改工程周期在冬修期的实际，实行跨年度考核。

（三）统筹协调，健全高标准农田建设与管理体制

一是加强部门协同。农业农村部门牵头绩效考核，建立健全职责目录清单，进一步明确水利、自然资源、发改、财政、审计部门的职责，强化与电力、通信等部门协同。二是加强要素协同。在耕地指标认定、水资源保障、电力配套、田间路网建设等方面协同发力。对干渠、支渠建设管理"肠梗阻"问题，明确由水利工程管理单位负责，并配套经费，其余的由乡镇和村委负责。三是加强人才队伍建设。通过鼓励专业技术人才报考、编制调整、内部抽调、原岗位技术骨干返聘、交流培训等方式，统筹推进农业农村部门农田建设相关人才队伍建设。

（四）科技赋能，建立高标准农田全过程与全周期智慧监管体系

一是提高科技运用水平。坚持质量优先，加强事前监管，支持农田所有者和使用者提前介入工程设计和建设过程的相关环节。统筹短期建设、长期应用、突发状况，确保输水、配水渠系等配套设施性能与技术指标达到农业现代化规范标准，既便于江西省丘陵山区的农业机械应用，又提高防灾减灾能力。二是打造智慧监管体系。参照广东省农田建设管理信息系统、浙江省数字化耕地保护平台等做法，依托正在推进的省农业农村大数据中心或省农村人居环境治理"万村码上通"5G+长效管护等平台，建立全省农田大数据管理平台，在项目信息的上图入库、农田建设项目的选址、工程质量及高标准农田使用监管基础上，对高标准农田立项、实施、验收、管护等全过程进行移动巡查监管，实时监测耕地撂荒与种植分布情况，管控耕地"非农化"、防止"非粮化"。

（五）聚焦管护，创新高标准农田常态化与长效化管护机制

一是明确管护主体职责。严格落实"县负总责、乡镇监管、村为主体"建后管护机制，在全国率先出台《江西省农田建设管理条例》，以立法形式明确村集体组织和新型农业经营主体等管护权责，编制高标准农田管护责任清单和管护标准，加大建后管护绩效考评奖励权重。二是创新多元化建后管护模式。鼓励创

新委托村民理事会或公益岗位管护、新型农业经营主体流转管护等模式,重点推进高标准农田管护"田长制"、项目建管护一体化、第三方社会化服务组织参与管护,借鉴广东等地做法,支持有条件的地区以市场化方式探索开展高标准农田建设项目建后管护金融保险试点。三是提升农田利用效率。按照宜种则种、能种则种的原则,尽可能让高标准农田种双季稻。建立省、市、县三级农资商业化储备制度,以平抑农资价格上涨。四是推进粮食全产业链"增效"。注重把高标准农田与数字乡村、全域旅游、农村人居环境整治有机结合,搭建粮食全产业链服务平台,培育引进龙头企业,建设一批粮油类现代农业产业园区、产业强镇及优势特色产业集群,延伸产业链,着力打造特色品牌,大力建设数字农田、生态农田,不断提升农田综合效益。

参考文献

[1] 郭晓鸣,丁延武.当前高标准农田建设面临的问题及对策[J].当代县域经济,2022(4):12-16.

[2] 於忠祥.高标准农田建设的短板与补齐路径[J].团结,2022(2):49-51.

[3] 李俊杰,李建平,梅冬.新形势下高标准农田建设管理政策存在的问题及建议[J].中国农业资源与区划,2022,43(5):84-92.

[4] 赵谦.高标准农田建设资金利益形态的规范构造[J].广东社会科学,2022(4):244-255.

大食物观下端牢"中国饭碗"的
应对方略研究[*]

食为政首，粮安天下。端牢"中国饭碗"是有效防范化解各类风险挑战的"压舱石"。尽管我国粮食产量实现"十八连丰"且连续 7 年保持在 1.3 万亿斤以上，但面对百年未有之大变局、新冠肺炎疫情和国际地缘政治冲突交织叠加，不确定性和不稳定性因素显著增多的国内外复杂环境，我们要居安思危，时刻绷紧粮食安全这根弦，端牢端稳"中国饭碗"，以应对各种风险挑战。随着我国城乡居民收入水平持续增加，饮食消费结构和膳食偏好也发生明显转型，即从"吃得饱"（消费更多主粮），到"吃得好"（主粮消费减少、肉蛋奶等蛋白质丰富的食物消费增加），再到"吃得健康"（更加强调食品安全、食物多样化与膳食平衡等）转变。然而，以往的"粮食安全"多是侧重主粮安全，保障"吃得饱"，现在已不能满足居民"吃得好""吃得健康"的食物需求。对此，习近平总书记指出："要树立'大食物观'，从更好满足人民美好生活需要出发，掌握人民群众食物结构变化趋势，在确保粮食供给的同时，保障肉类、蔬菜、水果、水产品等各类食物有效供给，缺了哪样也不行。"可见，"大食物观"的树立和落实对端牢"中国饭碗"意义重大。基于此，本文试图理清大食物观内涵特征，甄别新时期我国粮食安全面临的风险挑战，并基于大食物观视角提出牢牢端稳"中国饭碗"的思路方略。

一、对大食物观的基本认识

（一）大食物观在我国的形成与发展

在我国，大食物观理念来源于实践，概念最早出现于 20 世纪 90 年代初，在

* 作者简介：陆光米，贵州省社会科学院农村发展研究所助理研究员；李华红，贵州省社会科学院农村发展研究所所长、研究员。

二十多年的发展实践中,伴随着经济社会发展、消费结构的升级和人民生活水平不断提高,大食物观从模糊走向明晰、从观念走向理念、从概念走向实践。现按照大食物观在不同时期蕴含的内容,将其发展历程划分为三个阶段:

(1)萌芽阶段。大食物观理念在我国萌生于 20 世纪 90 年代初,1992 年出版发行的《摆脱贫困》中收录的 1990 年习近平同志在福建工作时的讲话《走一条发展大农业的路子》指出:"过去讲以粮为纲,现在讲粮食是基础的基础……现在讲的粮食即食物,大粮食观念替代了以粮为纲的旧观念。"这也是大食物观在我国最早的相关提法和阐述。这一时期,大食物观是小农业向大农业转化中需要转变的观念之一,即要发展大农业,就需要从以前狭隘的将粮食理解为水稻、小麦、玉米等禾本科作物的认识中走出来,将粮食理解为广义的食物。换句话说,这一时期的大食物观只是"被提及",且仅是作为一种农业发展需要有的"新观念""新眼光",而就大食物观本身的概念、内涵、意义及指向等均未"明晰"。

(2)探索阶段。自大食物观萌芽后,我国就在生产实践中不断探索、提炼和总结,并在 2015 年的中央农村工作会议上提纲挈领地提出:"要树立大农业、大食物观念,推动粮经饲统筹、农林牧渔结合、种养加一体、一二三产业融合发展。"可见,随着经济社会发展和人民生活水平不断提高,大食物观也在生产实践中经过了十多年的检验并形成推动"三农"工作开展、保障粮食安全等的重要理念。也就是说,经过了十多年的实践检验和经验积累,大食物观从萌芽走向了实践,并在实践探索中经过检验而上升为指导生产发展的理念。

(3)加速发展阶段。近年来,随着人们对吃的追求不再只是"吃得饱",更是要"吃得好""吃得安全""吃得均衡""吃得健康",进而在一定程度上加速了大食物观的发展。具体来看,2016 年中央一号文件指出:"树立大食物观,面向整个国土资源,全方位、多途径开发食物资源,满足日益多元化的食物消费需求。"这让大食物观的概念得以明晰,即明确了大食物观应该怎么树立、怎么干,同时也明确了大食物观视角下保障食物供给的基本思路。2017 年中央农村工作会议则进一步明确了大食物观落地落实的基本途径,即"向耕地草原森林海洋、向植物动物微生物要热量、要蛋白,全方位多途径开发食物资源"。同时,也明确指出:"现在讲粮食安全,实际上是食物安全。"这也指示我们要从全新的视角去理解和认识粮食安全。2022 年全国两会期间,习近平总书记在看望参加全国政协十三届五次会议的农业界、社会福利和社会保障界委员时,强调"要树立大食物观,从更好满足人民美好生活需要出发,掌握人民群众食物结构变化趋势,在确保粮食供给的同时,保障肉类、蔬菜、水果、水产品等各类食物有效供给,缺了哪样也不行"。明确了大食物观视角下粮食安全的"新内涵",也表明了大食物观在保障粮食安全中的重要性日益凸显。

（二）大食物观的深刻内涵

（1）紧扣一个立足点。即更好满足人民美好生活需求。随着我国社会生产力的快速发展、经济实力的不断增强，人民生活水平得到了显著提升，我国社会主要矛盾也已经转化为人民日益增长的美好生活需要和不平衡不充分的发展之间的矛盾。因此，要全面树立并践行大食物观，就必须立足于更好满足人民美好生活，并以此为出发点和落脚点。换句话说，就是要掌握人民群众食物结构的变化趋势，着力于粮食和各类食物的有效供给，既要满足人民对食物的基础需求，更要最大限度满足人们对食物多层次、多元化、生态化和高质化的需求。

（2）把握两个重要前提。前提一是要确保粮食安全。粮食安全是"国之大者"，在粮食安全这个问题上不能有丝毫麻痹大意，必须清楚认识到粮食安全始终是我国经济发展、社会稳定和国家自立自强的基础。大食物观是在确保粮食供给的同时，保障肉类、蔬菜、水果、水产品等各类食物有效供给，缺了哪样也不行。所以说，大食物观的树立和践行必须以保障粮食安全为重要前提。前提二是要保护生态环境。良好的生态环境是农业生产不可或缺的要素条件，也是保障食物得以持续供给的重要条件。尽管大食物观视角下我们面向整个国土资源，全方位、多途径开发食物资源，但我们要清楚认识到"资源"的有限性和珍贵性，要以保护生态环境为重要前提去开发、去获取，大食物观才能落地生根、行稳致远。

（3）朝着三个方面拓展。一是朝着大空间拓展。大食物观要求我们将食物来源从现有18亿亩耕地向整个国土资源拓展，朝着33亿亩森林、4亿公顷草原和300万平方千米海洋去拓展。二是朝着多资源拓展。除了向传统耕地资源要食物外，也要向植物动物微生物要热量、要蛋白，向设施农业、生物科技要食物。三是朝着全方位拓展。大食物观是要将山水林田湖草作为一个紧密相连的生命共同体，向耕地、草原、森林、江河湖海等要食物，全方位挖掘食物供给潜力，开发丰富多样的食物品种，实现各类食物供求平衡。

（4）注重四个发展方向。一是注重"主副"搭配。随着生活水平的提高，人们的饮食结构也由原来主要通过米面等主食来填饱肚子转向追求肉蛋奶、菜果鱼等主副食均衡搭配，缺了哪样都不行。新冠肺炎疫情封控期间，居家隔离的诸多群众每天都在为蔬菜、鸡蛋、水果等"蹲守"在各大采购群，以保障"主副"均衡搭配。可见，大食物观要满足人民"吃得好"的要求，就需要注重"主副"搭配，促进农林牧副渔均衡发展，让哪样都不缺得以实现。二是注重调整生产结构。大食物观要结合市场需求，适时调整农业生产结构，以形成同市场需求相适应的现代农业生产结构和区域布局。三是注重多途径开发。大食物观的落地落实,不能桎梏于现有农业生产技术,要在向山水林田湖海要食物的同时,要技术创新,发展生物科技、生物产业,通过科技赋能拓宽食物来源,全方位多途径地拓展食物资源的来源和品种。四是注重"长远"利益。"绿水青山就是金山银山",在向森林、草原、海洋等要食物的同时,我们要以保护生态环境为前提,不能过度索取,更不能只为满足当下、当代而不顾子孙后代,而是要尊重自然,保护环境,走可持续发展道路。

二、树立大食物观对端牢"中国饭碗"的价值意义

由前文可知,大食物观是面向整个国土资源,向 18 亿亩耕地要食物,也向草原森林海洋、向植物动物微生物要热量、要蛋白,既拓宽了食物来源空间,又拓宽了食物来源渠道;同时大食物观要求在确保粮食供给的同时,保障肉类、蔬菜、水果、水产品等各类食物有效供给,缺了哪样也不行。可见树立大食物观不但让"中国饭碗"端得更牢,也让"中国饭碗"里装的食物种类更丰富,营养更全面。

(一)树立大食物观利于"中国饭碗"端得更牢

习近平总书记强调:"对我们这样一个有着 14 亿人口的大国来说,农业基础地位任何时候都不能忽视和削弱,手中有粮、心中不慌在任何时候都是真理。"我国 14 亿多人口,每天就要消耗 70 万吨粮、9.8 万吨油、192 万吨菜和 23 万吨肉。因此,要端牢端稳"中国饭碗",必须始终坚持以我为主、立足国内、确保产能、适度进口、科技支撑,把提高农业综合生产能力放在更加突出位置,保障食物有效供给。这就要求我们树立大食物观,在向 18 亿亩耕地要食物的同时,向耕地面积的近两倍的森林要食物,向占国土面积 40% 的草原要食物,也要向1.8 万公里的海岸线、约 300 万平方公里的海域、相当于近 1/3 国土面积的巨大的食物资源宝库的海洋要食物,保障食物数量安全、营养安全、生态安全、能力安全等多元目标,进而全方位地夯实粮食安全"基座"。

(二)树立大食物观利于"中国饭碗"装得更满

从理论上看,粮食安全是保障食物安全的基础,食物安全是居民消费升级对粮食安全的必然拓展。大食物观是复合型安全观,充分考虑了营养与食品安全、生态影响和可持续发展等要素。换句话说,大食物观是在保障谷物、豆类和薯类

充分供给的基础上，还要保障食用植物油、肉禽蛋、菜果奶及水产品等日常餐桌上不可或缺的食物的有效供给；在保障人们"吃得饱"的同时，更要保障人们"吃得好"，通过满足人们获得充足、安全和富有营养的粮食，来满足其积极和健康生活的膳食需求和食物偏好。由此可见，在生产实践中落实大食物观能更好地满足人们对食物多样化、优质化和健康化的需求，让"中国饭碗"可装的食物更多，更营养。

（三）树立大食物观保障"中国碗主要装中国粮"

联合国粮农组织统计显示，国际地缘政治冲突引发了多国粮食价格上涨，俄乌冲突进一步加剧了粮食进口国的粮食价格上升幅度。同时，印度、乌克兰、俄罗斯、伊朗等国家对小麦、葵花籽油、主食等分别进行了出口限制。加之受新冠肺炎疫情影响，国内外物流供应延迟、运输成本增加、运输效率大降。在国际粮食市场动荡不稳、贸易限制措施频出和全球粮食安全风险进一步上升的背景下，我国粮食进口和各类食物安全风险也逐日增加，这也进一步警示我们更要始终立足自身，以国内稳产保供的确定性来应对各种风险挑战。大食物观也是在这一背景下加速发展并践行的。具体来看，大食物观充分利用中国不同区域自然资源禀赋，通过扩空间、增范围、多途径开发食物资源，极大拓宽了食物的来源、增加了食物的有效供给总量。因此，大食物观的落地落实有利于牢牢把住粮食安全主动权，确保中国碗主要装中国粮。

三、新时期端牢"中国饭碗"面临的风险挑战

随着社会主要矛盾的转化和居民消费结构的日益升级，我国粮食呈刚性增长的态势，结构性矛盾突出和紧平衡的格局在短期内是难以扭转和改变的。加之受新冠肺炎疫情、自然灾害、国际局势不稳定等多重因素叠加影响，新时期我国粮食安全将面临资源环境约束不断加剧、粮食生产技术支撑不够、种业被"卡脖子"、"谁来种地"等诸多风险挑战。

（一）资源环境约束不断加剧

一是耕地资源压力加大。总体来看，受农业结构调整、生态退耕、自然灾害损毁和非农建设占用等影响，我国耕地资源逐年减少，耕地质量也在下降。从实际生产来看，一方面，我国需要依靠9%的耕地养活世界近20%的人，且宜耕后

备土地资源日趋匮乏，加之城市建设占用了大量耕地，进而加大了我国耕地资源的负荷。另一方面，长期以来我国农业生产通过高投入、超负荷来获取高产出，农药、化肥、农膜等农业生产要素的过量投入，土地沙化、盐碱化、土壤退化等问题频出，来自农业面源污染以及城镇的外源污染等问题都对保障粮食安全造成了严重威胁。二是水资源短缺问题显化。宏观来看，我国人均水资源量仅为世界平均水平的1/4，被联合国列为贫水国。从农业生产的微观视角来看，我国农业用水量占总用水量的比重较高，2021年农业用水为3644.3亿立方米，占用水总量的61.5%；但我国农田灌溉水有效利用系数与国际先进水平存在较大差距，尽管2021年我国农田灌溉水有效利用系数为0.568，但与发达国家0.7~0.8的水平还有较大差距。① 换句话说，我国农业用水效率不高在一定程度上促使水资源短缺问题更加显化。三是气候异常灾害频发。农业是对气候变化反应最为敏感的部门之一。我国作为全球气候变化的敏感区和影响显著区，气候变化已成为威胁我国粮食产量及稳定性的主要作用因子。且随着全球气候变暖情况的加剧，降水量、温度、湿度、风速、日照时数等气候变量也有所改变，对我国粮食生产产生较为严重的负面冲击。综上可见，资源环境的约束在不断加剧，我国粮食安全也面临更为严峻的考验和挑战，进而将使我国粮食安全所承受的风险进一步加大。

（二）食物生产科技支撑不够

一是增产技术支撑不够。数据显示我国农业科技进步贡献率为48%，较发达国家低出20个百分点左右。加之我国基础性研究比较薄弱，科技创新能力不强，科技研发和生产结合不够紧密，农业科技应用率不高、农业机械化水平应用不广不够等问题叠加，进而导致我国粮食增产技术总体支持不够。二是增用技术支撑不够。食物从田间到餐桌、从产品变成每家每户食用的饭菜需要经过多个环节，每个环节若有相应的足够的技术支撑，就会极大提高粮食的有效使用率。但目前由于作业人员操作技术应用不熟练，粮食收获后干燥设施设备不足、粮食加工工艺落后、副产品综合利用技术装备不足等，导致农业生产环节、加工、仓储和流通环节粮食浪费损失严重。从全产业链来看，流通和消费环节粮食浪费和损失最为严重，一般估计在70%左右。三是增能技术支撑不够。目前水土流失、土地退化、荒漠化、水体和大气污染、森林和草地生态功能退化等，已成为制约我国农业发展的主要障碍，进而促使我国粮食长期生产能力提升和推广困难重重。仅从耕地长期能力提升的微观视角来看，我国中低产田面积占比近七成，耕地退化面积占比达四成，有机质含量低、基础地力低。对此国家大力开展高标准农田建

① 资料来源：《2021年中国水资源公报》。

设，着眼于土壤改良和提高土地长期的综合生产能力。但目前我国已建成的高标准农田面积仅占全国耕地面积的三成多，大部分耕地还处于"待提升"状态。综上可见，我国粮食长期增能技术支撑较为不足，在很大程度上加大了我国粮食安全的挑战和风险。

（三）种业存在被"卡脖子"风险

粮安天下，种为粮先。我国种业存在的"卡脖子"风险需要我们正视并加以防范。一是种业源头存在安全风险。尽管我国种质资源位居全世界第三，植物物种占世界总数的11%，但由于我国种质资源流失的现象比较严重，加之种质资源利用不充分和保护不彻底，种业源头被"卡脖子"的风险加大。二是前沿育种技术不强。目前我国存在种业研发的投入主体不强、种业研究企业投入积极性不高、国家公共投入不足等问题，进而导致我国在种业前沿技术研发中与发达国家还存在很大距离，容易出现"卡脖子"难题。三是种业安全防御技术落后。我国的种业安全防御技术较不同步，面对转基因种业带来的安全隐患，我国防范技术也不强，应对生物育种负面技术和危机的技术短缺，国家种业技术安全存在受制于人的潜在风险。四是种业国家话语权较弱。当前，我国种业国际市场竞争力与大国地位极不相称，真正能够参与国际种业竞争的企业还没有几家，有核心市场竞争力的企业更加少，加之种业产业链、价值链、供应链等都不完善，我国种业在国际种业市场贸易中话语权比较弱，被别人"卡脖子"的风险较大。

（四）"谁来种地"已成严峻问题

总的来说，随着工业化、城镇化进程的不断加快，农村大量青壮年劳动力选择外出务工或迁往县城和大中城市，以获取更高的劳动回报，留在农村的多是"三八、六一、九九部队"，农村地区"老龄化""空心化""女性化"等现象已成为不争的事实。具体来看，一是"农一代"还在撑着种地。在我国广大农村，种地的大部分是六七十岁的老年人，他们大多不会使用新机械，多采用传统方式种地。二是"农二代"大多不愿种地。20世纪70~90年代出生的"农二代"，作为工业化、城镇化的建设者、见证者，就算在城里艰难求生或难以落脚，也不愿意回到农村种地，一方面是受种地"没有出息"观念的影响，另一方面是种粮比较效益长期偏低，很难支撑得起一大家人的生活开支，加之城乡医疗教育及公共服务的巨大差异，更让"农二代"不愿回到农村去种地。三是"农三代"普遍不会种地。"十指不沾阳春水""两眼不识稻和麦"，可以说是长在太平盛世、不挨饿不受冻的绝大多数"农三代"的真实写照。现在农村的孩子每天都"困"在作业里、游戏里，很少帮助家长从事农业生产，对农作物的种类、播种季节、生长周期等都比较陌生，更别说在城市里长大的娃娃。综上可见，"谁来种地、怎么种地、如何种好地"这个事关粮食安全的重大问题，我们必须要面对并解决，以降低粮食安全风险。

（五）微观个体食物安全意识亟待提高

中国人的饭碗任何时候都要牢牢端在自己手中，"手中有粮，心中不慌"是国家层面应对一切风险挑战的信心和底气。同样地，作为微观个体的家庭或个人，"有米下锅，不饿肚子"也是我们微观个体应对风险挑战最重要的基本保障。可见，国家和微观个体安全合理的粮食储备是降低粮食安全风险的重要手段。但在实践中，对粮食安全问题的呼吁和采取的措施都集中于国家层面，微观个体粮食安全意识和抗风险能力均不高。具体来看，没有真正挨过饿的人，看见掉在地上的饭粒不会感到心痛。正如现在很多生长于国强民乐背景下的城乡居民，认为储备粮食是国家的事，个体粮食储备意识不强。

四、大食物观下端牢"中国饭碗"的
思路方略："六藏齐抓"

大食物观视角下，粮食安全实际上是食物安全。新时期要应对粮食安全面临的多重风险挑战，更好满足人民对食物多样化、均衡化、健康化等的美好需求，确保主粮、肉蛋奶、菜果鱼等各类食物哪样都不缺，端牢端稳"中国饭碗"，就需要树立并落实大食物观，面向整个国土资源，在深入落实"藏粮于地、藏粮于技"国家战略的同时，还应全面推进"藏粮于种、藏粮于数、藏粮于民、藏粮于制"的落地落实。换句话说，即在大食物观视角下，要推动形成"六藏齐抓"的新格局，全方位保障我国粮食安全，让中国碗主要装中国粮。

（一）藏粮于地

一是要死守耕地数量。耕地是粮食生产的命根子，是中华民族永续发展的根基。大食物观的重点还是粮食、基础仍是耕地。因此，一方面，要严格落实耕地保护制度，认真落实"要严防死守18亿亩耕地红线，采取长牙齿的硬措施，落实最严格的耕地保护制度"，牢牢守住耕地数量，确保18亿亩耕地实至名归；另一方面，要坚决遏制耕地"非农化"和防止"非粮化"，确保15.5亿亩永久基本农田主要种植粮食及瓜菜等一年生的作物。二是要提高耕地质量。高质量耕地资源是粮食增产增收的坚实基础。一方面,要加大对南方酸化的耕地、北方盐碱化的耕地、东北退化的黑土地这"三块地"的治理和修复,全面落实"一控两减三基本"治理方针,建立长期稳定的土壤监测体系;另一方面,要继续稳步推进高标准农田建设,确保粮食的稳产、增产、高产。三是要确保资源可持续利用。在多途径开发资源获取食物时,既要满足当代人的需求,也要保障子孙后代的利益。因此,在大食物观视角下,向草原、森林、海洋要食物的同时,要着眼长远,尊重自然,适度获取,走可持续发展道路。

(二)藏粮于技

解决吃饭问题,根本出路在科技。践行和落实大食物观保障我国粮食安全,同样要依靠科技支撑。一是要用科技拓展食物来源空间。依靠科技创新,一方面,拓展耕地内部食物来源空间,即向东北黑土地、北方旱地、南方水田、南方旱地、盐碱地、设施农地和后备耕地"七块地"要食物;另一方面,要依靠科技向非耕地拓展,加大对森林江河湖海的研究力度,向整个国土空间要食物。二是要用科技拓宽食物来源渠道。依靠科技创新促进种质创新、农业设施与装备创新、农业生产技术创新,既要提升粮食生产科技进步贡献率,也要拓宽食物来源渠道。例如,依靠科技创新和进步发展戈壁农业、垂直农业、海洋牧场等。三是要用科技赋能大农业发展。要走科技兴农的道路,提高农业良种化、机械化、科技化、信息化水平,促进农畜产品生产、创新水产业、提高森林食物资源利用,同时加快推进我国育种技术向智能化的 4.0 阶段推进,加大生物育种的推广和应用,全面赋能大农业发展。

(三)藏粮于种

种业作为农业的"芯片",是国家粮食安全的源头。因此,要落实大食物观保障粮食安全,必须要打好"种业翻身仗",推进"藏粮于种"落地落实。一是要摸清种业家底。我国虽是种质资源大国,但许多种源与国际先进水平还有较大差距。因此,摸清我国种业家底才能精准鉴定挖掘,进而加强种质资源保护利用,实现种源自主可控。二是要落实种业行动。一方面要充分认识新阶段推进种业振兴的极端重要性和现实紧迫性;另一方面要全面贯彻落实《种业振兴行动方案》精神,推动种质资源保护利用、创新攻关、企业扶优、基地提升、市场净化五大行动落地落实,打好种业翻身仗。三是要提高种业话语权。一方面要深化种业"放管服"改革,优化市场环境;另一方面要不断完善种业产业链、价值链和供应链,以实现种业科技自立自强、种源自主可控,提高我国种业在国际种业贸易中的话语权。

（四）藏粮于数

随着互联网、物联网及大数据等在农业农村和农民中的广泛普及和推广应用，让"汗水农业"有条件向"数字农业"转变。大食物观视角下，要保障人们哪样食物都不缺，亟待推进"藏粮于数"落地落实。一是要建立农业大数据平台。通过建立综合的数据平台调控农业生产，记录分析农业种养过程、流通过程中的动态变化，通过分析数据，制定一系列调控和管理措施，通过"数字化"助力农业高效优质发展。二是要建立营养评价数据库。《中国居民营养与慢性病状况报告（2020 年）》显示，我国有超 1/2 的成年人、1/5 的 6~17 岁儿童青少年存在超重或肥胖。究其原因，膳食结构不合理是关键所在。因此，要加快构建与大食物观相一致的食物营养标准体系，定期开展食物资源与营养状况监测，形成食物营养评价数据库，以标准化和数字化来引领农业食物生产，进而保障人们"吃得健康"。

（五）藏粮于民

在新的发展阶段，要落实大食物观以保障国家粮食安全，就必须切实做好"藏粮于民"。一是要保障生产端农民的权益。农民是农业生产的主体，也是保障国家粮食安全的主力军，我国 2.3 亿农户承担着全国 14 亿多人吃饱饭、吃好饭的重任。一方面要合理保障农民种粮收益。通过健全农民种粮收益保障机制，力争做到政策保本、经营增效，提高农民种粮综合效益，让农民种粮增收得利，才能最大程度地提高农民种粮积极性。另一方面保障农民综合权益，即要让农民享受到平等的经济权利、政治权利和社会权利，让农民成为有吸引力的职业，农业才会成为有奔头的产业。二是要提高消费端居民的藏粮意识。一方面要增强粮食节约意识，反对铺张浪费，提高居民节粮减损意识；另一方面要提高城镇居民适度储粮意识，以提高微观个体应对风险挑战的能力，进而减轻国家储粮压力。

（六）藏粮于制

一是要完善粮食安全责任制。全面落实粮食安全党政同责要求，压实主体责任，细化粮食主产区、产销平衡区、主销区考核指标，推动地方全面加强粮食生产、储备、流通、节粮减损能力建设，共同承担好维护国家粮食安全的政治责任。二是要健全农民种粮收益保障机制。完善粮食最低收购价和收储调控政策，稳定并优化种粮收入补贴政策，加快构建粮食作物保险体系，大力发展粮食生产经营社会化服务，全方位保障农民种粮收益，确保中国人的饭碗主要装中国粮。三是要建立以大食物观为准绳的工作机制。为更好满足人们对食物多样化的需求，以大食物观为准绳，对照大食物观的要求，研究出台相应的配套政策举措，建立工作机制，制定考核指标，推动大食物观能够落实、落地、落细、落好，全面保障粮食安全。

参考文献

［1］习近平．摆脱贫困［M］．福州：福建人民出版社，1992.

［2］魏后凯，杜志雄．中国农村发展报告2021：面向2035年的农村现代化［M］．北京：中国社会科学出版社，2021.

［3］乔金亮．高标准农田事关长期生产能力［N］．经济日报，2019-11-13.

［4］李冬梅，李庆海．以大食物观保障粮食安全的路径探析［J］．人民论坛，2022（13）：63-65.

［5］何可，宋洪远．资源环境约束下的中国粮食安全：内涵、挑战与政策取向［J］．南京农业大学学报（社会科学版），2021，21（3）：45-57.

［6］樊胜根．从国际视野看中国农业经济研究［J］．农业经济问题，2020（10）：4-8.

［7］陆福兴．当前我国种业存在五大"卡脖子"风险［J］．中国乡村发现，2020（12）：120-123.

［8］农业农村部农村经济研究中心和中国农业电影电视中心组成编写组．粮食安全干部读本［M］．北京：人民出版社，2021.

［9］新华网．中共中央　国务院关于落实发展新理念加快农业现代化实现全面小康目标的若干意见［EB/OL］．［2016-01-27］．https：//news．china．com/domestic/945/20160127/21322182．html.

粮食主产区耕地"非粮化"治理的难点及对策[*]

在百年变局、新冠肺炎疫情、气候变化交织叠加的背景下,粮食的战略意义更加凸显,粮食安全的不确定性和复杂性进一步加剧,引发了国内对粮食问题的高度关注和广泛担忧。近年来我国耕地"非粮化"倾向明显,虽然目前尚未对粮食生产构成实质性威胁,但是如果任其发展,势必将对我国粮食安全造成危害。2020年11月,《国务院办公厅关于防止耕地"非粮化"稳定粮食生产的意见》是国家为保障粮食安全而出台的土地管控新政策。河南、黑龙江、山东、江苏、安徽等13个省份作为全国粮食主产区,大约贡献了全国农作物播种面积的70%,粮食播种面积的75%和粮食总产量的79%,担负着保障国家粮食安全的责任,推进耕地"非粮化"治理是合理利用耕地资源、实施"藏粮于地"战略、扛稳粮食安全重任的现实需要。

一、粮食主产区耕地"非粮化"的现状

考虑到数据可得性,参考和借鉴国内相关研究成果,在此主要使用"非粮食作物播种面积占农作物播种面积的比例"来反映"非粮化"程度。2020年,粮食主产区非粮作物播种面积为27993.5千公顷,占主产区农作物播种面积的24.1%,非粮占比较全国平均水平低约6个百分点。从图1来看,13个粮食主产区耕地"非粮化"程度存在较大分化,中部粮食主产区尤其"两湖"地区耕地非粮占比偏高,东北地区耕地非粮占比则处于较低水平,如湖南省的"非粮化"率几乎是黑龙江的14倍。虽然河南省非粮作物播种面积最大,但非粮占比远低

---

[*] 作者简介:苗洁,河南省社会科学院农村发展研究所副研究员。

· 237 ·

于湖南、湖北、江西、四川等中西部省份。从黑龙江、内蒙古、吉林、河南、安徽5个粮食净调出省份的情况看，耕地"非粮化"程度均低于全国平均水平（30.3%），其中，河南作为第二产粮大省，非粮作物种植总面积、非粮占比都是最高的，在这样的情况下能够连年实现稳粮增产，彰显了河南粮食生产这张王牌的优势，也说明未来保粮稳粮的压力较大。

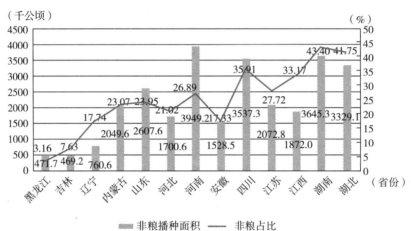

图1　2020年粮食主产区耕地非粮作物播种面积及其占比情况比较

资料来源：《中国统计年鉴》（2021）。

二、造成耕地"非粮化"的原因

造成耕地"非粮化"的因素比较复杂，主要是由于市场经济背景下粮食作物种植比较收益较低，导致劳动力、土地、资金等生产资料向经济效益更高的非粮生产转移，也有制度安排层面和思想认识层面的原因。

（1）成本收益层面。农民种地始终面临着种粮和增收的矛盾，种粮收益相对较低是导致耕地"非粮化"的根本原因。以河南省为例，相关调查显示，单从经济效益算，河南农民种3.9亩粮食才相当于种植1亩露地蔬菜或水果的收益，种5亩粮食才相当于1亩花卉苗木的收益，种9亩粮食才相当于1亩大棚蔬菜收益。因此，农民特别是农业规模经营主体和下乡资本，由于土地流转和融资等费用偏高，成本上升使其更倾向于选择收益更高的经济作物和设施农业，种粮积极性不高。此外，由于从事二三产业的工资性收入也远远高于农业种植收益，这种收入差距对农村劳动力产生了巨大的吸引作用，部分半工半农农户出现了对农地的粗放经营，如不种或部分种植或降低耕种轮次等行为，同时，农村高质量人力资源大量流失也对粮食生产效率造成了消极影响。通常来讲，经济收益特别是比较收益是"非粮化"的主要动因，但结合调研情况看，这并非决定性动因，是否从事"非粮化"经营还取决于经营习惯、资源禀赋、经营门槛、经营能力、风险承受及防控能力等。

（2）制度安排层面。一是农业结构调整、生态退耕等政策造成"非粮化"。近年来，国家几次大的农业结构调整战略，几乎都导致粮食产量或粮食播种面积出现了下滑。加上为了适应市场需求变化，各地大力发展特色优势农业，并逐步形成专业化规模化格局，农业生产的空间扩散效应也在引导农民种植结构调整的方向。1999年以来，我国启动了两轮退耕还林工程，粮食主产区也在实施范围内，退耕还林还草显著改善了生态环境，但存在用粮食生产换取生态环境改善的短期效应。二是对"非粮化"缺乏相应的管理和监督制度。对于耕地具体的经营范围没有做出明确要求和严格限制，对基本农田内种树种草、发展林果业、挖塘养鱼等行为，只有禁止占用的条款，并没有相应的处罚条款，对于规模经营主体、下乡资本流转土地的"非粮化"趋势没有给予足够重视，缺乏相应的监管和制约。

（3）思想认识层面。不少人认为随着人们消费习惯、消费结构的改变，日常生活中直接口粮的消费在下降，发展现代农业、调整农业结构就是要压缩粮食生产，存在把抓好粮食生产和发展现代农业对立起来的现象，认识上的偏差和误解导致地方政府对"非粮化"经营大多持默许、鼓励的态度，为了地方经济的发展，对土地大规模流转的非粮行为也是"睁一只眼闭一只眼"，助推了"非粮化"。从耕地使用者的角度看，农户对粮食安全和耕地保护的认识也不到位，在调研中，有不少农民认为种植非粮作物不会影响土地质量，认为耕地"非粮化"对粮食安全没影响或影响不大。事实上，耕地作为重要的自然资源具有巨大的生态价值，但是耕地的生态价值长期被忽视，耕地使用者往往只重视耕地的经济价值，为实现收益最大化而采用高强度的土地利用方式，造成耕地质量下滑，同样会影响粮食生产安全。

三、粮食主产区耕地"非粮化"治理的难点

由于耕地"非粮化"地区差异大、情况复杂、原因多样，在耕地"非粮化"治理过程中，还面临着一些挑战和困难。

（一）相关主体的目标期望不一致

在粮食生产的问题上，当前国家目标、地方政府目标和农业经营主体期望之间是不一致的、不统一的。国家的目标是保障粮食安全，解决好十几亿人民的吃饭问题，端牢中国人自己的饭碗，这始终是我国治国安邦的头等大事，可见，国家目标是追求绝大多数人的共同利益。粮食主产区各级地方政府承担着粮食生产政治责任，要助力国家目标的实现，但其主要目标是发展经济、增加农民收入，这也是一些地方支持和鼓励"非粮化"经营的原因。而农业主体的期望则是获得合理的收益，过上幸福体面的生活，追求的是个体自身的利益。目前，粮食主产区利益补偿机制有待完善，农业尤其是粮食经营呈现高成本、低收益，其作为农民增收的传统动能在逐渐减弱。由于粮食生产具有公共特性，而且"粮转非"主要是基于粮食种植主体的行为决策变化，具有较强的市场性特点，与"非农化"不同，单靠行政和法律手段很难遏制"非粮化"，核心还是要解决种粮经济效益过低的问题，保护和激励经营主体种粮和地方政府抓粮的积极性，促进国家目标、地方政府目标、种粮主体期望达成一致。但是，由于粮价不可能大幅度提升，即使加上粮食生产补贴，依然难以掩盖种粮利润微薄的基本事实，很难让小农户以种粮为主要来源且不降低收入水平。随着越来越多的农户不再以种粮为主要的收入来源，尤其是农二代、农三代延续种粮的可能性更低，农户种粮意愿衰退的趋势是难以逆转的，因此迫切需要解决未来谁来种粮的问题。

（二）防增量减存量存在"双难"

坚决遏制增量，稳妥解决存量，目的是严格控制"非粮化"总量，防止过度"非粮化"。那么，粮食主产区"非粮化"的底线在哪里？这就需要各省在摸清底数的基础上，考虑多方因素和多重需求进行科学测算，如哪些区域允许进行适度的"非粮化"，哪些区域要杜绝新增非粮转化，并不是件容易的事。而且，有些"非粮化"现象是显性的，通过粮食总产量、粮食耕地面积、粮食播种面积指标变化等，可以直观发现"非粮化"问题，但有时候种植粮食的耕地面积和播种面积可能并没有发生明显变化，而粮食单产、粮食生产效率发生变化以及耕地质量下降等因素同样会影响粮食生产。还有一些"非粮化"利用对耕地质量和粮食生产的影响是缓慢的、渐进的，很难被察觉，从而出现"隐性非粮化"，对此如何认定和处理也是需要考虑的。调研发现，在实践中对"非粮化"还没有清晰统一的界定，如自然资源部门和农业农村部门对于"非粮化"的界定就存在差异，如对于耕地转为林地的，农业农村部门认定为"非农化"，而自然资源部门认为是"非粮化"。加上"非粮化"监督执法缺少主体和专业化队伍，很难做到早发现、早制止。相比于遏制增量，解决存量问题要复杂得多。由于以前没有提过防止耕地"非粮化"，国家层面尚未出台非粮化整治工作的统一方案，对于解决存量问题具体怎么办，如何补偿以及整治成本怎么分担等，缺乏明确统一的政策文件和可参考的依据。在实际操作中，一些需要整治的地块涉及巩固脱贫攻坚成果和农民增收、村集体分红等，有的需要限期强制拆除，如果不注意方式方法，极易产生矛盾和隐患。

（三）"非粮化"整治的负外部性

随着农村劳动力转移和老龄化，工商资本进入农业和土地规模化经营成为助力农业现代化和乡村振兴的必然，不仅弥补了农业投入不足和要素短缺的问题，也有助于创新农业生产和经营模式，促进传统农业的现代化改造和农业技术进步。

当前，不少地方将规模经营主体作为"非粮化"整治的重点对象。但是，从对一些市县调研情况看，还存在将流转耕地"非粮化"治理简单化为对基本农田"非粮"作物的"一刀切"的现象，如处于盛果期的林果作物要求"一拔了之"。如果一味采取"堵"的办法，不能将资本无序扩张、"圈地""非粮化"与工商资本下乡入乡专注适度规模经营相区分，会影响工商资本进入农业和规模主体转入土地的积极性，甚至使已经进入农业生产环节的规模经营主体退出，可能会造成更大的粮食安全问题。一是容易造成地区农业种植结构和农业产业单一化；二是会损害与非粮经营相关的农业主体、田间雇工、上下游就业群体（如农资、运输、销售）的利益；三是由于生产种植环节被"卡"，可能会造成本地非粮经营产业若干环节退出、断裂或转移，降低农业产业效益和发展水平。尤其是对经济作物种植区，"非粮化"整治产生的负外部性更为明显，需要引起警惕。如河南，近两年第一固定资产投资增速持续下行甚至投资降幅持续扩大，究其原因，除了成本上升、银根收紧，用地等要素供给和保障受限以及新冠肺炎疫情和汛情等因素叠加影响农业企业等新型经营主体发展之外，大棚房整治和非粮化、非农化专项整治等因素，也在一定程度上影响到一些主体的农业投资信心和热情，给农业稳产保供和农民持续增收带来较大影响，不利于农业农村高质量发展，也与巩固拓展脱贫攻坚成果和全面推进乡村振兴要求不相适应。

四、粮食主产区耕地"非粮化"治理的对策建议

推进"非粮化"治理，既要从保障粮食安全的政治高度出发，也要符合以稳为主的总基调，既要找对症更要下对药。为此，除了发挥规划、功能分区的强制性作用及相应的行政推进手段外，必须辅之以义、辅之以利，充分调动和激发地方党委政府重农抓粮、农民务农种粮、工商资本投农营粮的积极性，真正实现"农田姓农、良田种粮"。

（一）加大对粮食生产的支持力度，强化主产区利益补偿

一是完善粮食补贴等惠农政策。加大粮食直补、良种补贴和农资补贴力度，探索实行有机肥补贴，降低或取消非粮补贴。改进补贴方式，坚持谁种粮谁受益，确保种粮主体真正得到好处。二是加强技术支撑。实施"藏粮于技"，加大科技投入，加快种业高质量发展，推行高产优质新粮食品种；建立数字农业智慧平台、智能物联网平台等，建设"数字粮田"；提高粮食生产农机装备智能化水平，加快研发适应丘陵地区的农机装备。三是强化主产区利益补偿。建议国家进一步加大对粮食主产省的转移支付力度，加大对粮食净调出省份的奖补力度，抓牢产粮大县奖励落实政策。对主产区要优化利益补偿资源的配置，完善农地发展权补偿机制，推动粮食主产区农地集约经营、人口适度集中、产业集聚发展，充分发挥粮食生产的优势。鼓励与主销区深度开展产销协作，在主产区共建仓储物流等设施和发展粮食精深加工等，不断延伸粮食产业链条。四是加大高标准农田建设投入力度。高标准农田建设需要省、市、县财政配套资金，粮食主产区尤其一些产粮大县财力不足问题突出，资金配套给地方财政带来较大压力。建议降低主产区高标准农田建设地方配套资金比例，并动态提升高标准农田的建设标准，这既属于支持农业发展的"绿箱"政策，也有利于减轻粮食主产区的财政压力，调动地方积极性。

（二）规范规模主体经营行为，大力发展农业社会化服务

一是明确规模经营主体"非粮化"边界条件。解决流转合同中基本农田信息填写不规范的问题，可以加入禁止在永久性基本农田从事林果业、挖塘种树、非法取土等行为，以及禁止闲置、抛荒永久基本农田等相关条款，防止钻政策的空子、打擦边球等。二是健全市场化流转机制，降低土地流转成本。因地制宜研

究确定本地区土地规模经营合理标准，健全市场化的土地流转机制和运行规则，通过土地契约市场化，保持土地租金租约的稳定性。三是有序引导工商资本进入农业。既要保障工商资本持续投资农业的积极性和热情，也要对大面积、长时间租赁农户土地的工商资本持谨慎态度。积极探索建立工商资本流转耕地准入制度，加强规模经营主体种粮政策激励。四是健全粮食生产的社会化服务体系。大力发展覆盖产前、产中、产后全过程的粮食生产性服务，努力解决粮农一家一户办不了、办不好、办起来不合算的问题。从实践和调研情况来看，工商资本等规模经营主体进入农业后的"非粮化"经营行为与其涉农的方式有较大关系。应鼓励和引导工商资本进入农业从事良种繁育、粮食加工流通以及通过代耕代种、统防统治、土地托管等方式提供粮食生产社会化服务。五是完善利益联结机制。鼓励规模经营主体对周边普通农户进行带动和帮扶，引导农民以土地经营权以及劳动、资金、技术等为纽带加入家庭农场、合作社或以其他形式开展联合经营，让种粮农民获得产业发展收益。

（三）稳妥有序推进"非粮化"整治工作，稳定政策预期

一是完善"非粮化"整治的相关依据。针对"非粮化"整治工作缺乏相关依据和支持的情况，尽快修订完善功能区划和防止"非农化""非粮化"法律法规，设立"非粮化"红线和预警线。二是因地制宜逐步推进。由于"非粮化"存量问题是发生在防止"非粮化"意见文件出台之前，不可操之过急、强制执行，需要分阶段分类型逐步推进。例如，现阶段可将那些有补贴倾向型和资本无序扩张型主体以及对耕地破坏性比较大的、处于闲置抛荒状态的耕地作为"非粮化"治理的重点。对正处于盛果期的林果业，对退耕还林的速生林等暂时无法化解的存量，要制定时间表、把握好进程，可以创新种植模式，如鼓励经济作物中间套种粮食作物等，逐步回归到种粮食，尽量减少对农业投资和结构优化调整的冲击。在严禁新增"非粮化"行为的同时，引导新发展林果业等上山上坡，不与粮争地。三是完善"非粮化"治理的补偿机制和成本分担机制。一些地方要求限期清除基本农田上的非粮作物和田间设施，多是基层政府来实施清除工作并承担相关费用，压力和困难较大，需要进一步明确是否需要赔偿，怎么赔偿，赔偿标准以及清除费用、土地复耕费用等谁来负担的问题，减少冲突和矛盾。四是稳定经营主体预期。关注大棚房整治和非粮化、非农化专项整治等因素对农业投资的影响，尽快明确"非粮化"整治工作的政策走向和执行标准，减少各类经营主体的猜测和担忧，稳定农业投资和乡村发展。

（四）建立健全防止"非粮化"监管体系，创新体制机制

一是压实地方责任，强化全过程动态监管。利用数字化技术，持续开展"非粮化"调查和监测，掌握种粮情况、"非粮化"底数和动态变化数据。准确把握对工商资本进入农业鼓励、限制、禁止的政策界限，做好工商资本租赁农地监管和风险防范工作。对规模经营主体的经营能力、风险承担能力进行评估，对合同履行、土地利用等进行动态监管，对退出经营后的耕地质量进行鉴定，防止"隐性非粮化"。二是创新防止耕地"非粮化"的体制机制。完善耕地占补平衡、耕地用途进出平衡机制，严格保护耕地数量和质量，确保"农田姓农、良田种粮"。根据"非粮化"的程度设立预警机制和及时干预机制。针对工商资本等大规模转入土地的经营主体，探索建立合理的风险保障金制度，防止土地用途被改变。三是建设耕地保护监督执法专业队伍。对严重破坏耕地、侵害农民权益，又拒不履行土地复垦义务的"非粮化"行为，建立"黑名单"制度，防止其"打一枪换一个地方"。建立耕地抛荒清单，将长期抛荒耕地的行为纳入社会信用体系。

参考文献

［1］胡岳岷．中国粮食安全治理：重大问题与远景战略［J］．西北大学学报，2021（4）：43-53.

［2］孔祥斌．耕地"非粮化"问题、成因及对策［J］．中国土地，2020（11）：17-19.

［3］蓝海涛，涂圣伟，等．整治耕地"非粮化"面临的新矛盾与隐忧［J］．中国发展观察，2021（9）：58-60.

［4］廖富洲，等．耕地流转中的"非粮化"问题及对策研究［J］．学习论坛，2015（7）：37-40.

［5］苗洁．我国粮食主产区耕地"非粮化"的比较分析［J］．农村·农业·农民，2021（10B）：4-5.

［6］王丽惠，赵晓峰．"非粮化"整治的负外部性及政策优化［J］．学术论坛，2021（12）：11-23.

［7］薛选登，张一方．产粮大县耕地"非粮化"现象及其防控［J］．中州学刊，2017（8）：40-45.

［8］祝洪章，秦勇．我国粮食主产区农地流转"非粮化"问题及对策研究［M］．北京：经济科学出版社，2020.

巩固提升河南粮食产能面临的
约束及实现路径[*]

在全国粮食主产区中，河南粮食产量多年位居全国第二，是名副其实的产粮大省，产量占全国的1/10，小麦产量占全国的1/4强。2020年以来河南先后出台《河南省人民政府办公厅关于加强高标准农田建设打造全国重要粮食生产核心区的实施意见》和《河南省人民政府关于加快推进农业高质量发展建设现代农业强省的意见》等一系列政策举措，为全面推进粮食核心区建设、巩固提升粮食产能提供了有力支撑。2009年，河南省被确定为全国粮食生产核心区，10余年来河南省深入落实"藏粮于地、藏粮于技"战略，2017～2021年，连续五年粮食产量稳定在1300亿斤以上，为国家粮食安全做出突出贡献。但总体来看，粮食生产效益不高、农民缺乏种粮积极性，产业竞争力不强的现状仍未根本改变，分析河南省巩固提升粮食产能面临的约束并提出相应的策略，对于保障我国粮食安全具有重要意义。

一、关于粮食产能的理论

粮食产能即粮食生产能力，是指一定时期、一定地区在一定社会经济技术条件和正常气候状况下，通过各种生产要素综合投入、有机组合及相互作用所形成的，能够相对稳定地实现一定产量的粮食产出能力。粮食产能反映了投入要素与产出之间的系统关系，它由耕地、水资源、资本、劳动力、科技等要素投入能力及配置方式所决定，由粮食产量所表现。在传统上，一般把粮食产能构成要素分为资源要素（如耕地、水资源等）与投入因素（如劳动力、农田水利基础设施、农资、自然灾害防御等）两个大的类别。

---

* 作者简介：生秀东，河南省社会科学院农村发展研究所研究员。

关于粮食生产能力的研究，学术界普遍采用定量分析方法，主要是从宏观角度利用系统工程或者柯布—道格拉斯生产函数方法对影响粮食生产的因素进行计算。孔祥智（2022）、李然斐（2005）、马晓河和蓝海涛（2008）分别应用柯布—道格拉斯生产函数或者灰色系统理论，测算各项生产投入要素对粮食产出的贡献大小和关联程度。但是生产函数等定量分析方法的缺陷是十分明显的，它把组织制度因素视为"自然状态"的一部分，排除在粮食生产函数之外。一方面，它忽视了农户的不同性质和规模经济效应。当前新型农业经营主体和服务主体正在成为粮食生产和供给的重要力量，而他们在生产的成本结构和生产行为上与小农户有重要区别。另一方面，忽视了农户在粮食生产及要素投入上的积极性，而农民种粮积极性是粮食生产的首要驱动因素，因此无法揭示组织制度因素对粮食产能发挥的作用。

如果把传统生产函数表达为 $Q = tF(L, K, M)$，式中 Q 代表粮食产出，t 表示与生产有关的技术和知识状况，L、K、M 分别表示劳动力、投入因素、土地资源，F 表示生产函数。那么，反映组织制度因素的生产函数可以表述为 $Q = F_R(L, K, M; T)$，式中 R 表示组织制度因素，F_R 表示对应于组织制度因素的一个生产函数，T 表示技术知识，其他符号含义与前一个生产函数相同。在粮食生产中，组织制度通过改变投入要素的边际报酬来引导各类投入要素的配置，可以说制度因素通过影响投资和效率来影响粮食生产能力，因此小农户的粮食生产函数与专业大户的生产函数是完全不同的，他们的要素配置方式不同，函数性质不同。本文从资源、劳动力、科技、市场和制度等方面论述巩固提升粮食产能面临的约束，以弥补定量分析方法上的缺陷。

二、巩固提升粮食产能面临的约束

巩固提升粮食产能是保障国家粮食安全的核心和基础，在粮食价格和生产成本的双重压力下，要巩固、提升河南粮食生产能力，面临着诸多限制因素。从中长期来看，主要表现在以下五个方面：

1. 资源约束：土地数量减少，质量下降

目前河南处在工业化、城市化快速发展的历史阶段，建设用地需求迅速增加，土地数量减少成为粮食产能提升的重要瓶颈因素。第三次全国国土调查主要数据公报显示，河南省耕地面积11271万亩，较10年前"二调"耕地面积12288万亩减少1017万亩，年均减少101.1万亩，已越来越逼近永久基本农田红线。全国同期耕地面积减少1.13亿亩，年均减少1130万亩。

粮食产能的基础是耕地生产力，从土地生产力视角看，当前粮食生产方式粗放化问题日益凸显，耕地质量呈现长期下降趋势。小农户在粮食生产上的兼业化经营方式、口粮化生产目标，是小农户土地投资减少、地力下降的主要原因，而家庭农场、种粮大户由于流转的土地缺乏长期稳定性，也不愿意投资土地，改良土壤。为提高粮食产量，只能大量施用化肥、农药，虽然达到了增产目的，却不可避免地带来农业面源污染加剧，土壤有机质含量降低、地力透支严重的副作用。根据调研，河南土壤有机质平均含量仅为 1.7%，低于全国 2.4% 的水平。基本农田仍有约 60% 为中低产田，粮食生产可持续发展受到影响。

当前农村资源环境和生态问题比较突出，化肥、农药施用数量虽然已得到控制，但地下水超采引发的问题仍然凸显，资源环境约束持续趋紧。从现实情况看，制约河南粮食生产稳定发展的一个重要因素是水资源，最薄弱的环节就是农田水利的"最后一公里"。目前河南农业水资源实际利用量已超过水资源的可持续利用量，农业用水严重不足且利用率低。2021 年河南突发特大洪涝灾害，2022 年发生特大干旱，表明农业生产"靠天吃饭"的局面没有改变，有效应对灾害能力依然不足。自农村改革以来，农户承包的土地零星分散、相互交叉，小块土地的产权结构使田间水利设施变成村庄的准公共物品，无人愿意管理和投资。农村小型农田水利工程管理不善、老化失修非常普遍，导致粮食生产能力下降。因此，同样地投入要素生产的粮食数量，与过去相比就会下降，下降的粮食产量所造成的损失可以看成由产权模糊引起的制度费用。这是组织制度因素影响生产函数的一个例证。

2. 人力资本约束：农业劳动力素质结构性下降

农业劳动力是粮食生产的基本要素。粮食生产主体是小农户，生产规模小，资源配置效率不高，致使亩均粮食生产成本高。2021 年，河南小麦亩均生产成本维持在 531.34 元，亩均生产收益 636.77 元，农民种粮纯收入仅相当于外出务工五六天的工资收入。农村青壮年劳动力大量外出务工，老人和妇女留守农村从事粮食生产，粮食生产劳动力季节性、结构性短缺问题日益突出。而且农业劳动力的老龄化，由于不能胜任繁重的田间劳动，一方面会直接减少粮食生产过程中的劳动供给量，另一方面会通过降低复种指数、减少粮食播种面积而间接减少劳动供给量，导致粮食生产能力下降。老年劳动力科技文化素质较低、思想保守、接受新事物能力弱，限制了农业新品种新技术的推广应用，制约粮食生产科技水平的提升。

3. 科技约束：科技创新和推广应用不足

粮食产能等于粮食播种面积和粮食单产的乘积，科技进步的重要作用之一表现在粮食单产的提高上。目前，全省粮食单产水平与世界先进水平相比还有不小差距。究其原因，一是创新能力弱。例如，在育种方面，新品种研发滞后，优质、高产、抗逆品种少，如优质专用小麦品种新麦 26、郑麦 366、郑麦 7698、扬麦 15 等品质好，但抗逆能力较差，新麦 26 不抗倒、郑麦 366 不抗"倒春寒"和纹枯病。国外种子公司已经大规模进入国内市场，抢占市场份额，对未来粮食安全构成了严重威胁。二是推广应用不足。在农业科技推广体制方面，农技人员待遇严重偏低，让很多专业技术人才难以留下，而且推广经费严重不足，服务功能弱化，影响了推广业务开展。同时推广机构改革滞后，没有形成有效的激励与约束机制，农技推广人员缺乏深入生产第一线开展宣传推广活动的动力。

科技短板的存在，也导致资源利用效率低下，推高了粮食生产成本。一是农业资源利用率低。农田灌溉还是大水漫灌方式，根据调研，河南省农田灌溉水有效利用系数为 0.61，低于发达国家的 0.7~0.8；主要农作物肥料、农药利用率不到 40%，发达国家在 60% 左右。二是农业劳动生产率低。河南农村人口素质总体偏低，农业从业人员占比高于全国平均水平 10% 左右，人均农业劳动生产率仅相当于全国平均水平的 60% 左右。

4. 市场约束：粮食生产比较收益低

（1）价格调节粮食产能的机制。价格机制是粮食生产以及粮食产能的基本调节机制。价格机制通过农民种粮纯收益或利润率的升降引导农民的生产决策，决定粮食产量的高低；而且也会对农户土地投资的积极性产生影响，引起耕地质量的上升或下降，从而影响中长期的粮食产能。

近几十年来，粮食价格总体上呈现下降趋势，而投入要素价格呈现长期上涨态势，导致粮食增产与农民增收之间存在着尖锐矛盾。根据 2005~2020 年国家发改委《全国农产品成本收益资料汇编》中三种粮食的相关数据，2004~2019 年三种粮食（稻谷、小麦、玉米）每亩平均总成本从 395.45 元增长到 1100.9 元，增长了 1.78 倍，但是同期粮食生产者价格指数从 136.3 下降到 96.5。其结果是，三种粮食平均每亩成本利润率从 2004 年的 49.69% 降低到 2019 年的 -2.77%。可见，在成本上升和价格下降的双重压力下，粮食生产的成本利润率呈现长期性下降趋势，农民种粮积极性受挫，导致土地投入的积极性下降，加剧了中长期耕地生产力下降的风险。进一步根据比较静态分析，在均衡状态下，粮食价格下降幅度（或相应的生产性成本的上升幅度）等于投资于耕地的边际投资支出的减少幅度，即农民以耕地质量的下降来维持生产的正常进行；粮食价格上升幅度（或相应的生产性成本的降低幅度）等于投资于耕地的边际投资成本的增加，即农民以耕地质量的提升来响应价格激励，因为这时投资土地更加有利可图。

（2）新型农业经营主体生产上出现非粮化倾向。面对兼业小农的"低效率"，发展新型农业经营主体，实现规模经营，取得规模效益，提高劳动生产率，是解决"谁来种粮"、保障粮食产能的应对之策。但我国家庭农场、种粮大户的一个显著特征是,与发达国家的家庭农场相比较,90%以上的土地是流转而来,地租在农业成本结构中占了很大比重。土地流转租金过高,一个主要原因是土地租金中包括了小农户家庭劳动力的工资,而不是单纯的租金。农民家庭都存在着一个结构性特征:家庭中年青一代外出务工,老年一代在家务农。农村中留守老人在城市就业困难,换句话说他们从事农业生产的机会成本是零。只要农产品收益超过生产性投入的价格和小块土地租金,他们便愿意从事农业生产,超出的部分是回报给留守劳动力的工资性收入,因此理论上讲,这个工资性收入具有经济租金的性质。小规模农户从事农业生产的净收入是工资和地租,按照市场规律,家庭农场能够承受的土地流转价格就是地租,但是小农户要求的土地流转价格是农业生产的净收入,也就是工资和地租。工资内化到了地租里,这个过程可以称作农业(弱)劳动力价值的租金化,这是"老人农业"特有的现象。

家庭农场的成本结构不同于兼业小农,导致其生产函数和经济行为迥异于小农户。家庭农场的劳动力成本高于小农户,根据比较静态分析,在均衡状态下,其劳动生产率必然高于小农户;家庭农场的土地成本高于小农户,在均衡状态下,其土地生产率也必然高于小农户。因此从理论上讲,土地流转和新型农业经营主体的发展促进了农业生产逐步摆脱传统方式,转向提高劳动生产率与土地生产率的现代农业道路,但在粮食生产上却产生了不利影响。

新型经营主体进行粮食生产的目的是追求利润最大化,对价格机制的反应比兼业小农更加灵敏,随着工资成本和土地租金成本不断攀升,不但导致种粮绝对效益不断下降,而且比较效益同步下降。调查显示,河南农民种 3.9 亩粮食才相当于种植 1 亩露地蔬菜或水果的收益,种 5 亩粮食才相当于种植 1 亩花卉苗木的收益,种 9 亩粮食才相当于种植 1 亩大棚蔬菜的收益,因此,农业经营主体种粮积极性相对下降,而发展经济作物和设施农业的积极性上升。规模化生产下的非粮化问题开始凸显,不利于粮食的稳定生产。以河南省为例,2021 年,全省家庭承包耕地流转土地面积 3519.23 万亩,其中用于粮食作物种植的面积 2432.88 万亩,占流转总面积比例为 69.1%。

5. 组织制度约束:农民生产行为短期化

(1)兼业化对粮食产能的影响。工业化、城市化进程的加快带动农业生产进入到兼业化发展阶段。农户的兼业化、副业化虽然有利于农户家庭内部效率的提高和收入增加,但却缺乏社会整体效率,会引起农业投入要素质量下降和土地粗放经营问题,导致粮食产能的下降。一般来说,农户的兼业化经营通过两个途径影响粮食产能:其一,老人和妇女属于弱劳动力,这使传统的农作制度必然地向节省使用劳动力的方向转型。农业生产要避免繁重的体力劳动,就会减少劳动密集型作业环节，减少复种指数，降低农业生产率和土地利用率，导致粮食总产量下降。在理论上，兼业化条件下小农经济进一步向粗放经营演变的过程可以描述如下：假设技术水平等其他条件和环境保持不变，在进行粮食生产时，劳动供给量因为弱劳动力而首先下降，这样就会打破以前生产过程中早已形成的要素投入的最优结构或均衡结构，不均衡的生产结构引起资源利用率下降、产出减少和收入降低，从而形成向新均衡运动的压力。种粮收入降低，农户就会相应减少土地投资，土地质量开始下降，最终达到一个新的（适应弱劳动力的）要素投入均衡结构。新均衡结构与旧均衡结构比较：产量、劳动量和土地质量同时降低了。也就是说，兼业农户的粮食生产方式由精耕细作逐步演变为粗放经营。其二，在城乡二元结构、农村土地产权结构等制度性因素的限制之下，随着兼业化程度的不断提高，承包地为农户带来的收入越来越少，而作为农民最后的退路，承包地给农户带来的安全感会越来越高，即承包地的社会保障功能超越其生产功能。这时农户对耕地的珍惜程度越来越低，耕地保护型投入会减少，从而影响粮食的长期产能。

（2）新型农业经营主体的短期化行为。新型农业经营主体的短期化行为根源于流转土地的产权稳定性差。据河南省统计局对150个种粮大户的调查，他们普遍反映流转合同期限短，影响生产长期投入，70%以上的种粮面积流转期限在6年以下，其中流转期限在5年以下的占42.5%，有些甚至一年一签。流转期限短诱发了种粮大户的短期化土地利用行为：在合同期限内过度使用土地而加速土壤退化。从产权角度看土地流转合同，种粮大户规避了土地长期投资引起的合同签订、度量和执行的交易费用，但其短期化行为却产生了另一项性质不同的交易费用，即土地质量的下降或土壤生产力的下降，抬高了土地利用的社会成本。

三、当前粮食产能提升规划实施情况及存在问题

进入21世纪以来，我国粮食持续增产难度不断加大，水土资源、气候等制约因素日益突出。为突破资源约束，提升粮食产能，国家在粮食主产区等重点区域实施了一系列粮食产能提升规划。2008年，国务院发布了《全国新增1000亿斤粮食生产能力规划（2009—2020年）》，2013年，国务院发布了《全国高标准农田建设总体规划》，2019年，国务院办公厅印发了《国务院办公厅关于切实加强高标准农田建设提升国家粮食安全保障能力的意见》，这些规划文件的实施对我国粮食供给实现稳定增长发挥了重要作用。河南省自2011年以来，以高标

准农田建设为抓手，全力打造全国重要的粮食生产核心区，全省建成高标准农田累计 7580 万亩，根据该省农业农村厅统计，平均每亩耕地提升粮食产能 150 斤，取得了明显成效。

所谓高标准农田，按照《全国高标准农田建设总体规划》是指"土地平整、土壤肥沃、集中连片、设施完善、农电配套、生态良好、抗灾能力强，与现代农业生产和经营方式相适应的旱涝保收、持续高产稳产"的农田。河南的实践表明，高标准农田建设是落实藏粮于地、藏粮于技战略，巩固和提高粮食产能的必然路径，但在建设中仍然存在着投资标准偏低、建设内容不配套、重建设轻管护等问题，影响耕地产能潜力的充分发挥，需要在下一轮高标准农田建设中引起重视。

1. 现行投资标准偏低

近年来，国家和地方逐步提高高标准农田建设投资标准，达到 3000 元/亩以上。河南省过去一直按 1500 元/亩的投资标准组织执行，已建成的高标准农田普遍标准不高，存在农业用水效率低、农田建设信息化水平低等情况，已不适应现代化智能化农业发展的要求。特别是由于钢筋、大沙、商品混凝土等主要建设材料近几年价格大幅上涨，道路建设成本翻了一番，机井成本上涨了 1/3，多年以前的 1500 元/亩投资标准在目前只能解决农田基本灌排问题，距离旱涝保收标准相差甚远。

2. 农田建设内容不配套

只重视工程项目建设而不重视地力提升，根据"高标准基本农田建设规范"的规定，建设内容主要包括"田、土、水、路、林、电、技、管"八个方面。但在工程实施中，比较重视水利、道路、生态林、配电设施等农业生产的外部条件的建设，忽视了对耕地生产力有持久影响的土壤改良和地力培肥等建设内容。各地粮食主产区由于耕地过度开发、农用化学品过量投入导致土壤板结、防旱排涝能力差、土地生产率下降。在高标准农田建设中由于忽视耕地质量标准，使高标准农田的综合效益难以得到充分发挥。同时，高标准农田建设中要改造的田地，仍然是原来的小农户在分户经营的土地，由于分户经营的格局未变，在高标准农田内部分地块田间道路和排水渠建设不到位，一定程度上影响机械化作业和防汛效果，导致设计产能下降。

3. 重建设轻管护，工程利用期限缩短

农田建设，"三分建、七分管"，维护好基础设施是高标准基本农田建设的关键环节和基本要求。但是各地对高标准农田项目的建设过程较为重视，忽视事后管理维护工作，没有同步建立明晰的管理维护机制，表现在农田水利设施管护责任主体不统一。由于机构改革，水利和农业部门对灌溉机井的管理维护存在职责不清、建后管护责任和措施不到位、管护资金不落实等突出问题。基本农田基础设施建成后,一般交由当地村委会管理和维护,而村委会既缺少维护经费也没有管理维护的内在动力,出现了"政府管不到、集体管不好、农民不愿管"的困难局面。很多工程项目建成后,基础设施损毁、失修,有些已经不能使用。

4. 建设标准不统一

由于对耕地"非粮化"政策理解不一致,部分地方在高标准农田建设时,自然资源和规划部门一般不同意建设机耕路、田间道路、排水渠等涉及硬化的农田水利设施,这样不利于机械化作业和汛期排涝,影响高标准农田产能的正常发挥。

5. 地方资金配套压力大

高标准农田建设需要省、市、县三级财政配套资金,粮食主产区大多财力不足问题突出,又面临种植面积大、实施范围广的问题,资金配套给地方财政带来巨大压力。2021年河南高标准农田建设任务756万亩,居全国第二,中央财政拨付补助资金74亿元,省级财政配套资金26亿元,占中央补助资金的35%。河南作为农业大省,人均一般公共预算支出水平长期处于全国倒数第一,资金配套压力很大。尤其是项目建成后,管理维护资金由县级财政负担,粮食大县一般是财政穷县,财政负担过重,如产粮大县(区)淮阳区2020年维护资金支出600万元。

四、巩固提升粮食产能的对策建议

河南省作为国家粮食生产核心区,承担着国家粮食安全的政治责任,面对粮食持续增产制约因素增多,亟须建立粮食稳定增长、农民持续增收的长效机制,调动农民种粮和地方政府抓粮两个积极性,提高土地产出率、资源利用率和劳动生产率,不断巩固提升粮食产能。

1. 建设国家粮食安全产业带

建设国家粮食安全产业带,要进一步落实藏粮于地,藏粮于技战略,以新思路规划高标准粮田建设,巩固提升粮食安全保障能力。

(1)以新思路规划高标准粮田建设。主产区开展新一轮高标准农田建设需要新的思路,过去规划的弱点是标准太低,产能提升不多,而且没有土地肥力提升的内容,不得不依靠扩大播种面积来实现粮食产能的稳定提升。新的高标准农田建设规划,需要提高投资标准,补充完善建设内容,增加信息化和土地肥力建设，健全管护机制，探索高效利用的多种经营模式。

一要提高投资标准。将高标准农田建设工程的最低投资标准由 1500 元/亩提高到 3500 元/亩。投资数量只有达到 3500 元/亩，才能实现农业智能化高科技配置，将物联网、大数据、云计算等先进科技和农业节水灌溉技术高效结合，实现多种功能，大幅度提升粮食生产能力。

二要推广先进技术，改良土壤理化性状。高标准基本农田建设要立足改善影响粮食产能的主要限制性因素，2019 年河南省农业厅对全省耕地质量状况的监测显示，土壤有机质含量较低，中低产田所占比例仍然较高，下一轮高标准农田建设亟须培育土壤肥力，通过深耕深松、增施有机肥、种植绿肥以及生物技术等提升耕地地力。工程建成后，要持续实施测土配方施肥，采取秸秆还田等措施，不断提高土壤生产力。推广保护性耕作制度，避免耕地过度开发引起耕地退化。

三要健全管护机制。因地制宜，积极探索行之有效的农田管护模式，明确管护主体，落实管护责任，建立健全管护机制。高标准农田流转以后，引导和激励专业大户、家庭农场、农民合作社参与高标准农田设施的运行管护；高标准农田流转前，由农民用水合作组织或村集体等参与农田设施的管护，明确管护责任。建立健全农田管理维护基金制度，落实管护资金，做到有人管、有钱修，确保耕地产能长期稳定。

四要推动良田高效利用。项目竣工后，鼓励和支持高标准农田向专业大户、家庭农场、农民合作社流转。开展规模经营，有效发挥高标准农田现代化设施的功能，促进粮食潜在产能向现实产能转化。积极开展土地托管、代耕代种等农业生产性服务，带动小农户发展现代农业，充分提升粮食生产的规模效益和产能潜力。

（2）加强农田水利基础设施建设。加快实施大中型灌区重点水利建设工程，扩大有效灌溉面积。以改善农田水利条件为重点，配套和改造现有农田灌排设施，大幅度改善中低产田的生产条件。加快推广节水灌溉技术，提升灌溉效率，减少地下水超采。加强抗旱应急水源工程建设，配备小型抗旱应急机具，全面提升农业抗御自然灾害的能力。

（3）加快农业科技创新，强化技术推广应用。巩固提升粮食产能，必须加快科技创新步伐，在生物遗传育种、劳动替代型与自动化、生态循环模式、绿色标准规范等方面着力，加强核心技术研发。构建生物育种体系、公共技术服务平台等，推动粮食生产由主要依靠物质要素投入转向依靠科技进步。加快技术推广应用，必须加强基层农技推广体系改革与建设，逐步完善分工协作、服务到位、充满活力的多元化基层农业技术推广体系，加快推动基层农技推广体系向"强能力、建机制、提效能"转变。探索建立科教产学研一体化农技推广联盟，推广普及标准化种养、病虫害防治、测土配方施肥等技术。以智慧农业、精准农业为突破口，加快农村信息化进程。积极开展"互联网+"现代农业行动，打造农村科技服务云平台，推动农村电子商务发展。

2. 支持培育新型农业经营主体和服务主体

完善农村承包地"三权分置"制度，积极推进土地流转，突出抓好家庭农场和农民合作社等新型农业经营主体和服务主体培育，发展多种形式适度规模经营。为提高小农户粮食生产效率和种粮积极性，要重点发展面向小农户的农业生产性服务业。

（1）以土地股份合作制推进土地流转。在大中城市郊区、产业园区周围的农村地区，大多数农户的家庭成员长期在城镇就业，有较为稳定的工作和收入，农村承包地的社会保障作用大幅降低，具备了长期出租、转让土地经营权的现实条件。要积极发展农村土地股份合作社，推动整村、整区域土地流转，提高规模经营水平。

（2）探索统一流转土地经营权。以高标准农田建设和土地整理整治为契机，集中连片流转土地，发展农业规模经营。河南省邓州市孟楼镇进行了成功的探索，以市政府注资成立农村土地开发公司，公司以较高价格从农户手中集中连片流转土地，统一进行土地整治、提升土地生产力，再出租给农民专业合作社、农业龙头企业进行规模经营，形成了土地集中流转—土地整理—再流转模式。该模式成功运行的内在机制是以政府信用作担保，以国有土地开发公司为"中介"，解决了小农户与新型农业经营主体间的信息不对称和相互信任问题。最终实现了农户、村集体经济组织、新型农业经营主体和土地开发公司四方共赢的格局：农户从土地开发公司取得的土地租金要高于全镇农业的平均亩收益，村集体经济组织拥有增量土地的产权，从中获得土地租金收入，土地开发公司通过土地整理，提高了耕地生产力的等级，也从经营权规模化流转溢价中取得满意的投资报酬，新型经营主体从农业规模经营的生产效率提高及交易成本的节约中获得较高收入。

（3）重点发展面向小农户的农业生产性服务业。小农户相对于家庭农场和种粮大户来说，仍然有小农户的优势，它的劳动力的机会成本是零，这也是它的效率来源。而家庭农场和种粮大户的土地租金和劳动力工资成本相比则较高。2021年，河南省土地流转面积占全省家庭承包耕地总面积的比例为31.75%，也说明以小农户为主体的农业生产格局并未发生实质性变化。如何在以小农户为主体的条件下，实现小农户与现代农业发展有机衔接？近年的实践表明，需要重点发展面向小农户的农业生产性服务业。近年来，随着农业兼业化的发展和"老人农业"的出现，对农业社会化服务的市场需求空前旺盛，各类新型农业服务主体纷纷涌现，推动了农业生产环节"外包"市场的发展，为"老人农业"提供代耕代种、土地托管等多种服务。这是农户兼业化条件下农业分工深化的表现，实现了小农户劳动力成本低的优势与新型农业服务主体先进技术装备优势的有机结合，对提高小农户种粮积极性、巩固粮食产能发挥了重要的作用，对构建现代农业经营体系的作用也日益突出。

3. 进一步完善农业农村支持政策体系

（1）健全粮食生产支持保护体系，提高农民种粮积极性。坚持完善小麦最低收购价政策，适当提高稻谷、小麦最低收购价标准，稳定玉米、大豆生产者补贴和稻谷补贴政策，加大保险对粮食生产支持力度，让农民务农种粮不亏本、有钱挣。进一步激励新型农业经营主体发展优质专用粮食，增加经营收入。为提高粮食主产区粮食生产的积极性，加快健全主产区利益补偿机制。当前健全主产区利益补偿机制的问题表现在两个方面：一是现有补偿是由中央财政承担的粮食奖补政策，奖补资金有限，没有解决产粮大省或大县"粮财倒挂"的问题；二是各种现有粮食奖补政策尚未把粮食主产区的粮食调出量和销区的调入量作为重要依据。要加大对粮食主产区的转移支付力度，加大对粮食净调出省份的奖补力度，落实产粮大县奖励政策，让粮食主产区抓粮得实惠，调动地方政府重粮抓粮积极性。受益地区也应对粮食主产区进行补偿，平衡地区之间经济利益。同时减少高标准农田建设中地方配套资金比例，这既属于支持农业发展的绿箱政策，符合国际通行规则，也有利于减轻粮食主产区财政压力。

（2）强化财政优先保障。新型农业经营主体当前正在起步成长阶段，一方面，投资数额大、经营风险大，需要加大资金政策扶持力度；另一方面，龙头企业承担了为农户提供社会化服务，建设农产品生产基地的社会义务，振兴了地方经济，这使它承担了较高的外部成本。因此，各级财政部门要设立专门基金，不断加大资金投入力度。粮食主产区要重点支持优质专用粮食生产基地建设、粮食加工业发展和粮食产业链现代化建设，进一步提升粮食资源的优化配置能力，提高种粮综合效益。

（3）完善农村金融市场，创新金融服务。首先，从长期来看，有序开放农村金融市场，激发农村金融活力。引导政策性金融、合作性金融、商业性金融及其他新型金融机构多元协同发展，互为补充。发挥民间金融对农村正式金融的补充作用，是发达国家发展家庭农场和现代农业的成功经验之一。其次，就当前来说，借鉴佛山市农业"政银保"合作贷款经验，搭建担保平台，构建财政金融支农新体系。以财政投入资金作为扶持专项资金，以银行金融资金为基础，以保险公司的保证保险为保障的农业贷款体系，构建运用财政资金撬动金融资本的支农新体系。再次，引导商业银行针对农业行业特点开发"量体裁衣"式的金融产品，加大对农业生产项目投入力度。最后，推进农业保险工作，调整部分财政救灾资金予以支持，提高保险覆盖面和赔付标准。加大农业保险产品供给，扩大农业保险覆盖面，提高农业保险保障程度。

参考文献

[1] 马晓河，蓝海涛．我国粮食综合生产能力和粮食安全的突出问题及政策建议［J］．改革，2008（9）：37-50．

[2] ［冰岛］思拉恩·埃格特森．经济行为与制度［M］．吴经邦，译．北京：商务印书馆，2004．

[3] 我省小麦种植量价同增　收益大幅提高［EB/OL］．［2021-08-06］．中原经济网，https：//www.zyjjw.cn/news/henan/2021-08-06/691923.html．

[4] 郭林涛．我国中长期粮食供应的脆弱性分析及其应对［J］．中州学刊，2020（8）：32-37．

[5] 生秀东．粮食主产区耕地质量下降的经济分析及提升策略［J］．中州学刊，2021（12）：32-39．

[6] 韩长赋．坚决扛稳国家粮食安全重任［N］．人民日报，2020-08-07．

[7] 吕胜根．创新支农机制　破解融资难题［N］．江门日报，2016-06-20．

降低内蒙古自治区粮食生产成本的对策研究

——基于玉米、小麦、粳稻、大豆的实证分析[*]

随着我国经济社会的快速发展，城镇化、工业化进程不断加快，土地、劳动力、农资等农业生产要素租赁价格持续上涨，农产品生产成本居高不下[1]，给粮食安全带来了严峻挑战。目前，农民种粮收益不断萎缩甚至出现亏损现象，粮食主产区"保稳产、保供给"的财政压力进一步加大，导致农民和粮食主产区的粮食生产意愿不高，由粮食生产总成本上涨引发的粮食生产安全问题引起党中央的高度重视。习近平总书记强调："稳定发展粮食生产，一定要让农民种粮有利可图、让主产区抓粮有积极性。这方面既要发挥市场机制作用，也要加强政府支持保护。"虽然学界围绕粮食生产成本上涨的原因做了不同层面的分析，但如何降低粮食生产总成本（包括生产成本和土地成本）的相关研究不多。所以，本文从内蒙古"四大主粮"（玉米、小麦、粳稻、大豆）成本变动分析入手，深入探讨"四大主粮"生产总成本上涨的原因，并在此基础上提出降低"四大主粮"生产总成本的对策建议。

一、内蒙古"四大主粮"生产总成本的变动趋势

（一）玉米总成本变动趋势

玉米是内蒙古主要农作物之一。根据《内蒙古统计年鉴2021》数据，2020年，玉米播种面积382.4万公顷，产量为2742.0万吨，分别占全区粮食播种面积和总产

---

[*] 作者简介：韩成福，内蒙古社会科学院社会学研究所研究员，内蒙古师范大学硕士生导师；韩柱，内蒙古师范大学民族学人类学学院副教授，硕士生导师。

量的 43.0% 和 74.8%，玉米产量位居全国第三。随着玉米播种面积和产量的增加，生产成本也在增长。2005~2020 年，亩均玉米总成本由 459.16 元上升为 846.89 元，年均增长 5.63%。由于玉米每 50 公斤主产品价格从 51.88 元上升为 110.61 元，年均增长 3.91%，即使总成本不断上升也未影响单位产量净利润，由 89.82 元上升为 462.43 元，年均增长高达 27.65%，成本利润率也由 19.56% 上升为 54.60%，年均上涨 3.00%。生产农户亩均现金收益增长率超过了现金成本增长率，亩均现金成本由 242.91 元上升为 482.10 元，年均增长 6.39%，亩均现金收益由 306.07 元上升为 827.22 元，年均增长 11.35%。由此，成本与收益的正相关关系促使农户生产积极性上升。可见，内蒙古玉米生产优势显著，收益稳定。

（二）大豆总成本变动趋势

内蒙古是我国大豆主产区之一，主要分布在呼伦贝尔市、兴安盟、通辽市、赤峰市，尤其呼伦贝尔市、兴安盟是我国传统高蛋白优质大豆种植地区。根据《内蒙古统计年鉴 2021》数据，2020 年，大豆播种面积 120.2 万公顷，产量为 234.7 万吨，分别占全区大豆播种面积和总产量的 13.50% 和 6.4%，大豆产量位居全国第二。随着生产要素价格和生产资料价格上涨，大豆成本也在增长。2005~2020 年，亩均大豆总成本由 322.42 元上升为 492.29 元，年均增长 4.17%。亩均净利润也由 5.00 元上升为 67.45 元，增长 13.5 倍，成为高利润农作物。近年来，虽然全区大豆亩均产量呈现下降趋势，但每 50 公斤主产品平均出售价格由 121.30 元上升为 247.55 元，年均增长 6.93%；在亩产 124.10 公斤减少为 109.52 公斤的影响下仍有利可图。就现金成本收益而言，亩均现金成本由 152.57 元上升为 267.04 元，增长 75.0%，亩均现金收益由 174.85 元上升为 292.70 元，增长 4.49%；成本利润率由 1.55% 上升为 13.70%，上涨 12.15%。可见，大豆净利润明显低于玉米净利润，这是农户种植大豆积极性较低的主因。

（三）小麦总成本变动趋势

内蒙古小麦产量供给不足需求，主要种植地区是巴彦淖尔市、呼伦贝尔市。根据《内蒙古统计年鉴 2021》数据，2020 年，小麦播种面积 47.9 万公顷，产量为 170.8 万吨，分别占全区粮食播种面积和总产量的 5.39% 和 4.64%，人均产量仅为 71.1 公斤。随着生产资料价格和生产要素价格的上涨，小麦生产成本也在增长。2005~2020 年，亩均小麦总成本由 546.81 元上涨为 1116.40 元，年均增长 6.94%。虽然每 50 公斤平均出售价格由 89.04 元上升为 154.48 元，年均增长 4.89%，可是亩均净利润和成本利润率呈现下降趋势，亩均净利润由 151.06 元下降为 122.49 元，年均降幅 1.26%，亩均成本利润率由 27.63% 下降为 10.97%。

由此可见，内蒙古小麦生产成本上升进一步压缩了收益，这种趋势极其不利于内蒙古现有小麦产量的稳定供给。

（四）粳稻总成本变动趋势

内蒙古粳稻产量较低，供给严重不足需求。根据《内蒙古统计年鉴2021》数据，2020年，粳稻播种面积16.1万公顷，产量为123.1万吨，分别占全区粮食播种面积和总产量的1.81%和3.36%，人均产量仅为51.3公斤。随着农资价格和生产要素价格的上涨，粳稻总成本也在增长。粳稻亩均总成本由2005年的592.92元上涨为2020年的1456.97元，年均增长9.71%。由于每50公斤主产品价格涨幅远低于总成本的涨幅和亩均单产增长不显著，所以亩均净利润呈现下降趋势，每50公斤主产品价格由96.71元上涨至144.66元，年均上涨3.31%，亩均粳稻单产增长不显著，由479.90公斤上升为527.39公斤，年均仅增长0.66%，然而亩均净利润显著下降，由360.55元下降为93.06元，年均降幅4.95%，亩均成本利润率由60.81%下降到6.39%。由此，内蒙古稻谷投入成本高、收益较低现状影响着农民种植稻谷积极性，这种现象极其不利于内蒙古仅有的稻谷供给量。

二、内蒙古"四大主粮"总成本上涨的原因

（一）土地供给趋紧和租金上涨

粮食生产土地成本持续上升的主要因素为土地供需矛盾加剧和耕地流转价格上涨。全区玉米生产亩均土地成本2005年为100.13元，占总成本的21.8%，到2020年亩均土地成本上升到254.81元，占总成本比重上升为30.1%；大豆生产亩均土地成本2005年为62.52元，占总成本的19.4%，到2020年亩均土地成本上升到208.69元，占总成本比重上升为42.4%；小麦生产亩均土地成本2005年为63.39元，占总成本的11.6%，到2020年亩均土地成本上升到307.74元，占总成本比重上升为27.6%；粳稻生产亩均土地成本2005年为148.60元，占总成本的25.0%，到2020年亩均土地成本上升到406.38元，占总成本比重上升为28.0%。总体看，内蒙古自治区四大主粮生产土地成本上升速度较快，成为总成本的持续增长的主要因素，其具体原因如下：

一是土地供给趋紧，导致土地价格上升。内蒙古自治区是我国北方生态安全

屏障,全区土地面积的50.46%①划入生态保护红线,随着工业化、城镇化的进展,2021年全区城、镇、村工矿用地面积为149.58万公顷,交通运输用地面积80.04万公顷,水域及水利设施用地面积106.45万公顷,三项用地累计占全区耕地面积的29.2%②。然而,加剧了土地供给趋紧,还推动了土地价格上升。

二是土地流转租金占亩均毛收入比重较大。据调查,内蒙古粮食主产区扎兰屯市每亩土地流转租金2010年为200~300元,玉米平均每亩产量为660~900斤,亩均产值为396.0~540.0元,每亩土地流转租金占每亩毛收入的50.5%~55.6%;到2021年,每亩土地流转租金上涨到400~600元,平均亩产上升为900~1100斤,亩均产值上升为1035.0~1265.0元,而土地租赁成本占毛收入比重却下降为38.6%~47.4%。其主要原因是2020年的玉米价格较2010年上涨91.7%,农民种植玉米的积极性仍然很高。

(二) 劳动力供给减少和雇工价格上涨

人工成本是粮食生产成本的重要构成,随着粮食生产形势的变化和其他生产要素价格的上涨,人工成本也较快增长。全区小麦生产亩均人工成本2005年为130.76元,占总成本的24.0%,到2020年亩均人工成本上升到295.47元,占总成本比重上升为26.5%;玉米生产亩均人工成本2005年为136.75元,占总成本的29.8%,到2020年亩均人工成本上升到184.44元,但占总成本比重下降为21.8%;粳稻生产亩均人工成本2005年为153.61元,占总成本的26.0%,到2020年亩均人工成本上升到319.12元,但占总成本比重下降为23.0%;大豆生产亩均人工成本2005年为126.10元,占总成本的39.1%,到2020年亩均人工成本下降为70.73元,但占总成本比重降到14.4%。③ 总体看,内蒙古自治区四大主粮人工成本占总成本比重整体上下降,其中2020年小麦人工成本占总成本比重略升,玉米、大豆、粳稻占总成本比重下降。但随着劳动力向城镇转移加快和人口红利的不断下降,四大主粮人工成本上升的趋势仍然持续。其主要原因在于农业劳动力加速转移到城镇和雇工工价上涨。

一是农业劳动力加速转移,推动人工成本上涨。随着工业化、城镇化、信息化加速发展而产生的"虹吸效应"和农业比较收益低下的叠加,促进农业劳动力加速转移到城镇务工,导致农业青壮年劳动力严重短缺,然而粮食生产人工成本上涨。根据《内蒙古统计年鉴2021》数据,第一产业从业人员2020年较2010

---

① 资料来源:《构筑我国北方重要安全屏障规划(2020-2035年)》。
② 资料来源:《内蒙古自治区第三次国土调查主要数据公报》。
③ 资料来源:《全国农产品成本收益资料汇编》2006年版和2021年版。

年减少29.8%，第二产业从业人员2020年较2010年减少46.1%，而第三产业从业人员2020年较2010年增长148.1%。由此，第三产业的快速发展大幅度地吸引了第一产业、第二产业的从业人员，导致第一产业劳动价格迅速上升。

二是农村老龄化和少子化，推动雇工价格上涨。由于城镇化、工业化的快速推进而产生的"虹吸效应"的显著化，农村青壮年主干劳动力紧缺问题成为推动雇工劳动力价格上涨的重要因素。全区亩均玉米雇工价由2005年的26.97元上涨为2020年的135.35元，增长4倍；亩均小麦雇工价由2005年的9.28元上涨为2020年的148.49元，增长15倍；亩均粳稻雇工价由2005年的33.72元上涨为2020年的139.41元，增长3.1倍；亩均大豆雇工价由2005年的30.11元上升为2020年的126.76元，增长4.2倍。由此，农业劳动力短缺尤其有知识的青年劳动力紧缺已成为粮食生产现代化的最大"软肋"和"短板"。

（三）化肥投入量和费用同步增长

化肥是粮食的"粮食"，对粮食的贡献率高达50%。保障化肥的充足供应和价格稳定，对保护农民种粮积极性、促进农民增产增收、维护国家粮食安全大局至关重要[2]。全区玉米亩均化肥用量由2005年的19.84千克上升为2020年的25.23千克，增长27.2%，因而亩均玉米化肥费用由89.98元上升为124.41元，增长38.3%，与亩均化肥用量增加相比，亩均玉米单产量涨幅由502.10千克上升为576.16千克，增长12.9%。粳稻亩均化肥用量由2005年的21.08千克上升为2020年的21.96千克，增长4.2%，所以亩均粳稻化肥费由101.71元上升为103.93元，增长2.2%，随着亩均化肥用量的增加，亩均粳稻产量也在增长，亩均粳稻产量由479.90千克上升为527.39千克，增长9.9%。小麦亩均化肥用量由2005年的33.50千克上涨为2020年的40.73千克，增长21.6%，然而亩均小麦化肥费用由147.81元上升为163.65元，增长10.7%，可是与亩均化肥用量增加相比，亩均小麦单产量涨幅不大，由每亩361.10千克上升为396.65千克，仅增长9.8%。每亩大豆化肥用量由2005年的4.92千克上涨为2020年的7.64千克，增长高达55.3%，同时亩均大豆化肥费用由31.17元上升为44.00元，增长41.2%，可是与亩均化肥用量增长相比，亩均大豆产量却呈现下降态势，由124.10千克下降为109.52千克，跌幅11.7%。为此，亩均化肥用量和费用涨幅较大必定推高四大主粮总成本，尤其大豆化肥投入量和费用大幅增长带来的却是大豆单产量下降态势，持续削弱农民种植大豆的意愿。

（四）种子价格持续上涨

种子是粮食的"芯片"，保障种子供应和稳定价格及确保质量影响着粮食稳产保供。全区玉米亩均种子用量呈现下降，可是种子价格涨幅较大，亩均种子用量由 2005 年的 2.96 千克下降为 2020 年的 1.91 千克，而亩均种子费用由 20.98 元上升为 50.64 元，增长高达 141.4%，占亩均玉米总成本的比重由 4.6% 上升为 6.0%。小麦亩均种子用量由 2005 年的 24.96 千克下降为 2020 年的 24.78 千克，可是小麦种子费用由 56.47 元上升为 99.16 元，增长高达 75.6%，占亩均小麦总成本比重由 10.3% 上升为 20.1%。粳稻亩均种子用量由 2005 年的 2.92 千克上升为 2020 年的 5.24 千克，增长 79.5%，然而亩均种子费用由 20.31 元上升为 101.54 元，增长高达 399.95%，占每亩粳稻总成本的比重由 3.4% 上升为 7.0%。亩均大豆种子用量由 5.67 千克上升为 5.77 千克，仅增长 1.8%，可是亩均种子费用由 22.67 元上升为 37.66 元，增长高达 66.1%，占亩均大豆总成本比重由 7.0% 上升为 7.6%。由此，玉米、小麦、粳稻、大豆的种子费用大幅增长已成为粮食总成本上升的因素。

（五）机械作业费用快速增长

随着粮食生产机械化的推进，虽然提高了劳动生产率，可是机械作业租赁费用大幅增长，已成为粮食总成本上升的重要因素。全区玉米每亩机械作业费由 2005 年的 40.11 元上升为 2020 年的 130.48 元，增长高达 225.3%，由占亩均玉米总成本的 8.7% 上升为 15.4%。每亩大豆机械作业费由 2005 年的 21.85 元上升为 2020 年的 93.05 元，增长高达 325.9%，占亩均大豆总成本比重由 6.8% 上升为 18.9%。亩均粳稻机械作业费由 2005 年的 66.83 元上涨为 2020 年的 268.97 元，增长高达 302.5%，占亩均粳稻总成本的比重由 11.3% 上升为 18.5%。每亩小麦机械作业费由 2005 年的 55.98 元上涨为 2020 年的 119.06 元，增长高达 112.7%，由占亩均小麦总成本的 10.2% 上升为 10.7%。由此，随着工业化、城市化的加快发展，农业劳动力加快转移至城市长期务工或者兼业种粮务工后，农民租赁机械作业替代农户种植、收割等有偿服务，因而农业劳动力转移推动粮食生产的机械租赁作业费用大幅上涨，同时燃油费上涨叠加，租赁机械作业费将持续上涨，占粮食总成本的比重越来越高。

（六）多种因素推动排灌费持续增长

近年来，内蒙古农田灌溉用水量呈现上升趋势，灌溉费用已成为粮食总成本持续上升的"潜在推手"。2020 年，农田灌溉用水量 124.29 亿立方米，较 2019 年增加 2.37 亿立方米，占用水总量比重高达 63.9%[①]。到 2021 年，内蒙古水浇

---

① 资料来源：《2020 年内蒙古自治区水资源公报》。

地 551.62 万公顷，占耕地总面积的 47.95%，较 2018 年水浇地面积增加 256.32 万公顷①，在高效节水措施未普及的前提下用水量和费用必定增长。并且内蒙古年降雨量 400mm 以下耕地面积为 379.46 万公顷，占耕地总面积的 33.7%②。按照相关标准，年降雨量 400mm 以下耕地属于边际土地③，也就是说，内蒙古 33.7% 耕地基本达不到耕种土地条件。然而，内蒙古每年用水量的 60.0% 多用于粮食生产，耗水量和用水费用较大。全区玉米亩均排灌费由 2005 年的 20.26 元上升为 2020 年的 38.62 元，增长高达 90.6%，占亩均玉米总成本的比重由 4.5% 上升为 4.7%。小麦亩均排灌费由 2005 年的 38.87 元上升为 87.13 元，增长高达 124.2%，占亩均小麦总成本比重由 7.1% 上升为 7.8%。粳稻亩均排灌费由 2005 年的 48.64 元上升为 2020 年的 107.70 元，增长高达 121.4%，占亩均粳稻总成本比重由 8.2% 下降为 7.4%。由于内蒙古大豆大部分种植在不易灌溉的坡耕地上，所以产生的排灌费甚少忽略不计。累进加价的水费、电费制度和未通长电的机井使用柴油发动机发电灌溉等因素叠加，玉米、小麦、粳稻排灌费用是潜在的较大成本支出。

三、内蒙古降低"四大主粮"总成本及稳产保供的对策

（一）保证粮食播种面积，规范土地流转市场

一是合理安排国土空间布局，确保耕地面积。要进一步强化和完善土地利用规划，优化产业布局，减少经济发展与粮食生产争夺耕地的矛盾。严格执行基本农田保护条例，坚决杜绝耕地"非粮化""非农化"，防止耕地风蚀水蚀，严厉保护耕地红线，保障粮食种植面积。同时，加快农田水利建设，减少化肥投入量，推广有机肥料施用率，从而提高耕地质量，确保粮食稳产保供。

二是规范耕地租赁市场，降低租赁耕地成本。在土地"三权分置"背景下，为了保障租赁耕地种粮者的稳定收益和避免粮食价格较大下跌后耕地无法转包出

①② 资料来源：《内蒙古自治区国土调查与主要数据公报》。

③ 将并不适宜耕种的土地称为"边际土地"，包括水土流失严重的坡地、降雨量低于 400 毫米极易发生沙化的草原、围湖造田的土地，这些"边际土地"不仅耕种成本高、产量低，而且其生态环境的代价也很大。

去而出现撂荒现象的发生，制定上下浮动的转包耕地租金制度，其中也包括双方违反制度的约束制度。按照当年亩均耕地收益，制定第二年每亩转包耕地租金不应超过当年每亩耕地收益的 1/3 或不能低于 1/5，也鼓励建立长期转包耕地合同关系，并通过村委会宣传该项制度和监督执行，从而有效维护转包耕地租赁市场稳定运行，限制粮食土地成本过快上涨而影响粮食稳产保供。

（二）建设完善的制度，加快培养现代化的粮食生产队伍

一是加快培养粮食生产的新型经营主体。粮食生产新型经营主体包括家庭农场（专业大户）、合作社、龙头企业、社会化服务组织。按照现代农业要求，通过实战培训提升 50 岁以下农户的粮食生产技术和管理水平，同时吸引本地区的高等院校毕业生及进城务工人员到农村创业，逐步培养粮食安全稳定生产的新型经营主体，助力土地规模经营的形成，对农业现代科学技术和先进装备运用提供便利条件，进而通过规模经营降低粮食人工成本。

二是建立健全粮食生产新型经营主体的激励政策制度。为了粮食稳产保供和粮食生产新型经营主体的稳定收益，提供低息贷款或者免息贷款，力所能及地增加新型经营主体的生产要素和农资要素价格补贴额度，进而从多渠道保障粮食生产者稳定收益，推动粮食生产进入职业化轨道。

（三）保障化肥供应，稳定化肥价格

为了防止政府给予农户生产资料补贴会导致化肥价格上涨的"带动效应"持续发生，应通过经济手段降低化肥生产成本稳定化肥价格，保障化肥生产企业的收益，遏制化肥生产企业因为国家增加农户生产资料补贴而紧跟上涨化肥价格的行为。

一是保障化肥供应链的稳定运行。根据国际化肥价格和生产化肥原料价格走势及时调整关税，对进口化肥产成品及生产化肥原料进行动态的关税措施，降低化肥生产的关税成本；根据化肥价格的变动趋势采取灵活措施，从税收、信贷、土地上降低相关费用，扶持企业生产和稳定价格；对运输化肥原料及化肥产成品运输车辆免检过路费，并给予一定的燃油补贴，降低运输成本；加大扶持科技创新的投入，通过科技创新，加快化肥生产企业绿色转型升级，达到"双碳"要求，进而降低化肥的环境成本。

二是切实解决推广测土施肥技术的实际困难，提高有机肥料使用率。建立健全农业技术推广机制和制度，切实解决农业技术人员和机械设备及交通工具无法满足测土施肥工作需求问题，进而推广测土施肥技术，精准施用有机质肥料，提高耕地有机质含量，逐步减少化肥施用量，提高内蒙古丰富的秸秆及牲畜粪便资

源的利用效率，从而实现农业生产与产生的废弃物在农业系统里良性循环，达到"双碳"要求和保障粮食绿色稳产。

（四）加快种子研发力度，确保种子市场规范化运行

一是高质量建设培种基地。加大支持呼伦贝尔市、兴安盟、通辽市、赤峰市、巴彦淖尔市等地区建成一批标准化、规模化、集约化、机械化的种子研发生产基地，并通过生物技术、人工智能、大数据信息技术的有效结合，培育适合产粮大县气候特征的高质量种子，提升自治区优良种子供给能力和种子话语权。

二是打造具有内蒙古品牌价值的种子企业。建立自治区种子培育研发基金，持续加大种子培育研发的投入，扶持种子企业发展壮大。通过完善的制度吸引社会资本融入种子研发领域，让民营企业挖掘民间优质种子、扩大种子来源、培育品牌种子。种子企业与种子销售市场无缝对接，严防种子市场产生"柠檬市场"，严格保护种子质量和销售市场的稳定运行。

（五）发展社会化服务组织，降低农户租赁机械费用

一是大力发展粮食生产的社会化服务组织。社会化服务组织是提高粮食综合生产能力的重要途径。这既节省每个农户购买机械的成本，又有利于有效整合资源，提高粮食生产的机械化、规模化程度和推广新型技术，进而实现粮食稳产保供。

二是农户改变转包耕地方式。首先，建立以土地入股的租赁农机合作社，形成集中连片的规模化的耕地，适合大型机械作业的要求，提高与机械作业者谈判降低机械作业费用的议价能力。同时与租耕地者签订长期合同，完全转包给租地者，进而降低租赁机械费用和农资成本支出。其次，农户把耕地委托给村集体，让村集体集中土地再转包出去耕地，这既有利于农户专心长期务工的同时获得租赁土地租金，又适合租地者的规模化耕种粮食要求，更节省寻找租赁耕地的交易成本、谈判成本。

（六）加强高效的水利设施，提高灌溉效率

一是建设智能化的农田水利设施。通过高标准农田建设工程，建设智能化的现代化的农田水利设施。智能化的农田水利设施不但能提高用水效率，还能高效排除洪涝灾害对耕地的危害，所以能够有效缓解水资源短缺问题，并通过改善农田水利设施条件，提高生产要素投入效率。

二是在农田周围建设截留雨水的蓄水池。截留雨水蓄水池是我国农耕文化的遗产，在保护耕地和稳定粮食产量方面发挥过重要作用。因而建设截留雨水设施

仍然是当前积极应对极端气候常态化态势及保障粮食稳产的重要措施。一方面，雨水偏大年份时截留雨水储存，防止农田、道路被冲毁。另一方面，干旱年份时在农田灌溉上发挥"解燃眉之急"作用，从而不但节约购买水资源费用，还把干旱造成的粮食损失降到最低。

粮食生产总成本持续上涨是多种因素造成的，而且已经影响到农户和产粮大县的种粮意愿。内蒙古自治区作为我国的粮食主产区，面对要素上涨和资源趋紧的双重压力，必须采取有力措施，在降低粮食生产总成本上多下功夫，提升粮食综合生产能力，实现粮食稳产保供。

参考文献

［1］肖皓，刘姝，杨翠红. 农产品价格上涨的供给因素分析：基于成本传导能力的视角［J］. 农业技术经济，2014（6）：80-91.

［2］张福锁. 应对化肥价格暴涨需从四方面入手［N］. 中国科学报，2022-04-06（01）.

Ⅲ 深化农村改革和乡村振兴实践

创新乡村治理促进农民共同富裕的探索与思考[*]

一、引言

后河镇元方村位于内黄县后河镇东南 4000 米处，有耕地 3000 余亩；该村 248 户 1011 人，其中党员 51 人。2017 年整村脱贫，脱贫享受政策 9 户 19 人（含监测对象 2 户 7 人）。村集体经济为镇先进村，年收入约 23 万元（其中扶贫光伏项目发电年收益约 11 万元，150 亩集体土地流转租金 12 万元）。群众主要收入来源为小麦套种花生、尖椒和豆角等种植 500 多亩及杨树种植，家庭牛、羊养殖及多半劳动力外出务工收入。2022 年 4 月被市委、市政府授予安阳市"文明村镇"。

根据《国家乡村振兴战略规划（2018—2022 年）》，提出到 2035 年基本实现和 2050 年全面实现农业现代化和全民共同富裕。乡村振兴战略的二十字方针（产业兴旺、生态宜居、乡风文明、治理有效、生活富裕）落脚于"生活富裕"，农民农村共同富裕是全面推进乡村振兴战略的根本所在。2022 年中央一号文件提出"耕地主要用于粮食和棉花、油料、糖料、蔬菜等农产品及饲草饲料生产"。在镇党委、政府退林还耕的政策导向下，驻村第一书记和工作队在工作中深刻地认识到，巩固脱贫成果主要工作不是靠纸上计算就能增收的。结合本村地广人稀的特点，经过深入调研村情民意，分析认为，一是一家一户从事生产经营的小农经济过于落后，水平参差不齐；农民"宜分不宜合"的落后习性，不屑于社会分工与经济合作，这种状况仍将会长期存在。二是户均十几亩、七八块地，土地零散，增加了农户的生产成本。三是集体土地流转给外乡人省事，但实

* 作者简介：贾永红，安阳市内黄县后河镇元方村驻村第一书记；赵卫娟，安阳市内黄县后河镇人民政府镇长。

质意义欠缺。四是农业兼业化、农民老龄化、农村空心化现象日趋明显，集体经济力量长期缺失，村庄的利益共同体和公共性正在迅速地分化瓦解之中。五是当前农村社会治理中最主要矛盾是农民"一盘散沙"。干部兼职化，工作中习惯于等靠要，缺乏主动学习，思想上进取精神疲软，不愿主动作为，有畏难情绪。

2022 年，驻村第一书记围绕"四项职责"（建强基层组织、推动精准扶贫、落实基层制度、办好惠民实事），强化定点帮扶单位责任，在镇党委的领导和指导下，依靠村党支部，带领"两委"班子，立足村现实情况，稳健推进村"五星"支部创建引领"五星"家庭文化创建，以村五星文化理事会完善新时代文明实践农村社会治理工作机制。开展以"精神扶贫"助推"精准扶贫"，力争让群众精神"富起来"；大力推动筹组农业经济合作社，从根本上增加农户特别是脱贫不稳定户的稳定增收渠道，健全利益联结机制，发展壮大村集体经济，从而作为着力巩固拓展脱贫攻坚成果、深入实施乡村全面振兴战略的底线任务。

二、建强基层组织，发挥先锋作用

（一）加强党支部建设，发挥先锋作用

基层党组织是"动力源"。倘若基层党组织力量涣散，党员就如同"一盘散沙"，难以发挥先锋模范作用。2022 年 4 月以来，驻村第一书记在定点帮扶单位安阳市信用担保投资有限公司前两任良好的工作基础上，认真落实省委"把支部带强、支书带优、党员带好"的要求，结合实际迅速进入角色开展工作。首先，明确党支部三名委员分工，落实责任，加强党支部核心建设。其次，加强党建，发挥中坚桥梁作用，三名党小组长支委不再兼任而由党员老干部担任；积极发展党员，两名青年向党组织靠拢，其中最美抗疫志愿者、党员家属已率先递交入党申请书。最后，根据省委农村工作领导小组印发的《2022 年度组织振兴工作要点》要求，市派驻村第一书记积极着力抓村级经济建设，当好"领航员"，以创建"五星"支部为引领，积极与村支书反复沟通、协商，达成共识；同时与支委及党员骨干等取得共识，推动村党支部领办村级合作社。目前元方村党支部已形成共识，正齐心合力创建"四星"支部。

（二）检验支部战斗力

为增强抗疫群防后劲和活力，组织动员支部委员、党员骨干等成立以支书为

队长的党员先锋突击队 20 余人、服务志愿者 40 余人，参与卡点执勤、多轮次全员核酸检测志愿服务，卡口树立党旗迎风招展。"七一"前夕，第一书记贾永红动员村支书两委代表定点帮扶单位和镇党委走访了光荣在党 66 年的抗美援朝保家卫国退役军人、优秀老党员代表程长生，随时冲锋在前的优秀党务老干部代表耿相选，为丰富群众文化生活不懈努力的女党员代表刘巧云，优秀为民勤务员代表程玉林家属刘秋玲等。对他们为集体事业奉献的优良传统和作风表达敬意和节日亲切问候；希望在新征程上一如既往给予充分支持，不骄不躁、再接再厉；号召广大党员同志们向他们看齐，做出更多符合党和人民利益的新时代贡献。

三、落实基层制度，成立村五星文化理事会完善治理机制

2022 年 5 月以来，以省委创建"五星"支部引领乡村治理的指导意见暨市委党建重点任务推进会为契机，以中国传统先进思想学术人文化成民众的自觉与自信；以毛泽东思想、习近平新时代中国特色社会主义思想为指导，民心就是最大的政治的文化自信，积极推进村"五星"党支部创建，同时引领"五星"家庭文化创建。建强党支部为核心、两委会商工作机制，先后组建村乡贤道德文化协会、青年孝善文化联谊会及和乐文化艺术团助力乡村振兴，在此基础上成立后河镇元方村五星文化理事会，以完善新时代文明实践农村社会治理工作机制。适时提出"创建文明和谐安康的美好家乡"的愿景文化；"元有为、方有位，信仰奉献求是创新团结"的核心文化；"不拘一格举贤俊，聚力凝心谋日煌"的人本文化。大力实施"精神扶贫"助推"精准扶贫"，稳健推进"五星"党支部创建的同时引领"五星"家庭文化创建。

（一）村民参与是"主力军"，是实现乡村振兴的主体

办好惠民实事，服务取信于民。驻村第一书记半年内努力做到走访入户全面覆盖，坚持推动每月定期走访脱贫监测不稳定户，帮助解决生活中的困难。广泛地、有针对性地宣传发动，常走访勤入户，听取群众的心声，代表群众的利益做事，充分调动群众的积极性，发挥群众的主人翁作用，变"要我富"为"我要富"。对于筹组村级合作社，农户普遍表示支持且热情较高。

推进农民农村共同富裕，人才是"第一资源"。"栽好梧桐树"，重视关爱退役军人，加强民兵连建设，完善党员联户，构建元方平安文明"网格化"管理。

"八一"组织开展退役军人座谈会和红色基地参观学习活动。广纳贤才,提升从业人员素质和团队工作能力。实现产供销信息化、市场化、规模化、效益最大化。依靠众乡贤俊的力量,引导、推动筹组村级合作社。

结合抗疫群联防表现,拟授予 34 户志愿者家庭元方"平安法治"星(占比 15%,待村五星文化理事会评比确定、党支部决定)。

(二)文化是乡村振兴的力量"凝聚枢"和发展的"风向标"

驻村第一书记利用自身优势,开展国学文化宣讲系列活动,以中国传统先进思想学术人文化成民众的自觉与自信,激活、增强农民内生发展动力,以"精神扶贫"助推"精准扶贫",力争让群众精神"富起来";推动创办《元方和经文化》简报;推动组建元方和乐文化艺术团助力乡村振兴,村先后成立艾群舞蹈队、模特走秀队、巧云豫剧社、老年娱乐社等,利用第一书记工作经费购置多功能音响、乐器等,活跃、丰富留守群众的业余文化生活,弘扬文明新风(参与元方"文明德治"星评比)。

(三)提升生态人居环境,提振广大村民精神和士气

良好的生态环境是农村的最大优势和宝贵财富。在镇党委、政府领导和指导下,镇长和党委委员亲临现场推动、协调,实施村内前后两街主干道铺设沥青路面 1000 多米,墙体统一涂刷,村貌焕然一新。为提升生态宜居环境,提振广大村民士气,提供群众文化生活场所,拟在村口筹建元方生态文化公园,规划占地 1 亩,费用约 5 万元。提倡"元有为、方有位,美好环境人人爱,美好环境人人参与、户户建"。号召动员五星文化理事会众乡贤俊、全体党员、元方籍村民群众等积极踊跃参加"关爱热心集体公益事业,助力乡村振兴 99 慈善公益性捐赠"活动。设立募捐箱,原则上要求党员起到先锋模范作用、百元起署名。

四、推动筹组农业经济合作社,发展壮大村集体经济

当前农村基层治理中,主体缺位、制度乏善、财路阻塞、执行无力、干部无私奉献者寡、群众麻木不仁者众等现象十分普遍。要把农民重新组织起来,有效推进治理体系与治理能力现代化,村集体组织必须拥有一定的经济实力,能够为农民群众办好事办实事。否则,"村两委"的凝聚力、战斗力和权威性就无从谈起。

国家政策支持鼓励以自然村为单位创建经济合作组织,采取资源变资产、资

金变股金、农民变股民的办法，将资产让集体经济组织统一经营管理。有效创新土地租金、入股分红、劳动工资、帮扶结对等模式，促进农民就业增收，增加农村集体经济收入；创新发展理念，加快一二三产业融合，建立健全小农户与现代农业产业体系共建共享的利益联结机制。走通这条路的关键在于：必须善于运用开放原则和市场手段，面向社会去获取优秀的经营管理人才，而不是从本村干部群众的"矮子中拔将军"来执掌帅印。通过快节奏、低成本、高效率的产前、产中、产后各环节的优质服务，把分散的个体农户紧密团结在自己的周围，使之成为农民群众生产生活不可或缺的组织结构。这样不仅能提升农村的组织化程度，实现小农户与大社会的有机融合，而且还可以在促进一二三产业融合过程中，不断发展壮大集体经济的"块头"与力量。

（一）建立健全合作社现代企业制度

结合实际、量力而行、立足长远高起点谋划现代企业制度和治理结构的建立，通过一系列规章制度特别是经营管理骨干效能激励机制开展工作，促进土地流转，使合作社能够规范化运营。股份主要由村支书、两委主要成员以职务现金和土地入股、第一书记以帮扶单位账上资金 13 余万元职务入股、党员骨干和乡贤以现金和土地入股、农户以土地入股或流转。村集体土地流转 10 月份到期前，根据农时情况，预估将完成 500 亩以上土地规模的村集体生产经营和管理（响应号召，部分村民已开始退林还耕，将参与元方"产业自治"星评比）。

（二）因地制宜发展村级产业，打造合作社核心竞争力

产业发展是"强引擎"。粮食等大宗农产品是土地相对密集型的低价值农产品，蔬菜水果花卉等经济作物是劳动与资本相对密集型的高价值农产品，种植业生产必须通过大宗农产品和高值农产品的生产分工来大幅提升这两类农产品的劳动生产率，向高效、优质、绿色的高值农业产品的方向转型和发展。种植业通过土地制度和生产组织创新，村良田、半沙土地通过耕地经营规模的扩大生产粮油等大宗农产品，实施一村一品定位：小麦套种高油酸花生，确保粮食安全和种粮农民的增收；村沙土地小农在国家稳定政策的支持下，提高土地、资本和技术的集约经营水平与延伸特色农产品的价值链来发展高值农业，充分挖掘资源优势，小农户向高效优质绿色的高值农业产品尖椒、豆角等蔬菜园艺经济作物和畜产品发展，实现收入的持续增长，最终实现小农与大农的共同富裕。同时依托独特的自然资源优势，结合红色风情，打造生态民风民俗体验、采摘体验等休闲观光特色生态文旅村，形成自己的优势。

(三) 不断巩固、发展壮大村集体产业经济

(1) 扩大土地流转和种植面积，争取农户全覆盖。待取得引领成效后，继续扩大土地流转和种植面积，争取农户全覆盖。

(2) 发挥人才优势，建造元方养殖农场。加快养殖业现代化进展和种植业向大农小农共同富裕的转型发展战略。随着养殖技术和数字技术的融合发展，未来生猪、家禽、牛羊肉与牛奶生产预计会以更快的速度实现规模化和现代化，这必将显著提升养殖业的劳动生产率。主要养殖业将逐渐被养殖大户和企业等新型主体替代，率先实现现代化和劳动生产率的大幅提升。通过规模化、智能化和生态化，大幅提高养殖业的劳动生产率，加快养殖业率先实现共同富裕和现代化。发挥现有的家庭养殖业存量和经营人才优势，建造元方养殖农场。

(3) 以数字化转型促进农民农村共同富裕。农业生产的数字化水平还不够高，以数字化转型促进农民农村共同富裕，以发展农村电商为抓手，提升农产品价值链水平。推动数字技术与乡村产业融合，夯实产业基础，创造出更多高质量就业岗位。

(4) 推动农村人才振兴工程。在农村经济转型和农业现代化过程中，农民人力资本也要大幅度提升。人力资本与劳动生产率紧密相关并需同步增长。而农民中只有初中及以下学历的比例约高达90%，这与农业现代化对农民素质的要求相差甚远。通过提高农民教育水平，提升农民人力资本将是未来任重道远且涉及政府和广大农民的一项重大人才振兴工程。

重视农业教育投入，培育适用的农业生产、经营管理、就业和创业等较高素质的、复合型的人才，满足农村经济转型过程中对从事粮食等大宗农产品生产、高效高值绿色的农业生产、现代化的畜牧产品生产、非农就业与创业等的人才需求；建立较高素质的农民培育机制，探索构建农民终身学习体系，提升农民的生产、技术与经营管理等能力。持续推进国学文化宣讲系列活动，开展幼童少年启蒙班、青年农民开办讲习夜校等，以中国传统先进思想学术人文化成民众的自觉与自信，以"精神扶贫"助推"精准扶贫"，力争让群众精神"富起来"，激活增强农民内生发展动力和后劲，加快农村经济转型和促进农民共同富裕的农村人才振兴发展战略实施。

五、经验启示

（一）民心就是最大的政治的文化自信

从群众中来，到群众中去。第一书记作为党组织选派的工作代表，在新时代的征程上，心中必须装着群众，始终代表最广大人民的利益，勇于担当作为，不辜负党和人民的重托，不负历史。

（二）因地制宜、量力而行

农村民风淳朴，在家乡的多数农民观念陈旧、自甘落后，故步自封、固执己见，因此需要少数"头雁"的示范带动效应来渐进地改变现状。同时探索建立高素质农民培育制度，提升生产、技术与经营管理等能力。

（三）拔苗不助长、压麦能重生

在工作中注意发掘优秀人才的潜质，吸引人才回流。五星文化理事会创建中，发现留守农民因自身综合素质的局限，参与社会治理的积极性、主动性较衰弱；党建党小组长任用最后由党员老干部担任更合适。亟待激活增强农民农村内生发展动力和能力，在实践中大力培养锻造一支带不走的工作队。

以县域产业振兴壮大重点
帮促村集体经济

——来自江苏的实践与探索[*]

　　提升县域农业经济发展水平、培育壮大重点帮促村集体经济是巩固脱贫致富奔小康成果，切实推进乡村产业振兴的关键环节。近年来，江苏结合县域比较优势，扶持县域农业经济发展，陆续实施脱贫攻坚、扶贫开发、富民强村等专项行动，政策力度持续加大，重点帮促村集体经济（原经济薄弱村）逐年增收，脱贫成果巩固拓展，接续推进乡村全面振兴成效显著。针对如何更好发挥县域乡村产业带动重点帮促村集体经济发展的现实问题，2016~2021 年，江苏省社会科学院农村发展研究所（以下简称课题组）持续开展江苏扶贫开发与脱贫攻坚实施成效系统评估工作。课题组聚焦江苏重点帮促村集体持续增收、巩固拓展重点帮促村集体经济发展成效以及推进县域农业现代化与重点帮促村集体经济有效衔接等问题开展调研。本文基于课题组实地调研所获得的第一手数据资料和江苏统计资料，首先分析江苏县域经济发展差距以及县域农业经济之于苏北后发展地区的重要作用。其次基于调研数据，阐释重点帮促村集体经济发展现状，揭示当前制约江苏重点帮促村集体经济发展存在的重点和难点问题，提出以县域乡村产业振兴壮大江苏重点帮促村集体经济发展的对策建议，为推进县域产业兴旺有效衔接重点帮促村集体经济发展提供施政参考。

　　本文的安排如下：第一部分论述江苏县域经济发展特征及农业经济在苏北县域经济中的基础性作用，第二部分阐释江苏扶持重点帮促村集体经济发展的实践与探索，第三部分剖析制约重点帮促村集体经济发展的重难点问题，第四部分提出县域乡村产业兴旺壮大重点帮促村集体经济的对策建议。

---

　　* 作者简介：赵锦春，江苏省社会科学院农村发展研究所副研究员。

一、农业经济是县域乡村产业振兴的重点

（一）县域农业经济发展的区域分异

江苏区域经济的发展差异在县域经济发展领域就得到充分体现。从经济增长的动力结构看，苏南、苏中和苏北区域发展差距是不同区域间产业结构差异造成的。表1列示了2020年江苏县区市农业增加值占GDP比重的情况。从表中可以看出，苏北县域经济动力结构中，农业或第一产业仍占较大比重。其中，2020年，灌南、丰县、睢宁、射阳等苏北县区市农业增加值占GDP比重均超过15%。相对而言，苏南太仓、常熟等县区市农业增加值占比已下降至2%以下，昆山和江阴两县区在江苏人均GDP最为领先的地区，其农业增加值占GDP比重已下降至1%以下。苏北县域经济中农业经济依然占据较大比重，农业经济发展依然是县域乡村振兴和县域经济发展的基础。

表1 2020年江苏县区市农业增加值占比   单位：%

县域	农业增加值占比	县域	农业增加值占比	县域	农业增加值占比	县域	农业增加值占比
灌云	20.9	沛县	14.7	高邮	10.8	丹阳	4.4
丰县	19.8	滨海	14.1	沭阳	10.6	扬中	3.4
睢宁	17.7	金湖	14	建湖	9.1	宜兴	2.9
射阳	17.5	东台	13.9	如东	7.9	仪征	2.9
盱眙	17.3	泗阳	13.2	句容	7.8	靖江	2.7
泗洪	16.9	新沂	13	启东	6.9	太仓	1.9
灌南	16.8	涟水	13	泰兴	6.2	常熟	1.7
邳州	15.9	响水	12.7	如皋	6	张家港	1.1
东海	15.4	阜宁	11.6	海门	5.9	江阴	0.9
兴化	14.9	宝应	11.1	溧阳	5	昆山	0.7

注：使用第一产业增加值表示各县区市农业增加值，占比使用农业增加值占GDP比重表示。

资料来源：农业增加值原始数据均来自《江苏统计年鉴2021》。

(二) 县域农业经济区域集中度明显

1. 农业产出集中苏北地区

从农业发展在江苏的区域分布看，苏北地区仍是江苏农产品和农作物收获较为集中的区域。以各县级市粮油产出为例，2020 年，苏北和苏中各县区市的粮油产出均保持江苏省内领先地位。其中，沭阳、兴化、东海、泗洪和射阳五个县区市的粮油产出总和达到 613.39 万吨，占全省的 22.5%。苏北各县区市粮油总产出达到 1647.57 万吨，占全省的 60.6%。苏中和苏南各县区市粮油总产出则分别为 640.68 万吨和 432.07 万吨，占全省的比重分别为 23.6% 和 15.9%（见表 2）。

表 2   2020 年江苏县区市粮油产出情况   单位：万吨

县域	粮油产出	县域	粮油产出	县域	粮油产出	县域	粮油产出
沭阳	130.29	阜宁	96.98	泰兴	66.57	宜兴	32.89
兴化	126.96	睢宁	95.93	泗阳	65.1	句容	27.54
东海	121.84	宝应	88.49	灌南	64.53	靖江	27.46
泗洪	119.15	灌云	88.04	海安	63.92	仪征	26.7
射阳	115.15	邳州	85.89	响水	61.62	常熟	23.38
盱眙	105.51	高邮	85.79	丰县	61.34	张家	21.05
东台	105.35	新沂	78.73	金湖	57.49	太仓	15.31
如东	100.59	建湖	72.46	丹阳	43.31	江阴	12.49
滨海	100.24	如皋	70.15	溧阳	42.13	昆山	9.09
涟水	98.72	沛县	66.59	启东	38.21	扬中	7.34

注：表中粮油产出使用各县区市粮食产量和油料产量之和表示。

资料来源：原始数据均来自《江苏统计年鉴 2021》。

2. 县域农业经济的区位优势特征

地方专业化指数又称区位熵指数，是衡量某一区域要素的空间分布情况，反映某一产业部门专业化程度与产业比较优势的重要指标。我们通过测算江苏三大区域农业及其细分行业的地方专业化指数（区位熵指数）揭示县域农业分工格局中存在的问题（蒋金荷，2005；孙晶和李涵硕，2012）。区位熵指数的计算公式如下：

$$LQ_{ij} = (X_{ij} / \sum_{i=1}^{M} X_{ij}) / (\sum_{j=1}^{N} X_{ij} / \sum_{i=1}^{M} \sum_{j=1}^{N} X_{ij}) \qquad (1)$$

其中，LQ_{ij} 表示区位熵指数，i＝1，2，…，M 表示 M 个具体行业。j＝1，2，…，13，用江苏 13 个地级市表示。X_{ij} 为地级市细分行业产出水平。$\sum\limits_{i=1}^{M} X_{ij}$ 表示地区 j 同行业上一层次产业部门总产出。$\sum\limits_{j=1}^{N} X_{ij}$ 为同行业全部地区横向加总产出。$\sum\limits_{i=1}^{M}\sum\limits_{j=1}^{N} X_{ij}$ 表示全省各行业上一层次产业部门总产出。若 $LQ_{ij}>1$，表示地区 j 在行业 i 上具备比较优势；若 $LQ_{ij}<1$，则不具备比较优势。

结合 2015~2020 年江苏 13 个地级市数据分别测度各行业的区位熵指数，考察区域间农业产业布局的动态演进。结果表明，2015~2020 年，苏南和苏中在农业领域具有比较优势的行业个数以及优势行业占比均有所增加，苏北农业细分行业比较优势个数与行业占比则均未变化。苏南、苏中农业五个细分行业比较优势均高于苏北，且苏中的优势更大（见表 3）。当前，物联网、现代种业、农机宜机化技术大量在农业领域示范应用，提高了传统农业增加值，农业生产范式已转向"高品质高附加值"的现代生产范式（洪银兴，2020）。苏北尽管拥有丰富的农业生产土地资源，但尚未充分开发利用。苏北地区天然的农业基础条件和优势仍未充分发挥，且农地资源与现代农业发展匹配度不高可能是造成苏北农业区域比较优势及经济发展水平滞后的真正原因。

表 3　江苏各区域农业区位熵对比

年份	2015			2018			2020		
区域	苏南	苏中	苏北	苏南	苏中	苏北	苏南	苏中	苏北
农业	0.98	0.94	1.05	0.99	1.02	1.05	1.03	1.16	1.03
林业	1.66	0.49	0.93	1.78	0.53	0.93	1.94	0.56	0.91
牧业	0.55	1.03	1.15	0.39	1.12	1.19	0.39	1.27	1.21
渔业	1.13	1.43	0.8	1.17	1.57	0.8	1.06	1.71	0.86
农林牧渔服务业	1.48	1.28	0.66	1.44	1.53	0.7	1.48	1.64	0.77
比较优势行业个数（个）	3	3	2	3	4	2	4	4	2
优势行业占比（％）	60	60	40	60	80	40	80	80	40
优势程度	4.27	3.74	2.2	4.39	5.24	2.24	5.51	5.78	2.24

注：农业细分行业产出为总产值，区位熵指数利用式（1）计算后，使用所辖区域各地级市均值表示。优势程度使用三大区域内各细分行业大于 1 的区位熵指数值加总所得。

资料来源：《江苏统计年鉴》（2016~2021）。

二、江苏重点帮促村集体经济发展的现状

(一) 江苏重点帮促村集体经济基本情况

1. 村集体经济收入全部达标

江苏重点帮促村集体总收入逐年上升。调研重点帮促村集体总收入均值由 2016 年的 46.5 万元上升至 2021 年的 112.5 万元,增幅高达 142.0%,抽查村全面稳定达标省或市定重点帮促村达标标准。从分项收入来看,村集体经营性收入已成为江苏重点帮促村集体经济收入的主要来源。扶贫资产类收入占村集体总收入的比重则由 2016 年的 8.7% 上升至 2021 年的 15.9%。在村集体经济中,直接经营性收入占比也由 2016 年的 0.8% 上升至 2021 年的 4.3%(见表 4)。

表 4　经济薄弱村集体经济收入均值及分项占比　　　　　　单位:%

年份	样本数(个)	均值(万元)	经营	资源类	扶贫资产	股权类	直接经营	其他
2016	54	46.5	47.0	18.1	8.7	1.5	0.8	10.3
2017	59	72.9	43.8	13.5	12.4	1.4	2.2	8.5
2018	182	45.5	22.1	9.5	37.6	4.7	5.1	3.8
2019	184	57.3	23.0	11.2	35.5	7.2	4.9	1.7
2020	77	86.0	41.3	8.7	17.8	3.1	5.0	3.7
2021	157	112.5	54.5	17.6	15.9	5.2	4.3	2.5
均值	119	70.1	38.6	13.1	21.3	3.9	3.7	5.1

资料来源:根据课题组调查数据整理。

2. 苏北村集体经营收入增幅显著

直接经营性收入是村集体内生发展能力的直观体现。2021 年,苏北、苏中、苏南村均集体经营性收入分别为 65.5 万元、77.4 万元、241.1 万元,最高值分别为 209.2 万元、186.9 万元、948.0 万元,最低值分别为 20.5 万元、38.6 万元、33.7 万元,增幅达到 37%、8.5%、17.3%。其中,苏北重点帮促村均集体经营性收入增速比苏北高 18.5%。表明苏北相对欠发达地区重点帮促村在各级政府的帮扶下,帮促村集体经营收入实现更为高速的增长,江苏重点帮促村集体经营收入呈现"苏北追赶""苏中保持""苏南稳健"的区域格局(见表 5)。

表5　分区域重点帮促村集体经营性收入　　单位：万元

地区	2020 年			2021 年			增幅（%）
	均值	最高值	最低值	均值	最高值	最低值	
苏北	48.8	193.7	18.1	65.5	209.2	20.5	37.0
苏中	71.3	357.3	30.4	77.4	186.9	38.6	8.5
苏南	205.6	761.0	37.6	241.1	948.0	33.7	17.3

资料来源：根据课题组调查数据整理。

3. 村集体经济产业项目运营良好

村集体经营收入的增长得益于帮促产业项目的稳健运营和持续增收（肖宜滨等，2019）。2021 年，江苏不断加大重点帮促村产业帮促项目实施。在 153 个抽样重点帮促村中，项目资金增加的村占 60.78%，最高的苏北占 45.16%，最低的苏南占 49.12%。苏北帮促项目力度较大，苏南项目资金增加的村数不到一半。从帮促项目运行情况看，运行良好的村占 92.67%，苏中、苏南均是 94.4%，苏北为 90%；运行一般的村占 6%、运行差的村占 1%。总体而言，苏中、苏南的帮促项目效益要优于苏北（见表6）。

表6　2021 年江苏重点帮促村集体经济项目运营情况　　单位：个，%

地区	样本村数	实施产业项目村数	项目投资增加村数	运行好		运行一般		运行差	
				村数	占比	村数	占比	村数	占比
苏北	60	60	42	54	90.0	4	6.7	2	3.3
苏中	36	36	23	34	94.4	2	5.6	0	0
苏南	57	54	28	51	94.4	3	5.6	0	0
全省	153	150	93	139	92.7	9	6.0	2	1.3

资料来源：根据课题组调查数据整理。

（二）江苏各县扶持重点帮促村集体经济的创新举措

1. 强化利益联结、构建增收长效机制

江苏各县陆续开展了以农村创业发展基地、"四级联动"增收、"三社"共建等利益联结模式创新，拓展实现村集体与低收入农户协同增收的"江苏路

径"。靖江建设农村创业发展基地，由所在镇牵头所有帮扶村参股成立农创运营管理公司，吸纳低收入农户务工就业。淮安区开展"党支部+合作社+农户"集成改革。新沂则创立"市级农业企业+镇村农业公司+专业合作社（党支部领办）+家庭农场（专业大户）""四级联动"经营体系，提升低收入农户就业保障。

2. 创新运作模式、提升集体"造血"功能

江苏各地开展扶贫资金资产资本化运作与资金平台化联动发展模式创新。如皋建成全国首个由扶助资金入股、助力帮促村增收的"强村加油站"。项目运营首期，入股的3个帮促村村均收益就达35万元。张家港南丰镇利用扶贫资金组建平台公司入股49%参与南丰与深投控、张家港市产业资本中心合作基金项目。无锡通过参与镇级资产平台联动发展、帮促村共同组建投资公司合作运营、抱团联建优质资产获取收益等多种创新方式推动帮促村集体经济持续增收。东台推进49家村集体领办合作社开展镇农投公司运营，资金集中管运，收益按比例分红。

3. 强化资源监管、盘活集体存量资源

以村集体资产监管平台为代表的"大数据+村资产监管"模式成为各地强化村集体存量资产管理的创新模式。如武进区建设"一个中心、九个系统"农村集体资产监管平台，率先实现平台财务核算初始化村级覆盖，建立起"互联网+"的农村集体资产监督管理新模式。新沂市高流镇在全省首创"图码"管控体系，通过扫码即可实时了解村集体资源编码、村集体资源位置、资源所属单位、集体资源面积以及经营编号等信息。南京则以"村社分账"改革为突破口，推广"E阳光"手机APP信息公开和互动平台，推动农村集体资产财务管理制度化、公开化、规范化、智能化。

4. 创新交易模式、促进城乡要素流动

江苏有效推进城市资本要素下乡，助力城乡要素双向流动。射阳探索乡村振兴要素保障创新模式。通过创新农村产权交易模式，完成全国首笔土地流转"云签约"，探索建立农村产权矛盾纠纷裁诉机制与风险防范机制两项试点入选全省第四轮改革试验区项目。同时，开展金融支持农业重大项目、"百行进万企"和"万企型万村"试点乡镇专场对接活动，推出"药材贷""渔轮贷""开心鱼塘"特色创新农业信贷产品，满足洋马菊花、黄沙港海洋捕捞、水产养殖等特色农业产业发展需求。

三、江苏重点帮促村集体经济发展
存在的重难点问题

（一）实现县域内村级层面的共富目标任重道远

1. 与普通村集体经济差距依然明显

尽管重点帮促村集体经济保持增长，扶贫资金资产持续注入，但同一县区内，重点帮促村与普通村之间的发展差距依然明显（马超峰和薛美琴，2015）。具体表现为，普通村贫困发生率明显低于重点帮促村。同时期同县区内，普通村集体经营收入总额高出重点帮促村近10万元，且人均经营性收入高出重点帮促村30%，人均集体债务则低于重点帮促村近60%。就变化率而言，普通村集体经营性收入总额及人均收入增速均显著高于重点帮促村，集体债务下降率则明显快于重点帮促村。江苏普通村与重点帮促村集体经济发展仍存较大差距，呈日益扩大态势（见表7）。

表7　重点帮促村与非帮促村集体经济收入对比

年份	村庄类型	村人均土地面积（亩）	贫困发生率（%）	集体经营收入（万元）	人均经营收入（元）	人均村级债务（元）	收入增长比例（%）
2020	普通村	2.99	5.6	52.7	171.1	151.1	—
	重点村	3.06	6.3	44.0	144.0	348.2	—
2021	普通村	2.99	5.6	64.2	211.7	114.2	87.3
	重点村	3.06	6.3	49.9	163.2	319.5	80.9
变化率	普通村	—	—	21.8%	23.7%	-24.4%	—
	重点村	—	—	13.4%	13.3%	-8.2%	—

资料来源：根据课题组调查数据整理。

2. 重点帮促村内部经营收入差异巨大

即便是在重点帮促村内部，发展差距依然较为明显。以苏北为例，2016年，在苏北五市抽查的重点帮促村中最低收入组村集体经济收入仅为8.3万元，最高收入组集体经济收入则高达102.8万元，二者差距接近90万元。2020年，苏北五市样本村中最低收入组村集体经济平均收入为32万元，最高收入组平均收入则达到 179.8 万元，二者差距进一步扩大至 147.8 万元（见表 8）。

表 8　苏北五市经济薄弱村五等分集体经济收入　　　　单位：万元

年份	最低收入	中低收入	中等收入	中高收入	最高收入	基尼系数
2016	8.3	25.5	36.6	55.8	102.8	0.39
2017	16.1	35.0	55.3	92.0	161.2	0.41
2018	12.8	20.5	25.6	36.9	144.5	0.50
2019	19.7	24.9	34.3	50.8	155.7	0.52
2020	32.0	49.6	67.2	96.4	179.8	0.56
均值	17.8	31.1	43.8	66.4	148.8	0.48

注：按照低收入户人均收入五等分收入标准进行分组得到的平均收入，原始数据来自 2019~2020 年开展的苏北五市重点帮促村抽样调查。

（二）县域农业经济与重点帮促村集体经济联结松散

1. 村集体增收渠道持续收窄

在现行条件下，土地、房屋等租金收入是重点帮促村常规性收入的主要构成部分。但受国家建设用地控制和区域规划的制约，驻村经营企业逐渐减少。随着城镇化的推进，大量农村集体资产被拆迁，部分重点帮促村集体土地和厂房逐年缩减。同时，村级发展经营性资产的渠道极为有限，县域经济主导产业方向与重点帮促村产业方向不一致，进而造成大量扶贫资金和帮促资产出现"投资无门"现象，由此导致扶贫资产贬值，扶贫资产项目收入持续下降。

2. 优质农业产业覆盖度较低

一是县域农业特色产业落地重点帮促村严重不足。调研发现，在盐城抽查12 个帮促村中，仍有半数帮促村并无任何特色产业项目，市本级大力发展的九大百亿元级优势产业和十大全产业链精品产业基本没有在重点帮促村落地。由此造成重点帮促村产业普遍存在农业企业规模小、产业链条不够长、重点产业占比不高、农业产业化质效水平低等问题。二是产业发展缺乏深度。重点帮促村部分农产品销售仍然依赖"消费扶贫"或政府采购，受规模化程度等影响，其品牌效益、精深加工等仍未得到延伸。

（三）村集体经济增收长效机制仍需完善

1. 村集体经济发展存在政策"堵点"

一是现有土地制度制约了新型经营主体和乡村产业转型发展。农业设施用地审批过程复杂，用地落实到位存在政策"堵点"。农村新产业新业态用地监管过于复杂，徒增产业融合用地的供给难度。在省级层面"非粮化"政策"硬约束"下，基层对"非粮化"的政策解读仍比较模糊，造成农用地开展经营审批尤为困难。二是部分扶持政策较难落地。基层实际情况复杂，而省级资金到市县一级的自主统筹空间则十分有限。传统"大专项+任务清单"的"一刀切"资金管理体制更是难落实处。尤其是针对村集体经营主体的优惠政策如水电优惠、精深加工环节专项补助等执行也较难落地。

2. 集体与农户利益联结不紧密

一是部分重点帮促村开展的中小规模家庭农场和专业合作社存在经营困难，面临"清理"风险。村集体经济组织处于成长期，单体规模偏小、整体实力偏弱，全产业链收益能力较低，联合合作不够，带动小农户能力不强，合作共赢的利益联结模式并没有完全建立。二是资产收益分红难以持续且金额较低。部分股份制经营主体开展的分红资金量很低，且难以实现"全覆盖"，降低村集体经济发展的参与度和积极性。

四、以县域乡村产业振兴壮大江苏重点帮促村集体经济的对策建议

（一）有效引导优质资源

1. "因村施策"规划先导产业

体现各村发展优势，坚持分类引导、因村施策原则，合理规划重点帮促村先导产业，依照"四类村庄"划分标准合理区分重点帮促村产业发展方向（肖红波和陈萌萌，2021）。一是对于集聚提升型且集体经济实力较强的帮促村应走"村企结合"型的集体经济之路。推进重点帮促村与企业或其他主体开展股份合作，发挥龙头企业带动作用。二是对于距离重要交通枢纽较近或城郊融合型村庄，应强化服务城市发展、承接城市功能外溢，大力发展"集体工业""物流服务业经济""生鲜农产品基地"。三是特色保护类重点帮促村，应确立"三产融合"产业发展定位，引入企业入驻共同进行适度开发文旅资源。

2. 聚合村级存量增量资本

应鼓励农村资源资产价值实现方式的多种探索，盘活存量增量资源，创新农村"三变改革"实现方式（郑有贵，2017）。一是对农村集体产权制度、宅基

地、三权分置改革等工作进行检查,对改革后的实际效果及运行程序情况进行跟踪。二是加强农村集体经营性建设用地盘活、整合力度与步伐,鼓励各地积极探索。在农村集体经营性建设用地同地同权的努力过程中,灵活解决现实问题。

3. 培养新型职业农民队伍

大力培育新型职业农民队伍,强化"新农人"持续汇聚重点帮促村。建议采取贷款贴息、定额无抵押贷款等方式,鼓励有技术的返乡农民工、大中专毕业生、退伍军人、科技人员等创办、领办新型农业经营主体,鼓励科研人员到家庭农场、农民合作社、龙头企业任职兼职(肖安元,2022)。明确农业部门负责农业技术培训、农业技术推广等职能,提高农业部门干部进入的专业门槛。三是把握生产型和生活型两大方向,细化加强农业社会化服务,培养育秧、机耕、播种、施肥、除虫、收割、文旅产业、数字信息等专业服务人才。

(二)提升集体产业质量效益

1. 提升特色产业发展质效

建议持续加大对帮促村产业发展的支持力度,推进重点帮促村三产融合发展。重点支持国家级、省级农业产业园区向重点帮扶县区及帮促村倾斜。引导鼓励具备发展基础和优势的帮促村扩大特色产业发展规模,提升农业产业化水平。此外,全力打造具有地方特色的现代农业产业带,辐射重点帮促村,给予帮促产业常态化、持续化的技术和资金支撑。优化重点帮促村村级产业风险担保方式和模式,缓解"三农"信贷业务信息不对称问题(赵锦春,2021)。

2. 强化龙头企业引领示范

坚持产业发展优先,引导农业龙头企业在重点帮促村投资设厂,完善经营主体与低收入农户的利益联结。加大重点帮促村农业企业招商力度,积极引进规模农业企业、壮大龙头企业发展规模,提升核心竞争力。鼓励省内龙头企业采取兼并、股份合作、并购等方式,实现规模经营、做大做强。开展镇域乃至县域范围内的"公司+农户""企业+中介组织+农户"等组织创新,因地制宜,探索"龙头企业+农户""专业合作社+农户"等重点帮促村集体与农户利益联结模式,加快形成"小农户—大基地""小规模—大群体"的龙头企业引领互促经营格局。

3. 创新村集体经济发展模式

当前,"统分结合"的集体经济模式在培育壮大重点帮促村集体经济进程中仍发挥着重要作用,应分类持续推进村集体经济发展模式创新。一是对于农田土地面积较广的重点帮促村应鼓励推广村集体领办新型家庭农场、股份合作等模式,建立村集体与农户的利益联结共同体。二是对于土地资源较少,发展空间受限的地区,可借鉴苏南地区经验,基于已有的村集体经济"非农化"产业基础,推广镇村联合发展的项目推进模式。丰富"镇建村购""村建镇租"等模式供给，鼓励重点帮促村通过出资参与镇级平台联动发展、组建投资公司合作运营、抱团联建优质资产。

（三）完善集体经济政策保障

1. 优化村集体发展土地要素供给

正视农村土地利用功能的复合性，创新乡村产业发展用地保障。一是建立完善农村土地流转管理制度。在县一级铺开推广土地流转管理服务中心与农村产权交易中心，搭建土地流转信息库和流转信息平台（葛继红等，2022）。二是围绕耕作便利性，倡导适度规模经营。分类整理土地，强化镇域土地流转。在苏北大田面积占比高的地区，持续推进高标准农田建设。三是在苏南发展空间受限的区域，开展空置、零散、破碎建设用地的空间整理，统筹耕地保护与土地开发，通过"组团式"翻建、"填空式"移位等创新举措，推进农村空间资源的集约利用（张忠根和李华敏，2007）。

2. 分类开展村集体经济扶持

探索村集体经济有条件的转移支付与产业发展扶持相结合的"二元"政策帮促制度。一是对产业发展类重点帮促村设定一定的门槛条件，各级财政、农林部门开展重点帮促村财政扶持款拨付改革，鼓励扶持"有产业基础、有发展前景、产业定位明确"的重点帮促村，加大产业发展类资金扶持力度。二是落实普惠性重点帮促集体帮扶政策。在加快落实针对村集体经济组织的税费减免政策与村集体资产保险政策的基础上，推广"政经分离""政社分离"改革，以乡镇为单位开展村级经营性资产、村级债务等整体投保模式，为重点帮促村村集体经济稳定发展保驾护航。

参考文献

［1］葛继红，王猛，汤颖梅．农村三产融合、城乡居民消费与收入差距——效率与公平能否兼得？［J］．中国农村经济，2022（3）：50-66.

［2］洪银兴．进入新时代的中国特色社会主义政治经济学［J］．管理世界，2020（9）：1-11.

［3］蒋金荷．我国高技术产业同构性与集聚的实证分析［J］．数量经济技术经济研究，2005（12）：91-97+149.

［4］马超峰，薛美琴．村集体经济再认识与集体经济再造——来自浙江省126个集体经济薄弱村的调查［J］．经济与管理，2015，29（1）：90-94.

［5］孙晶，李涵硕．金融集聚与产业结构升级——来自2003—2007年省际

经济数据的实证分析［J］．经济学家，2012（3）：80-86.

［6］肖安元．吴江区推进村级集体经济发展研究［J］．上海农村经济，2022（1）：42-44.

［7］肖红波，陈萌萌．新型农村集体经济发展形势，典型案例剖析及思路举措［J］．农业经济问题，2021（12）：104-115.

［8］肖宜滨，张立冬，包宗顺．江苏脱贫攻坚历程、举措、绩效与展望［J］．南京农业大学学报（社会科学版），2019（6）：39-48.

［9］张忠根，李华敏．农村村级集体经济发展：作用，问题与思考——基于浙江省138个村的调查［J］．农业经济问题，2007（11）：30-34+110.

［10］赵锦春．高质量探索金融深化的"江苏路径"［N］．新华日报，2021-09-03.

［11］郑有贵．构建内生发展能力强的农村社区集体行动理论——基于发达村与空心村社区集体积累和统筹机制的探讨［J］．马克思主义研究，2017（2）：63-69.

改革引领、数字赋能　打造乡村振兴齐鲁样板淄博特色板块[*]

淄博市地处鲁中，南依泰沂山麓，北濒九曲黄河，总面积5965平方公里，常住人口470.88万人。现有耕地面积238.11万亩，行政村2415个、自然村3436个，农村常住人口119.46万人，人均耕地0.5亩。淄博农业体量偏小，但特色鲜明，所辖桓台县1990年率先建成江北第一个吨粮县，高青县获批国家沿黄肉牛优势特色产业集群主导创建县，"沂源红"苹果入选"奥运果""世博果"，目前已逐步形成了南部生态特色农业区、中南部功能农业引领区、中北部休闲观光农业区和北部重要农产品保障供给区四个区域板块。2021年，全市第一产业实现增加值180.6亿元，占GDP的比重为4.3%；实现农林牧渔业总产值335.1亿元，比上年增长8.8%。农村居民人均可支配收入达23010元，城乡居民人均可支配收入倍差持续缩小。①

一、深入贯彻落实习近平总书记重要指示要求，聚力打造乡村振兴齐鲁样板淄博特色板块

一是建立顶格推进领导机制。坚决扛牢实施乡村振兴战略重大政治责任，整体工作由市委、市政府主要领导负总责，分管领导统筹协调。设立乡村振兴五个工作专班，每个专班由市委、市政府2位分管领导任组长，2~3个部门为牵头推进单位，推动乡村振兴年度重点任务落细落实。

二是完善乡村振兴"1+1+5+N"政策体系。高起点制定《淄博市乡村振兴

---

　* 作者简介：朱锡玉，山东省淄博乡村振兴局四级调研员。
　① 资料来源：《山东统计年鉴2022》。

战略规划（2018—2022 年）》和五个工作方案，出台打造数字农业农村中心城市、鼓励和引导工商资本参与乡村振兴、巩固拓展脱贫攻坚成果同乡村振兴有效衔接、促进农业产业化龙头企业和农产品加工业快速发展的九条措施等若干政策文件，每年细化分解专班任务清单，持续强化淄博乡村全面振兴的政策支撑。

三是强化资源要素保障。在"人"的方面，重磅推出淄博"人才金政 50 条"，率先将中专、中级工纳入人才补贴政策范围，本科、硕士一次性购房补贴分别提升到 8 万元、12 万元。全市农业类泰山产业领军人才 6 人，柔性引进数字农业顶尖智库专家 14 位，引领现代农业智慧转型。在"地"的方面，年度土地利用计划原则上安排不少于 5% 的新增建设用地指标，优先保障乡村重点产业和项目用地，探索点状供地、混合供地等多种模式，今年为阿里数字农业产业中心（山东仓）等 13 个项目落实建设用地、商业用地、仓储用地指标 748.6 亩。规范引导土地流转，农村土地经营权流转面积达到 126.7 万亩，占家庭承包经营耕地总面积的 53.3%。在"钱"的方面，设立市级乡村振兴重大专项资金，三年来累计统筹整合各级涉农资金 148.21 亿元，2022 年全市土地出让收入用于农业农村的比例达到 7%。创新"政银保企"精准服务，"鲁担惠农贷""数字农业贷"累计担保 1.13 万户 57.94 亿元。

二、突出数字赋能、改革提质，开辟乡村产业高质量发展新路径

一是加强数字化改革顶层设计。抢抓农业农村数字化改革重大机遇，在全国地级市中率先打造数字农业农村中心城市，率先获批以数字农业农村改革为主要内容的国家农村改革试验区，率先出台《关于打造数字农业农村中心城市的行动方案（2020—2025 年）》《淄博市国家农村改革试验区建设实施方案》，确定 5 项重点任务、10 项带动工程、10 大支持政策，着力推进云大脑、云产业、云市场、云金融、云乡村"五朵云"建设，在全国地级市中唯一组建市级数字农业农村发展机构，系统推动改革试验任务全面落实，搭建起数字农业农村改革发展"四梁八柱"。

二是强化重大项目引领和典型场景示范。深化与中国农科院等 18 家一流科研院所和阿里、中建材、京东等 23 家头部企业产学研合作，共建阿里数字农业产业中心（山东仓）、京东绿色智慧冷链物流产业园、新希望六和、凯盛浩丰智慧农业等标杆性重大项目 59 个，建设数字农业农村经典应用场景 30 个，累计完

成投资 76.8 亿元。在种养端，建设数字田园、数字果园、数字牧场 30 家。禾丰种业打造全国首个无人生态农场，中以果园"一果一码、一园一端"模式在陕西、新疆等地复制推广。在加工端，建设数字车间 21 家。巧媳妇智慧工厂建立"原料—研发—生产—体验"数字化产业链，米醋研发及产能居全国第一。阿里数字农业产业中心（山东仓）预制菜生产线日产能 100 万盒，年营收 60 亿元以上。在储运端，建设智慧冷链物流集群。海月龙宫投资 28.5 亿元，建成 630 亩的"京东云仓"，智能冷库仓容 5 万吨，年交易额超 200 亿元，成为京东在江北最大的冷链物流产业园。在营销端，重点推动线上线下营销。山东纽澜地链接阿里数农、盒马鲜生，建成阿里数字农业产业中心，立足山东辐射全国，高端黑牛产品入驻全国 27 个大中城市 400 多家盒马超市，成为盒马鲜品肉类第一品牌。

三是创建三个国家级创新应用平台。与中农信达共建"齐农云"大数据平台。链接国家、省级涉农应用信息系统 93 个，开发涉农业务系统 12 个，汇聚涉农数据 30 亿条，打造"帮我贷""找农机""问专家""齐富码"特色应用 4 个，开发电脑网页端、手机 APP 和微信公众号服务窗口 3 个，初步营建了"一云统揽、多维一体、一网通办"的农业数字化生态。与中国农科院共建数字农业农村研究院（"中农数院"）。这是中国农科院在全国布局的 9 个重点产业研究中心之一，规划总投资 8 亿元，5 年内建成数字农业研究院、数字乡村研究院、富锶产业研究院、农业智能装备研发中心、农产品加工研发中心、数字农业创新应用园区（三院两中心一园区），陆续招引北京大学、中国农业大学等院校的富锶农产品研究、生物节水与旱地农业等 13 支专业技术团队入驻，打造国家级数字农业技术创新"硅谷"。与农业农村部信息中心共建技术创新应用中心。开展数字农业农村发展咨询、数据服务、技术创新研发、农业农村改革模式推广、数字乡村标准体系建设、网络舆情监测等工作，推动涉农数字技术在淄孵化、服务全国。

四是推动现代农业提质扩面增效。扛牢稳产保供政治责任。全市粮食面积、产量连续 3 年只增不减，桓台县小麦高产攻关田单产达 872.58 公斤/亩，夏粮单产连续 12 年居全省第一。提升平台载体。全市累计创建省级现代农业产业园区 5 个、省级以上农业产业强镇 15 个。高青县主导创建国家沿黄肉牛特色产业集群，临淄区参与创建国家蔬菜优势特色产业集群。抓好主体培育。全市培育市级以上农业产业化龙头企业 202 家，全市纳统农产品加工企业达到 183 家，比 2021 年增加 9 家，新型农业经营主体 1.02 万家，社会化服务主体 4500 家。实施质量兴农、绿色兴农、品牌兴农。沂源苹果入选全国特色农产品优势区，高青黑牛、博山猕猴桃入选全省特色农产品优势区，沂源苹果、燕崖大樱桃入选全国名特优新产品，培育省级以上知名农产品品牌 49 个，认证"三品一标"农产品 440 个，产地认定面积居全省首位。

三、突出连片打造、示范引领，
铺开乡村建设新画卷

一是实施分类指导。选择基础设施较好、产业带动明显、具备村庄经营或农文旅融合发展条件的5~10个村，突出数字农业农村、产业融合发展，聚力打造乡村振兴精品片区，推进产业连片发展、环境连片整治、风貌连片建设、样板连片打造；选择基础条件相对较好、具备一定经济实力的镇，围绕"五化""七改"、农村人居环境整治等，着力建设普惠性、基础性的全域美丽乡村，推进乡村面貌洁序净美，镇域形象全面提升；选择基础条件相对较弱、贫困人口相对集中的片区，围绕建设兜底性、保障性基础设施，集中建设衔接乡村振兴集中推进区，推进巩固拓展脱贫攻坚成果同乡村振兴有效衔接。

二是主推"四型示范"。规划引领型，如沂源县沂河源片区，坚持"艺术活化乡村"的设计理念，链接国内外知名艺术大师，将中西方文化艺术融入乡村振兴，建成"三生石代""时间之花"等艺术作品、场馆20余座，打造夜空星光房、船屋等精品民宿30余套，创建为全省首批乡村振兴齐鲁样板示范区。产业带动型，如临淄区朱台镇"厨具小镇 富美朱台"片区，依托厨具生产加工产业，发展加工企业和业户360余家，年产值达20亿元，提供就业岗位4000余个，实现集体、农民"双增收"。农文旅融合型，如博山区域城镇红叶柿岩片区，依托自然生态优势，采取"政府+村庄+工商资本"共同开发、共同盈利模式，打造高端文旅融合示范点，年接待游客超过120万人次，营业收入达3600多万元。党建引领型，如沂源县燕崖镇"乡村里的中国"片区，推行"联村党建"，有效破解单村发展空间窄、村级产业小而散的问题，形成连线成片"1+1>2"的拼图效应，每年拉动农民增收5000元以上。

三是带动全域美丽。持续实施农村垃圾、污水治理、旱厕改造和村容村貌提升，农民生活品质由"将就"变"讲究"。2015年，淄博市在全国率先试点三格式化粪池旱厕改造，率先完成整建制改厕任务，在全省率先建立市场化长效管护机制，全市农村家庭改厕率达到91.94%，后续管护服务实现全覆盖。农村生活垃圾实行"户收、村集、镇运、县处理"，城乡环卫市场化运营和生活垃圾无害化处理实现全域覆盖。如博山区博山镇、沂源县东里镇流转破旧房屋建设养生庭院，盘活农村闲置农房，清除残垣断壁和废旧墙院，清肃公共空间，改建文体小广场，建设绿地游园、景观河道、口袋公园，把村庄"破败伤疤"变成美丽景观，村庄既添"颜值"又增"价值"。

四、突出党建引领、一网三联，构建乡村数治善治新格局

一是推行"一网三联、全员共治"乡村治理模式。把村级党组织体系与网格化治理体系充分融合，实行干部联村组、党员联农户、积分联奖惩，构建党组织全面领导、共建共治共享的乡村治理格局。目前，全市2415个行政村的党组织成员包联2.1万个村民组，6.1万名党员包联74.8万户群众，大力激发了广大党员群众参与乡村治理的内生动力。在新冠肺炎疫情期间，高青县常家镇发挥"一网三联"制度优势，引导各村把疫情防控、情绪疏导、民生保障、秩序维护等内容全部纳入网格管理，对参与到疫情防控中的网格员、志愿者给予积分奖励，对不遵守疫情防控规定的人员给予相应扣分警示，全镇组建32支"旗贯常红"志愿服务队，设立81处党员先锋岗，1251名网格员冲锋在前，构筑起群查群防群治的防控体系。

二是探索"联村党建"新机制。打破就村抓村路径依赖，推广强村带动型、邻村互助型、产业牵引型、村企联建型、城乡融合型5种联建路径，全市成立联村党组织128个，覆盖573个村，占行政村总数的23.9%，整合资金3.9亿元，联合实施乡村振兴项目371个，走出了一条党建引领抱团振兴的新路子。如沂源县朱家户村联合周边12个村成立联村党委，通过组织联建、治理联抓、产业联兴发展乡村休闲旅游，集中打造美食美宿、樱桃集市、传统酿造等特色产业链，累计整合上级资金6000万元，实施产业项目12个，年产值达到3000余万元。

三是深化乡村美学教育。调动妇女群体参与，激发家庭细胞活力，深入开展云上美校、美学讲堂、美在家庭创建、美学小巷打造等一系列美学实践活动，全市建成"美在家庭"标兵户11万户、"美家超市"1959家。如临淄区朱台镇陈营村美家超市，与"一网三联"信用积分充分融合，将家庭卫生、家教家风、志愿服务、帮扶济困、参与村务管理等一一具化为评分细则，一月一打分，一季一兑换，村民可凭借积分到超市兑换生活物品，超市内还开设"美学讲堂"，定期开展服饰搭配、家居整理等课程，参加培训也能得到积分、兑换礼品，乡村风貌和村民幸福指数实现双提升。

四是数治善治提升乡村治理效能。健全党组织领导的自治、法治、德治相结

合的乡村治理体系,村"两委"换届"一肩挑"比例达到99.05%。实施思想铸魂,新时代文明实践中心、站所实现市县镇村全覆盖,全市县级文明村达标率94.75%。发展村党组织领办合作社2075家,带动全市村集体收入10万元以上村达到88.9%。全市打造智慧小镇10个,如临淄区凤凰镇开发"智慧凤凰"APP,推广"你钉我办""云公章""邻里圈"等新应用,在垃圾处理方面,运用车联网智慧平台,对垃圾车行驶轨迹实时监测,对垃圾进行预约上门回收,实现"垃圾不落地"。再如创新农村养老服务,推行"农村幸福院+长者食堂""中央厨房+长者食堂""专业服务组织+长者食堂"等模式,建设农村民生综合体,配套理发、洗浴、医疗、娱乐、调解等功能,全市建成以"长者食堂"为服务重点的民生综合体645家,每天为农村老人提供就餐等服务4.8万人次,送上"舌尖上的温暖"。

淄博市认真落实习近平总书记关于山东工作的重要指示要求,突出改革引领、数字赋能,走出了一条全域打造、统筹推进、融合发展的乡村振兴新路子,总结以下几点体会:

一是必须抢抓新经济发展背景下的数字化机遇。新格局背景下,固守传统农业发展方式、继续拼资源拼消耗已经行不通了。必须要抢抓机遇、扬长补短,运用数字化、智能化、智慧化技术推动农业农村高质量发展,这既是贯彻落实新发展理念、融入和服务新发展格局的主动选择,也是解决当前资源要素约束趋紧、农村劳动力短缺、农产品转化增值率不高等问题的关键一招。

二是必须加快科技赋能引领农业增效农民增收。农业农村工作千万条,农民增收第一条。以数字技术为代表的新一轮农业科技为农业增效、农民增收提供了强有力的科技支撑,必须要加快将农业科技融入农业产业全链条、农村治理各领域、农民生活各方面,让农民共享数字科技发展红利。

三是必须坚持以人民为中心推进农村数治善治。应用数字技术提升乡村治理水平是推进乡村社会治理现代化的必由之路,必须要把农村的人、事、地、物、组织等要素全部纳入数字化管理。坚持乡村振兴为农民而兴、乡村建设为农民而建,更加关注和解决好农民群众急难愁盼的"关键小事",充分尊重农民意愿,组织农民参与,推动实现乡村治理科学化高效化、为民服务精准化便捷化,推动农村生产条件和农民生活方式发生革命性变革。

长三角一体化示范区浙江省嘉善县乡村振兴"共富十链"实践路径[*]

实现共同富裕是社会主义制度的本质要求。《中华人民共和国经济和社会发展第十四个五年规划和2035年远景目标纲要》明确,支持浙江省高质量发展建设共同富裕示范区。嘉善县作为浙江省沿海发达地区典型代表,是全国唯一的县域科学发展示范点,习近平同志的基层联系点;也是长三角一体化示范区的先行启动地,国家首个城乡融合发展嘉湖示范片区的核心区块。自改革开放以来,嘉善县不仅在经济社会发展上走在全国前列,更是走出了一条以城乡统筹、城乡融合、一体化共富发展为显著特征的康庄大道。2021年,嘉善县村均经常性收入435万元,农民人均可支配收入44324元,低收入农户人均可支配收入23112元,城乡居民收入倍差缩小至1.59。

一、嘉善乡村振兴的"共富十链"实践路径

近年来,嘉善县立足国家推进共同富裕的时代战略定位,从底蕴和优势出发,通过建强党建堡垒推动改革创新,在实践中挖掘总结共富的思维和智慧,系统构建了具有嘉善标识度的"共富十链",为继续走好乡村振兴共富之路提供丰富"养料"。

(一)筑绿色安全之基,构建"丰粮增效"立体种养增富链

围绕粮食安全和共同富裕,以农业供给侧结构性改革为主线,根据生态循环农业和生态经济学原理,在稻田浅水环境既种植水稻又养殖水产,使稻田内的水资源、水生动物资源以及其他物质和能源更加充分地被利用。打造一个具有稳粮、促渔、增效、提质、生态等多方面功能的现代生态循环农业发展新模式,进

---

* 作者简介:戴佳,浙江省嘉善县农业农村局。

而实现"一水两用、一地双收、化肥农药双减半、稳粮增效、生物多样"等综合效益，为农业绿色高质量发展探索新路径。

案例： 嘉佑农业稻渔综合种养共富模式。浙江嘉佑农业有限公司与嘉善嘉虾溢家庭农场采用"公司+农场+品牌"的合作经营模式，共同开发推广以小龙虾为主的稻虾综合种养。农场负责商品小龙虾的养殖生产管理环节，同时配合做好稻虾综合种养水稻的管理工作，保质保量供应优质稻米；公司负责优质水稻品种的筛选、稻田农药化肥等投入品的统一管理以及优质稻米的加工包装销售和品牌宣传。稻虾基地生产的优质稻米口感好，少施农药化肥，受到了消费者的追捧和认可，嘉佑公司借此打响了"嘉稻福"和"嘉佑美米"两个优质稻米品牌。同时稻米溢价十分明显，嘉虾溢农场年净收益达 50.02 万元，亩净效益达 2127.7 元，实现了农场和公司互利共赢。

（二）踏产业振兴之途，构建"小微飞创"共享农业创富链

以工业化理念发展农业，建设现代农业小微产业园，由振兴公司统一规划、建设、管理、运营和服务，推动产业向园区集中，通过"飞田抱团"等形式，推动土地、人才、资金、科技等要素向园区集聚，吸纳传统农民、职业农民、青年农民入驻，实现产业优化、生态美化、创业孵化、改革催化、红利转化，形成小农户对接大市场全产业链的"小微飞创·五化一链"新模式。

案例： 姚庄镇现代农业小微产业园。产业园 A 区位于武长村，项目总投资 7000 万元。目前已累计吸纳 60 户传统种植户入园，农户亩均增产 20% 以上。通过延长农业产业链，加快一二三产业融合发展，推动一里谷公司入驻小微产业园，与阿里巴巴盒马鲜生合作，成功打造嘉兴首个"盒马村"；建立农创中心，打造智慧型绿色型示范性田园服务综合体，使其成为农创客的创业热土。2021 年，武长村集体经济收入达 380 多万元，人均可支配收入达 4 万元。

（三）锻农业双强之翼，构建"智种强农"种业芯片造富链

贯彻落实"发展种业，解决'卡脖子'问题"总体要求，立足"一城一谷三区"长三角农业科技园区中重要北部区域，盘活种业资源、打造智慧平台、提高繁（制）种技术、建设种业孵化区、提升生产能力，实现万亩制种产业，亿元农业"芯片"经济。

案例： 陶庄镇智种产业园项目。立足种业产业发展趋势，总投资 1.1 亿元，构建"2343"现代种业布局，通过打造两个示范核、建设三个孵化区、搭建四个应用平台、形成三条种业转化带，联合打造集种业新品研究、优质品种引种试验、种业生产技术示范和应用推广于一体的水稻种业、水产育苗科研示范镇。对

接中国水稻所、浙江省农科院、嘉兴市农科院等科研院所，通过承接试验项目、引入优质品种、联系行业专家，带动现代种业全面发展，已初步达成意向专家工作室专家 3 人，获得新品种试验授权 42 个，带动全镇种植嘉禾 218、秀水 14 等优质主导品种面积达 1.5 万亩。2021 年，陶庄镇水稻繁（制）种面积 3052.8亩，相较于水稻种植亩均收益，常规稻繁种增长 55.6%、杂交稻制种增长 256%，南美白对虾、加州鲈鱼等水产苗种产量超 10 亿尾（只），全镇稻种和水产育苗产值达 4348 万元。

（四）破美丽转化之题，构建"主客共享"梦里水乡育富链

依托美丽乡村风景线串点扩面，推进美丽经济组团转化，激活空闲农房资产，瞄准中老年农民和青年农民"一老一青"群体，联结当地就业创业农民"主人"和参与乡村发展投资"客人"形成"主客共享"共富机制，开辟农民参与乡村发展通道，引导当地农民开展"主客共享+就地就业+就地创业"。

案例： "江小橘"乐园。乐园位于姚庄镇沉香村，占地 40 多亩，依托当地橘林密布的农业特色，以柑橘产业为引领，通过"融入农民、带动农民、改变农民"，利用村落闲置的民房改造成民宿，引入研学教育、田园乡创、亲子度假等多种衍生体验产品，带动农民居家就业、居家创业、增收致富，让村民的资产"活"起来。当地村民从一个普通橘农变成民宿业主，除收取一年 3 万多元的房屋租金外，优先安排"居家就业"从事民宿的物业管理服务工作，每年又能得到约 2 万元的劳动性收入。实现了美丽环境与美丽经济的互相催化，千亩橘林开出了新时代的共富风景。

（五）畅资金进乡之脉，构建"以地哺农"专项资金聚富链

突出农业农村优先发展，以地哺农、共享共富。解决乡村发展"钱从哪里来"的问题，调整土地出让金分配办法，在各镇（街道）土地出让金净收益部分中提取 10% 的比例建立乡村振兴专项资金；解决乡村发展"钱用哪里去"的问题，建立乡村振兴发展专项资金项目库，实现乡村振兴发展资金使用最大撬动力；解决乡村发展"钱该怎么管"的问题，优化专项资金筹集、管理和使用办法，建立全程动态监管机制，发挥专项资金红利释放最大效能。

案例： 乡村振兴专项资金模式推广项目。近年来，嘉善县不断完善乡村振兴专项资金筹集、管理和使用办法，每年开展项目申报并择优建立乡村振兴专项资金项目库，项目聚焦乡村产业发展、绿色生态建设、乡村治理创新等"三农"领域，充分发挥了乡村振兴专项资金在产业发展、项目培育等方面的助推作用，截至目前，已累计计提 8.7 亿元，姚庄镇现代农业小微产业 A 区、陶庄镇长三角

陶庄智种产业园、天凝镇善农万亩数字粮田双强服务中心、大云镇缪家村整体改造提升工程未来乡村善治服务配套建设4个项目均已完成第一批补助资金拨付，项目建设正加快推进。

（六）拓村庄经营之路，构建"强村公司"持股增收奔富链

建立县、镇、村三级乡村振兴公司，鼓励不同所有制不同主体加强合作与联合。发挥乡村振兴专项资金牵引作用，创设乡村发展基金，鼓励多元聚集的资金共同入股乡村振兴公司，开展多维度乡村发展项目投资。以乡村振兴公司为载体，引入专业化市场运营机构和风险评测公司，形成"投资公司+运营公司+风投公司"专业化运营体系。

案例：西塘镇农业发展股份有限公司。镇农发公司成立于2019年，以镇乡村振兴公司及辖区内18个行政村联合控股，注册资本3600万元，镇乡村振兴公司占比51%，18个行政村占比49%，各行政村每年获得不低于10%的回报分红。在布局上，采用飞田抱团的发展模式，集中农田1.78万亩，提升了农田流转质量，使亩均产值增加8%以上；在经营上，将1.78万亩农田以灌区划为28个标段，采用公开拍租的方式拍租土地经营权，重点培育大户72户，减轻村级管理压力，实现传统农业的转型升级；在农民权益上，镇农发公司按照与村里签订的协议按股进行分红，再由村支付农民流转费用，在原基础上每亩还可增收200~300元，避免了因经营主体经营不善导致的流转费晚交、少交等问题，切实保障了农民的收益。

（七）辟人才孵育之径，构建"青创共裕"人才梯田注富链

推动乡村人才振兴，传承本地优势产业，海纳百川引入乡村发展专业人才，形成人才回归乡村、创业乡村、扎根乡村三级梯田孵化机制。结合长三角现代农业科技园区建设，集中打造一批农创园、星创天地、大学生创业园、青创孵化器，成立覆盖农创客、新型职业农民、返乡大学生、新乡贤等群体的"示范区新农人联盟"，多渠道多领域开展乡村振兴人才培育工程。

案例：嘉善一里谷现代农业双创带富项目。浙江一里谷农业科技有限公司由新乡贤孙军于2009年回乡创办，公司从自产自销到订单农业，再到农业科技反哺，不断延伸着农业产业两端的微笑曲线。探索全人群共富实现形式，突出创业创新、数字服务、模式输出三项赋能，打造现代农业创业创新中心，打造集成果转化、创业孵化、产品创新、人才培训为一体的服务平台。平台设立创业工位80个，累计入驻农创客25人、入驻单位10家，培训农技人员3700人次，推动36个基地通过无公害认定，53个产品通过绿色农产品认证。

（八）点文化自信之魂，构建"水韵耕读"农耕文产润富链

走文化自信之路，在乡村根植社会主义核心价值观，依托四治融合乡村善治，优化村规民约，传承农耕文化，推进乡村文产发展，打造特色乡村文化品牌，形成乡村文化产业链。挖掘嘉善县古镇文化、水乡文化、忠孝文化等，以文化振兴推动乡村全面发展。

案例："辣妈宝贝"乡村文化品牌。2007年，天凝镇洪溪村组建"辣妈宝贝"舞蹈队，带动村里各色文体活动蓬勃发展，丰富村民精神文化、提高村民文化素质。并在依法治村的基础上，用文体活动凝聚人心、用民主决策调动村民积极性，实现法治、德治、自治"三治融合"，洪溪村由昔日上访不断的"问题村"，蝶变成文明风气的"幸福村"。2013年"辣妈宝贝"业余文艺团队注册成为嘉善辣妈宝贝文化传播有限公司，让"辣妈宝贝"特色文艺团队从单纯的文艺演出队伍，走向了文化产业的发展之路，立足于以文化之力带动本地区域衍生行业产品，特别是带动嘉善本地农副产品、传统小吃等走上经济大舞台，开辟家庭妇女创业创富的新途径，实现从文化到经济的华丽转身。

（九）布数字乡村之网，构建"智慧赋能"综合服务助富链

围绕农业高质量发展，以数字化改革为牵引，突出数字乡村深度应用，依托数字乡村大平台，围绕推动农业农村现代化和打造乡村振兴示范地，强化县域数字农业平台，集成粮食保供、生态绿色农业、美丽乡村片区、共同富裕示范路、乡村振兴指数管理等数字化应用，全力打造长三角数字乡村引领区。

案例："善农云"平台。依托"云上嘉善"数据资源平台能力，打造县域数字农业大脑"善农云"平台。创新数字农业应用模式，建设数字农田，将"数字化"与高标准农田建设充分结合，努力推动农田数字化建设。在易久农业、浙粮集团、西塘镇地甸村和罗星街道犀浜村四个高标准农田建设项目中实施了自动化灌溉控制，总面积达14010亩。围绕"三治"积分+金融赋能，探索创新"善治驿站"应用场景，已在姚庄镇各村实施推广，实现农户遵纪守法、履行公民义务、参与环境整治等进行动态化管理。开发"农安嘉善"智慧监管APP，建立"三入三化"机制（监管人员入户、监管设备入场、监管信息入网，促进监管履职网格化、监管过程透明化、监管评价实时化），构建了信息可共享、源头可追溯、数据可定位、风险可防范的现代农产品质量安全监管体系。全县2200家农业主体纳入监管平台，297家农业主体纳入农产品合格证追溯平台，建立由146名"县镇村"监管人员组成的队伍，上传检查巡查信息4万多条。

（十）兜全域共富之底，构建"三精五助"低收帮扶促富链

持续强化建档立卡动态调整的精细排摸，抓实分层分类分户帮扶的精准施策，抓好防止返贫动态监测和帮扶机制的精心服务。部门联动、数据共享，坚持联席研判长效化。依托省低收入农户帮促系统"红黄蓝"三色浙农码运作机制，及时发布预警信息，加大产业帮扶力度，增强低收入农户内生动力。实行"一户一策一干部"结对帮扶制度，确保低收入农户结对帮扶全覆盖。将低收入农户监测网织细织密，通过精细排摸、精准施策、精心服务，构建低收入农户助困、助医、助业、助学、助居的"五助"模式。

案例：低收入农户医疗补充政策性保险。保险费用 150 元/人，由县财政全额补贴。当参保低收入农户发生医疗费用支出时，对于医疗费用自费部分和住院治疗的，保险公司按照约定标准给予报销；对于未纳入基本医疗保险规定范围的医疗费用，在参保农户医保报销的基础上，再得到一份保障和经济补偿，切实减轻全县低收入农户看病就医负担，力争每个低收入农户看得上病、看得起病。全县每年约 4000 人受益，实现覆盖率 100%。2021 年以来，全县低收入农户医疗补充政策性保险累计理赔 248 单，理赔总金额约 67.19 万元。

二、嘉善"共富十链"模式推进乡村振兴的经验启示及建议

从嘉善"共富十链"看，这些发端于最基层的实践与探索，构筑了一个产业链、创新链、资金链、人才链、政策链等相互交织、互为支撑、共享共建、多方共赢的共富生态圈，探索了城乡融合发展推动共同富裕的传导机制，创新了共同富裕的推进机制和路径建构，印证了国家推进共同富裕的时代战略定位，可为浙江高质量发展建设共同富裕示范区、全国加快共富发展提供实践依据和有益经验。

（一）乡村振兴离不开产业融合发展

产业是农业农村发展的核心载体，是贯穿乡村振兴的主线。不同的地区资源禀赋各不相同，开发新产业、新业态、新模式，推动农业农村三产融合发展的路径也不一样。嘉善县在乡村振兴发展过程中因地制宜，各镇（街道）根据自身优势形成了各具特色的融合发展链，其中既有第一产业主导型，如嘉佑农业稻渔

综合种养模式、姚庄镇现代农业小微产业园项目、陶庄镇智种产业园项目等，这些案例都是从农产品种养入手，做成了兴农富农的新发展模式；也有第二产业主导型，如嘉善县全域飞地抱团强村提升工程，在优势区块统筹布局"两创"中心，吸引优质企业入驻，2021年底陆续分红超1.2亿元，为104个村带来平均近110万元的收益；还有第三产业主导型，如姚庄镇沉香村的"江小橘"乐园依托当地橘林密布的农业特色发展的乡村旅游业。

实现农业农村的三产融合发展，关键是因地制宜，发展具有区域特色和强竞争力的特色产业。其次要注重产业链的拓展及产品附加值的提升，实现一二三产业深度融合，延长乡村产业的生命线。乡村产业的发展需要依托资源，但不能过分依赖资源，在调研中我们发现，这些成功的案例并非都具有得天独厚的资源条件，而是将一些常见的自然资源和文化资源进行深入挖掘和特色改造，就可以成为开启致富之门的钥匙。

（二）乡村振兴离不开人才资源支撑

人才振兴是乡村振兴的关键，但需要什么样的人才，就需要依据每个乡村的发展特色量身定制。在调研中我们既看到横港村、缪家村等乡村依靠本乡本土的人才自我更新，成功探索出一条创新发展、基层善治之路；也看到如"一里谷"这样的乡贤带富实践形式，引领当地农民走上致富之路；还有更多的懂农业、爱农村、爱农民的"三农"专业人才，特别是年轻人，在看到乡村振兴带来的创业机会，致力于乡村新兴业态的发展，如通过农产品电子商务平台打响本地品牌进行网络销售，开展姚庄黄桃、惠民蜜梨等直播带货。

激活乡村人才发展力量，关键是要改变人才由农村单向流入城市的迫切局面，让"走出去"的人才"走回来"，实现乡村"人才回流"。因而乡村人才资源的开发应立足于乡村振兴的需求，明确乡贤能人、青年大学生、外出务工人员等目标人群，以新型职业农民、农业科技领军人才、创新型管理人才为重点，实施精准的引进和人才培养政策，吸引人才留在农村，服务农村，发展农村。不断完善和健全人才激励保障和科学评价机制，充分发挥人才的特长和潜力，确保人尽其用，才尽其专。

（三）乡村振兴离不开体制机制创新

乡村振兴发展前进的每一步，都伴随着体制机制的改革和创新。嘉善县在乡村振兴过程中，在要素配置方式、组织服务体系、农业保护支持体系等方面进行大胆探索和集成创新。如全省首创提取土地出让金建立乡村振兴专项资金模式，在各镇（街道）土地出让金净收益部分中提取不少于10%的比例，用于农业农村发展，实现了以用地资金反哺乡村发展的财政保障体系；探索形成农村集体经营性建设用地与城镇国有建设用地"同等入市、同权同价"新模式，大云镇曹家村成功出让全市首宗农村集体经营性建设用地，土地面积 23.39 亩，村集体取得出让净收益 123 万余元。

农村体制机制创新的发力点是实施重点突破，2018 年的中央一号文件指出，要坚决破除体制机制弊端，使市场在资源配置中起决定性作用，更好发挥政府作用，推动城乡要素自由流动、平等交换。进一步加快农村承包地和宅基地"三权分置"改革，盘活农村闲置资源。按照市场经济规律推动乡村发展模式和经营管理方式转变，培育家庭农场、种养大户和职业农民新型主体等各类市场主体，实现各种要素流动的畅达。健全农村金融扶持体系，把更多金融资源配置到农业农村发展的重点领域和薄弱环节，满足乡村振兴多样化金融需求。

（四）乡村振兴离不开乡村文化繁荣

乡村振兴内涵中，"乡风文明"不是为农村经济发展助力的次要方面，而是乡村建设的灵魂、方向和旗帜。如天凝镇洪溪村以社会主义核心价值观为引领，坚持文化兴村、以文化人，通过文体活动凝民心、聚人心，成功打响"洪溪篮球"和"辣妈宝贝"两张金名片。同时，每年举办农民文化体育节、"中秋邻里节""相亲相爱一家人——百桌席千人宴"等大型群众性文体活动，全村百姓在文体活动中的获得感和幸福感不断提升，也使村里各项工作开展得更加顺畅。如今的洪溪村已成为远近闻名的和谐村、小康村。

从物质富裕到精神富裕是共同富裕的关键一环。乡村是传统文化的"源头"，是农耕文明的"载体"，在乡村振兴中既要塑形也要铸魂，要在保护传统村落文化、保存原始风貌和生态肌理、保留乡村社会价值体系和集体情感记忆的基础上，深入发掘乡村背后的故事和文化基因，同时运用现代手段，打造乡土的、健康的、休闲的、历史的乡村，只有这样，才能留得住青山绿水，记得住乡愁。

数字化为临颍辣椒产业发展赋新能*

  临颍县是典型的平原农业县，也是传统农业大县，近年来，临颍县委、县政府高度重视"三农"工作，不断筑牢粮食安全底线，不断夯实农业生产基础，注重强链补链拓链，突出产业绿色发展成效，推动乡村产业高质量发展。尤其是党的十九大以来，临颍农业步入快速高质量发展轨道，先后被确定为全国信息进村入户试点县、国家首批数字乡村试点县、第三批全国农村创业创新典型县、中国农业绿色高质量发展典范县、中国美丽乡村建设新典范县、国家农业现代化示范区；拥有国家级现代农业产业园 1 个、国家级农业产业化龙头企业 4 家、省级现代农业产业园 1 个；承办了全国农业信息化现场会、全国农业全产业链建设现场观摩会、全国加快推进粮食产业经济发展现场会等国家级会议。

  临颍县地势平坦，耕作性能好，肥力较高，适宜多种农作物生长。20 世纪 90 年代初，临颍县顺应调整优化农业结构、保障农业稳定增产、促进农民持续增收的需要，引进推广小辣椒种植。通过多年实践论证，逐步确立了以麦椒套种为核心的种植模式，并不断加大推广力度，有效解决了高效作物与粮食争地矛盾，在稳定粮食产量的前提下，提高了农业综合效益。全县辣椒种植 44.3 万亩，产量 13.7 万吨，从事辣椒种植、采摘、交易人员 12 万人，辣椒初加工企业 300 余家，精深加工企业 13 家，小辣椒年交易额 55 亿元，椒农创收 22 亿元，辣椒产业已是全县第一富民产业，临颍县也成为豫中南地区最大的小辣椒产销集散地。

  临颍辣椒在经历一段高速发展之后，种植户年龄偏大、文化水平偏低、接受新知识难的问题开始凸显，加上连年辣椒种植过量施用化肥，土地肥力明显下降，辣椒根系不发达导致品质降低，产业发展遇到瓶颈。但在 2019 年北京农产品交易博览会上偶然了解到的 5G 智慧辣椒种植项目，使这一困境有了转机。

  笔者生长在一个农民家庭，在乡镇工作了 28 年后又担任农业农村局局长，可以说，工作没有离开过农民，没有离开过土地。笔者曾在"中国辣椒第一镇"

---

  * 作者简介：朱庆甫，临颍县农业农村局党组书记、局长。

的王岗镇以及同样以辣椒种植为主要经济来源的三家店镇工作过，所以知道临颍辣椒产业缺乏机械化、规模化、标准化、智能化等科技赋能，更清楚椒农的艰辛与不易。当认识到 5G 智慧辣椒种植后，笔者突然意识到，这应该就是中国农业未来的发展趋势，如果将这先进的技术资源投入到临颍辣椒产业发展中，既可减轻椒农的苦、椒农的累，又能提升传统辣椒产业、增加椒农收入，临颍的小辣椒也可以做成大产业。

经过初步交流、反复论证、实地考察后，我们与同样立志做强数字辣椒产业的深圳和而泰公司合作，决定在临颍县发展 5G 智慧辣椒种植。于是 2019 年 5 月，河南益民控股有限责任公司应运而生。从此，临颍县开启了辣椒产业数字化转型升级之旅。

四年来，临颍县借助现代农业产业园建设契机，深耕临颍辣椒产业培育，在数字化、标准化、精细化、产业化发展方面加大建设力度，联合河南益民控股、深圳数联天下等数字农业龙头企业，以麦椒套种为核心，开创"数字辣椒"产业新模式，先后投资建设 5G 智慧辣椒种植基地、数字仓储和加工中心，开发辣椒物联网大数据平台、辣椒线上线下一体化交易平台、数字辣椒全产业链综合服务平台，基本上完成了"种、管、收、加、储、销、服"全产业链七大环节的数据串联，数字辣椒从概念走入实践。

一是辣椒全程机械化种植采收。通过研发的 5G 无人驾驶拖拉机、辣椒直播机、喷药植保机、收获机等辣椒机械，极大提高工作效率，减少人工成本，实现辣椒规模化、标准化生产种植。辣椒直播机提高了种植效率，地膜和滴灌带的铺设一次性完成，辣椒喷洒植保机每小时可喷洒农药 12.9 亩，农药喷洒效率提升10 倍以上，有效解决了传统辣椒移栽、喷药施肥、收获等主要依靠人力、成本居高不下等"老大难"问题。每亩仅劳动力成本一项，可节约开支 60% 以上。

二是辣椒标准化种植管理。通过物联网、大数据、云计算等技术，对辣椒生长生态中的各关键因子进行数据监测、管理，结合农事经验和科研成果，建设田间智能水肥一体化灌溉、土壤墒情监测、气象环境监测、病虫害预警与防控等系统，构建"天—空—地"一体化的大田物联网数字化平台，加上 AI 人工智能算法和机器不断学习，形成辣椒种植生产加工大数据模型，实现对各环节的智能感知和精准管理，形成种植知识图谱，达到辣椒生态的数据化、网络化、智能化管理，打造辣椒最佳生长环境。

三是辣椒精细化运营管理。建设辣椒 5G+数字农业物联网大数据服务平台，建立辣椒数字基地、数字地块，对基地进行数字化、可视化管理，管理者可在基地详情界面看到每个地块分布、设备管理、基地面积、各个设备的监测数据及数据异常时提供处理方案等，种植管理者可根据特定地块反馈信息提供精确的农事农艺操作。通过运用物联网、大数据、云计算等现代信息技术打通产业链各环节，大幅提高生产效率，1 人可管理 500 亩农田。

四是辣椒病虫害预警与防治管理。辣椒病虫害监测预警系统物联设备可自动完成虫情信息的数据、图像、视频，植物体营养、温度等信息进行采集，并自动上传至云服务器，后台系统通过百万张辣椒病虫害图片、AI 人工智能算法、历史大数据积累，为辣椒提供实时的病虫害识别与预警。相对人工种植，节水 50%以上、节肥 30%以上，病虫害损失减少 70%，农药使用量降低 60%，每亩降低成本 500 元以上。

五是辣椒产业数字化转型升级服务。辣椒产业数字化转型升级（服务）建设实施，以"种""管""收""加""储""销""服"七大产业环节为核心，以麦椒套种为基础，推动辣椒全产业链数字化升级。优化辣椒生产关系和生产方式，重构辣椒产业体系，打造辣椒集群数字化产业生态，发展发扬中国辣椒数字化文化产业。在 2022 年郑州农博会上，临颍辣椒大放异彩，成为全国"椒"点，临颍县也获得"中国数字辣椒之都"称号。

数字辣椒，未来将是一块响亮的招牌，一道亮丽的风景，一个时代的象征。作为"中国数字辣椒之都"，临颍县将以"数字辣椒产业"为主线，坚持"数字引领，科技赋能，模式创新"的发展理念，努力成为中国农业产业数字化服务先行区，引领辣椒产业走向新的台阶！